U0811567

公路工程施工与
建筑工程施工质量检测研究

许国伟　贾万权　余明坤　主编

文化发展出版社
Cultural Development Press

图书在版编目（CIP）数据

公路工程施工与建筑工程施工质量检测研究 / 许国伟，贾万权，余明坤主编 .—北京：文化发展出版社，2019. 12

ISBN 978-7-5142-2911-0

Ⅰ . ①公… Ⅱ . ①许… ②贾… ③余… Ⅲ . ①道路工程—质量检验—研究 Ⅳ . ① U415. 12

中国版本图书馆 CIP 数据核字（2019）第 274653 号

公路工程施工与建筑工程施工质量检测研究

主　　编：许国伟　贾万权　余明坤

责任编辑：唐小君　　　　　　　　　　责任校对：岳智勇

责任印制：邓辉明　　　　　　　　　　责任设计：侯　铮

出版发行：文化发展出版社有限公司（北京市翠微路 2 号　邮编：100036）

网　　址：www. wenhuafazhan. com　www. printhome. com　　www. keyin. cn

经　　销：各地新华书店

印　　刷：阳谷毕升印务有限公司

开　　本：787mm×1092mm　1/16

字　　数：334 千字

印　　张：18.125

印　　次：2020 年 6 月第 1 版　2021 年 2 月第 2 次印刷

定　　价：50. 00 元

I S B N：978-7-5142-2911-0

◆ 如发现任何质量问题请与我社发行部联系。发行部电话：010-88275710

编委会

作　者	署名位置	工作单位
许国伟	第一主编	云南省建筑科学研究院/云南建筑工程质量检验站有限公司
贾万权	第二主编	云南省建筑科学研究院/云南建筑工程质量检验站有限公司
余明坤	第三主编	云南省建筑科学研究院/云南建筑工程质量检验站有限公司
马占臣	副主编	云南省建设投资控股集团有限公司
赵国礼	副主编	云南建设基础设施投资股份有限公司
白　涛	副主编	云南建设基础设施投资股份有限公司
曹志雄	编　委	云南省交通运输厅工程质量监督局
胡盛华	编　委	云南省交通运输厅工程质量监督局
毕　辉	编　委	云南省交通运输厅工程质量监督局

前 言

PREFACE

随着建筑技术的发展和工程质量检测的需要，我国引进了许多新的检测技术，如红外成像检测技术、雷达波检测技术等，同时国内也积极吸收消化国外的先进检测技术，发展了冲击反射法检测技术、砌筑砂浆贯入法检测技术、建筑锚栓检测技术等。

本书还融入了公路工程检测的内容，公路工程检测是一门融公路工程基础知识、试验检测基础理论和测试操作技能于一体的学科，是进行公路工程质量检测的一种有效手段，是公路建设质量管理工作的重要组成部分，它可以直观地反映出该工程的整体质量水平，及时发现问题并采取有效的措施和手段进行解决，因此对公路的建设具有至关重要的作用。对于新材料、新工艺、新技术，通过试验检测和研究，可以完善设计理论和施工工艺。本书结合公路工程实际，参考国家最新规范和规程，介绍了试验检测管理、路基工程、路面工程、桥梁工程、隧道工程、交通安全设施与机电工程和公路工程交（竣）工验收等的试验检测原理、方法和应用，在介绍基本原理和应用的过程中力求反映国内外的检测技术和我国有关的新标准、新规范，具有较强的工程应用性。

本书从培养应用型、技能型人才的角度出发，结合目前本学科建设需要，以及建筑装饰材料及检测、建筑材料检测技术专业课程不断调整，课程理论学时不断压缩的客观现状，本着“少而精”的原则，精选针对于“建筑工程质量检测”“公路工程检测”的相关知识，使其内容丰富而有针对性，力求概念清晰，深入浅出，通俗易懂，便于自学。突出实用性，注重检测的实地实况及实际应用；最大限度地反映最新的检测仪器设备以及检测与评定的方法和手段。在编写过程中，以建筑工程技术、工程监理等专业岗位工作人员应具备的基本知识为基础，每章根据检测的主要对象，较为详细地介绍了各种建筑结构检测的主要测试原理、依据标准、检测仪器设备、环境条件、取样方法、检测试验步骤、数据处理、结果评定等内容。在使用本书的过程中，应结合现行的标准及规范规程，并及时关注标准的更新，以修订后的标准为准。

由于公路及建筑工程检测新方法、新技术及新规范发展迅速，加之编者水平有限，书中难免存在不妥之处，敬请使用本书的广大师生和读者批评指正。

目 录

CONCENTS

第一章　公路工程施工检测

本章主要介绍试验检测的目的和意义、试验检测规程、对试验检测人员的要求和试验数据处理方法。

第一节　概述

一、试验检测的意义

公路交通作为我国经济建设中重点投资建设的行业，正以前所未有的规模和速度向前发展，目前，我国高速公路通车里程近 3 万千米，公路通车总里程已达 181 多万千米，建成各类桥梁达 28.4 万座，先后在长江、黄河、珠江等河流上建成一批大跨径、深水基础的桥梁，已经修建特大桥 1580 多座，使我国在大跨径悬索桥、斜拉桥、拱桥和连续刚构桥建设方面跨入世界先进行列。可以预计今后公路工程建设仍将保持一段高速发展时期，公路工程建设质量也将越来越受到重视。随着公路建设管理体制的改革，利用世界银行贷款和采用多渠道筹集资金建设的项目越来越多。工程建设普遍实行招投标和工程监理制度，形成政府管理、社会监督和企业自检的质量保证体系，而各级质量监督部门、建设监理机构以及承担建设施工任务的企业控制质量的主要手段则是依据国家和交通部颁布的有关法规、技术标准、规范和规程进行的试验检测。

公路工程试验检测机构的职能是对公路工程项目或产品进行检测，根据检测的结果判断公路工程质量或产品质量状态。因此，完善工程试验检测机构的工作制度、制定试验检测工作细则、配置合理的试验检测人员对公路工程试验检测工作具有重要的现实意义。

桥涵试验检测技术是大跨径桥梁施工控制、新桥型结构性能研究、各类桥涵施工质量控制和评定工作的重要手段。认真做好桥涵试验检测工作，对推动我国大路径桥梁建设水平，促进桥涵工程质量水平的提高具有十分重要的意义。

第一，对于在施工中的大跨径悬索桥、斜拉桥、拱桥和连续刚构桥，为了使结构达到或接近设计的几何线形和受力状态，施工各阶段需对结构的几何位置和受力状态进行监测，根据测试值对下一阶段控制变量进行预测和制订调整方案，以实现对结构的施工控制，而试验检测是施工控制的重要手段。

第二，对于各类常规桥涵，试验检测则是控制施工质量的主要手段。对于一个建设项目，施工前首先要试验鉴定进场的原材料、成品和半成品构件是否符合国家质量标准和设计文件的要求，对其作出接收或拒绝决定；从桥位放样到每一工序和结构部位的完成，均须通过试验检测判定其是否符合质量标准要求，经检验符合质量标准后才可进行下一工序施工，否则，就必须采取补救措施或返工。桥涵施工完成后需进行全面检测和质量等级评定，必要时还需进行荷载试验，以对结构整体受力性能是否达到设计文件和标准规范的要求作出评价。

第三，对于新桥型结构、新材料、新工艺，必须通过试验检测鉴定其是否符合国家标准和设计文件的要求，同时为完善设计理论和施工工艺积累实践资料。

第四，试验检测又是评价桥涵工程质量缺陷和鉴定工程事故的手段。通过试验检测为质量缺陷或事故判定提供实测数据，以便准确判别质量缺陷和事故的性质范围和程度，合理评价事故损失，明确事故责任，从中总结经验教训。

公路工程试验检测工作是公路工程施工技术管理中的一个重要组成部分，同时，也是公路工程施工质量控制和竣工验收评定工作中不可缺少的一个主要环节。通过试验检测能充分利用当地原材料，迅速推广应用新材料、新技术和新工艺；能用定量的方法科学地评定各种材料和构件的质量；能合理地控制并科学地评定工程质量。因此，公路工程试验检测工作对于提高工程质量、加快工程进度、降低工程造价、推动公路工程施工技术进步，起着极为重要的作用。公路工程试验检测技术融试验检测基本理论和测试操作技能及公路工程相关学科基础知识于一体，是工程设计参数确定、施工质量控制、施工验收评定、养护管理决策制定的主要依据。

二、试验检测方法和规程

1．试验检测方法（按检测目的分类）

（1）作为学术研究手段进行的试验检测（2）作为设计依据参数进行的试验检测（3）作为工程质量控制检查或质量保证进行的试验检测（4）作为竣工验收评定进行的试验检测（5）作为积累技术资料进行的养护管理或后评估试验检测（6）作为工程质量事故调查分析进行的试验检测

2．现行交通部部颁公路工程试验检测规程

（1）《公路土工试验规程》（2）《公路工程沥青及沥青混合料试验规程》（3）

《公路工程水泥混凝土试验规程》（4）《公路工程石料试验规程》（5）《公路工程金属材料试验规程》（6）《公路工程水质分析操作规程》（7）《公路工程无机结合料稳定材料试验规程》（8）《公路工程集料试验规程》（9）《公路路基路面现场测试规程》（10）《公路土工合成材料试验规程》

三、试验检测工作细则

每项试验检测方法应根据国家或部颁有关现行最新技术标准、操作规程和有关行业工作规范制定详细的实施细则。

1. 制定实施细则的必要性

由于有些标准规定得不细，而有些质检机构的检测操作人员可能是刚刚上岗，虽然已通过本单位的考核，但不一定很熟练。更重要的是质检机构的工作就像工厂生产产品一样，每一步都应该按工艺要求进行详细的实施，为此必须制定有关实施细则。

2. 实施细则的内容

（1）技术标准、规定要求（2）抽样方法及样本大小（3）检测项目、被测参数大小及允许变化范围（4）检测仪器设备的名称、型号、量程、准确度（5）检测人员组成和检测系统框图（6）对检测仪器的检查标定项目和结果（7）对检测仪器和样品或试件的基本要求（8）从保证计量检测结果可靠角度出发对环境条件的检查项目范围的规定（9）在检测过程中发生异常现象的处理办法（10）在检测过程中发生意外事故的处理办法（11）检测结果计算整理分析方法及允许变化范围的规定，凡要求对整体工程项目或新产品进行质量判断的检测项目，均应进行抽样检测。凡送样检测的产品，检测结果仅对样品负责，不对整体产品质量做任何评价。

四、试验检测原始记录

原始记录是试验检测结果的如实记载，不允许随意更改，不许删减。原始记录应印成一定格式的记录表，其格式根据检测的要求不同可以有所不同。原始记录表应主要包括：产品名称、型号、规格；产品编号、生产单位；检测项目、检测编号、检测地点；温度、湿度；主要检测仪器名称、型号、编号；检测原始记录数据、数据处理结果；检测人、复核人；试验日期等。

记录表中还应包括所要求记录的信息及其他必要信息，以便在需要时能够判断检测工作在哪个环节可能出现差错。同时根据原始记录提供的信息，能在一定准确度内重复所做的检测工作。试验检测原始记录一般不得用铅笔填写，内容应填写完整，应有试验检测人员和计算校核人员的签名。

原始记录如果需要更改，应在作废数据上画两条水平线，将正确数据填在其上方，更改人要签字盖章。原始记录应集中保管，保管期一般不得少于两年。原始记录也可以保存在计算机硬盘中。原始记录经过计算后的结果，即检测结果必须有人校核，校核者必须在本领域有 5 年以上工作经验。校核者必须认真核对检测数据，校核量不得少于所检测项目的 5%。校核完毕后，校核者必须在试验检测记录和报告中签字，以示负责。

试验检测记录数据整理时应注意：

（1）记录数据时，应确定数据的有效位数，根据检测数据异常值的判定方法区分可剔除异常值和不可剔除异常值。经过整理后的数据应填入原始记录的相应部分。（2）检测数据的有效位数应与检测系统的准确度相适应，不足部分以“0”补齐，以便测试数据位数相等。（3）同一参数检测数据个数少于 3 且用算术平均值法时，建议采用数理统计方法，求算代表值。（4）对于每一单元内检测结果中的异常值用格拉布斯法。检测各实验室平均值中的异常值用狄克逊法。

第二节 检测工作制度

工作制度是否健全，制度能否坚持贯彻执行，反映了一个单位的管理水平。对质检机构来说，它必然会影响到检测工作的质量。为了保证检测质量，从全面质量管理的观点出发，应对影响检测结果的各种因素（包括人的因素和物的因素）进行控制。

一、岗位责任制

岗位责任制是质检机构的一项重要制度，它应明确组织机构框图中列出的各部门的职责范围和权限。各部门的职责范围应对“质量检测机构计量认证评审内容及考核办法”中规定的管理功能、技术功能全部覆盖，做到事事有人管。明确各部门的质量职责，明确各类人员的职责，尤其对检测中心负责人、技术负责人、质量负责人和各部门负责人、各项目负责人、计量检定负责人、检测报告签发等项人员，应明确其职责范围、权限及质量责任。

1. 各部门的职责

（1）检测办公室

安排检测计划，对外签询检测合同；收发及保管文件；发送及登记检测报告；

收发保管及检后处理样品：购置检测仪器设备及标准件；收检测费，进行财务管理；打印试验检测报告，复制资料；负责人事管理及保卫、安全、卫生及日常管理工作；制定各类人员的培训计划，并组织人员考核。

（2）检测资料室

收集、保管国内外用于试验检测的产品标准、检测规范、检测细则、检测方法和计量认证规程、暂行校验方法及专用设备鉴定资料；保管检测报告、原始记录；保管产品技术资料、设计文件、图纸及其他有关资料；保存抽样记录、样品发放及处理记录；保存全部文件及有关产品质量检测的政策、法令、法规。

（3）仪器设备室

负责计量标准器具和标准件的计量检定及日常维护保养；负责全部试验检测仪器设备的维修及保养等工作，及时检查在用检测仪器的状况；负责新购置检测仪器设备的验收工作；保管试验检测仪器设备的维修、使用、报废记录；保管检测仪器设备的计量检定证书和试验检测仪器设备的说明书；建立并保管检测仪器设备台账；负责大型精密设备的日常维修；制定试验检测仪器设备检定周期表并付诸实施。

2. 各类人员的岗位职责

（1）试验检测中心主任

贯彻执行上级有关的政策、方针、法规、条例和制度；确定本单位的方针和目标，决定本单位的发展规划和工作计划；对中心的检测工作计划完成情况及检测工作的质量负责；建立健全质量管理体系和质量保证体系，切实保证能公正、科学、准确地进行各类检测工作；协调各部门的工作，使之纳入全面质量管理的轨道；批准经费使用计划、奖金发放计划；批准检测报告；主持事故分析会和质量分析会；督促、检查各部门岗位责任制的执行情况；考核各类人员的工作质量；主管中心的人事工作及人员培训考核、提职、晋级工作；检查质量管理手册的执行情况，主持质量管理手册的制定、批准、补充和修改。

（2）试验检测技术负责人

在中心主任领导下，全面负责中心的技术工作；掌握本领域检测技术的发展方向，制定测试技术的发展计划；批准测试大纲、检测实施细则、检测操作规程、非标准设备和检测仪器的暂行校验方法；主持综合性非标准检测系统的鉴定工作：深入各试验检测室，随时了解并解决检测过程中存在的技术问题；组织各类人员的培训、负责各类人员的考核；签发检测报告。

（3）试验检测质量保证负责人

全面负责检测工作质量，定期向中心主任和技术负责人报告测试工作质量情况；负责质量事故的处理；负责检测质量争议的处理并向中心主任和技术负责人报告结果，制定质量政策及方针；检查各类人员的检测质量、工作质量；负责质量管理手册的贯彻执行。

（4）试验检测室主任

对本室工作全面负责；确定本室的质量方针及质量目标，组织完成各项试验检测任务；掌握本专业国内外的现状及发展趋势，根据需要和可能，提出新的检测方案；提出计量检测仪器设备的购置、更新、改造计划；提出计量检测仪器设备的维修、降级和报废计划；负责本室各类人员的技术培训和考核；对本室各类事故提出处理意见；审查本室制定的检测大纲、检测细则；审阅各类检测报告及原始记录；考核本室人员的工作情况及质量状况；对本室人员晋级提出建议；负责本室的行政管理事务。

（5）试验检测人员

对各自负责的试验检测工作的质量负责；严格按照检测规范、检测大纲、实施细则进行各项检测工作，确保检测数据的准确可靠；上报检测仪器设备的核定、维修计划，有权拒绝使用不合格检测仪器或超过检定周期的仪器；不断更新专业知识，掌握本专业检测技术及检测仪器的发展趋势和现状；按期填写质量报表，填写检测原始记录及检测证书；有权拒绝行政或其他方面的干预；有权越级向上级领导反映各级领导违反检测规程或对检测数据弄虚作假的现象；按时填写仪器设备操作使用记录；严格遵守检测人员纪律和实验室管理制度。

（6）资料保管人员

负责做好保密工作，严格遵守保密制度，不得随意复制散发检测报告，不得泄露原始数据，不得做损害用户的事；负责办理各类资料入库时登记手续，并且登记分类进行，入库手续齐全，送交人、整理人、接收人均应签名；负责各类资料的查找工作，为检测人员做好技术服务工作；负责随时收集最新的技术标准、检测规程、规范、细则、方法；负责对过期资料的销毁工作，应严格履行报批手续，并造册登记入档；丢失检测资料应视为质量事故处理，负责填写事故报告，并视情节轻重接受必要的处分；负责做好防火、防盗、防蛀工作，以防资料的损坏。

（7）样品保管人员

负责样品入库时外观检查、封样标记完整性检查并清点数量，核实无误后，登记入库，入库登记本应有样品保管人员签字；负责样品分类管理，未检、已检样品应有明显的标记，不同单位送交的样品应有区分标志；负责样品桶、样品箱、样品袋的清洁完好，不得用留有他物或未经清洗的用具存放样品；样品保管人员应将各类样品立账、设卡，做到账、物、卡三者相符；负责保存样品室的环境条件符合该样品的贮存要求，不使样品变质、损坏，不使其降低或丧失性能；负责样品的领取和发放，领取者和发放者都应检查样品是否完好并签名；负责样品的检后处理及备用样品的处理，应按有关规定办理手续，经办人及主管人员应签名；负责做好样品保管室的防火、防盗工作。

二、检测仪器的管理制度

专管共用的检测仪器设备的保管人由中心试验检测确定，使用人在使用仪器设备前应征得保管人同意并填写使用记录。使用前后，由使用人和保管人共同检查仪器设备的技术状态，经确认以后，办理交接手续。

专管专用的仪器设备的使用人即为保管人。

仪器设备的保管人应参加新购进仪器验收安装、调试工作，填写并保管仪器设备档案，填写并保管仪器设备使用记录；负责仪器设备降级使用及报废申请等事宜。

使用贵重、精密、大型仪器设备者，均应经培训考核合格，取得操作许可证。精密、贵重、大型仪器设备的安放位置不得随意变动，如确实须要变动，事先应征得仪器设备室的同意。重新安装后，应对其安装位置、安装环境、安装方式进行检查，并重新进行检定或校准。

仪器设备保管人应负责所保管设备的清洁卫生，不用时，应罩上防尘罩。长期不用的电子仪器，每隔三个月应通电一次，每次通电时间不得少于半小时。

检测仪器设备不得挪作他用，不得从事与检测无关的工作。

仪器设备室除对所有仪器设备按周期进行计量检定外，还应进行不定期的抽查，以确保其功能正常，性能完好，精度满足检测工作的要求。

全部仪器设备的使用环境均应满足说明书的要求。

1. 仪器设备的借用

（1）计量标准器具一律不外借，一般不能直接用于检测。（2）试验检测中心内部仪器的借用，由各室自行商定，但仪器设备所有权的调动应经中心领导同意，并在设备技术档案上备案。（3）外单位借用仪器设备应办理书面手续。

2. 仪器设备购置、验收、维修、降级和报废

计量标准器具的购置由仪器设备室提出申请，试验检测中心主任批准后交办公室办理。测试仪器设备、标准物质的购置计划由各检测室提出，仪器设备室审核，经试验检测中心主任批准后交办公室办理。计量标准器具、标准物质、仪器设备到货后验收合格的仪器设备，由仪器设备室填写设备卡片。测试仪器设备的维修由仪器设备室归口管理。各专业检测室根据检测仪器设备的技术状态和使用时间，填写仪器设备维修申请书，由仪器设备室在规定时间内进行维修。在计量检定中发现仪器设备损坏或性能下降时，由仪器设备室直接进行维修，维修情况应填入设备档案。

修理后的仪器设备均由仪器设备室校定结果，分别贴上合格（绿）、准用（黄）或停用（红）标志，其他人员均不得私自更改。

材料试验机、疲劳试验机、振动台等试验设备的清洗和换油工作由各专业检测室的设备保管人负责，并在设备档案内详细记载。

凡降级使用的仪器设备均应由各专业检测室提出申请，由仪器设备室确定其实际检定精度，提出使用范围的建议，经试验检测中心主任核准批准后实施。降级使用情况应记入设备档案。

凡报废的仪器设备均应由各专业检测室填写“仪器设备报废申请单”，经确认后，由试验检测中心主任批准，并放入设备档案。已报废的仪器设备，不应存放在实验室内，其档案由资料室统一保管。

三、检测事故分析报告制度

1. 检测过程中按事故处理的情况

（1）样品丢失，零部件丢失，样品损坏。（2）样品生产单位提供的技术资料丢失或失密。（3）由于检测人员、检测仪器设备、检测条件不符合检测工作的要求或检验方法有误而造成的检测结论错误。（4）检测过程中发生人身伤亡。（5）检测过程中发生仪器设备损坏。

2. 事故的分类

凡违反上述各项规定所造成的事故均为责任事故。人身伤亡情况分成小事故、大事故和重大事故。

3. 发生事故后的处理要求

大或重大事故发生后，应立即采取有效措施，并保护现场，通知有关人员处理事故。

事故发生后 3 天内，由发生事故部门填写事故报告单，报告办公室。

事故发生后 5 天内，由中心负责人主持，召开事故分析会，对事故的直接责任者作出处理，对事故作善后处理并制定相应的办法，以防类似事故再次发生。

大或重大事故发生后 1 周内，试验检测中心应向上级主管部门补交事故处理专题报告。

四、技术资料文件的管理制度

长期保存的技术资料由资料室负责收集、整理、保存，其他各项技术资料由主管部门整理、填写技术资料目录，并对卷内资料进行编号，由资料室装订成册。技术资料入库时应办理交接手续，统一编号，填写资料索引卡片。检测人员需借阅技术资料，应办理借阅手续。与检测无关的人员不得查阅检测报告和原始记录。检测报告和原始记录不允许复制。

资料室工作人员要严格为用户保守技术机密，否则以违反纪律论处。

超过保管期的技术资料应分门别类造册登记，经中心主任批准后才能销毁。

长期保存的技术资料有：国家、地区、部门有关产品质量检测工作的政策、法令、文件、法规和规定；产品技术标准、相关标准、参考标准（国外和国内的）、检测规程、规范、大纲、细则、操作规程和方法（国外的、国内的或自编的）；计量检定规程、暂行校验方法；仪器设备说明书、计量合格证，仪器、仪表、设备的验收、维修、使用、降级和报废记录仪器设备明细表和台账；产品检验委托书、设计文件及其他技术资料。

定期保存的技术资料有：各类原始记录；各类检测报告；用户反馈意见及处理结果；样品入库、发放及处理登记本。保管期不少于两年。

五、实验室管理制度

1. 实验室是进行检测、检定工作的场所，必须保持清洁、整齐、安静。2. 实验室内禁止随地吐痰、吸烟、吃东西。禁止将与检测工作无关的物品带入实验室。在恒温恒压室内，禁止喝水、用湿布擦地、开启门窗。3. 要求换鞋、换衣的实验室，无论任何人进入，都要按规定更换工作服、工作鞋。4. 实验室应建立卫生值日制度，每天有人打扫卫生，每周彻底清扫一次，每季度彻底清扫一次空调通风管。5. 下班后与节假日，必须切断电源、水源。6. 仪器设备的零部件要妥善保管，连接线、书、操作手册和原始记录表等应专柜保管。7. 带电作业应由两人以上操作，地面应采取绝缘措施。电烙铁应放在烙铁架上，电源线应排列整齐，不得横跨过道。8. 实验室内设置消火栓和灭火桶等消防设施。灭火桶应经常检查，任何人不得私自挪动位置，更不得挪作他用。

第三节　检测人员配置及检测机构的资质要求

质检机构的人员配置应合理，人员的配置包括行政管理人员、试验检测技术人员和其他工作人员三类，其中试验检测技术人员应由不同学科和不同职称的技术人员组成。检测部门人员、仪器设备、机构等应有相应的资质等级证书。

一、质检机构技术负责人、质量保证负责人及其他人员配置

质检机构的技术负责人要对整个质检机构的工作全部负责，业务上应该有较高的水平。另一方面，由于技术负责人在一定程上决定了检测工作的质量，当技术负责人变动时，应检查在技术负责人变动后该机构的工作水平。

质量保证负责人协助技术负责人对整个质检机构的全部检测工作的质量负责，在技术负责人不在时代行其职权。小的质检机构，质检负责人可由技术负责人兼任。

质量保证负责人不一定要求精通所管辖的每一项具体工作，但必须熟悉本单位的主要业务，并且有一定的质量管理方面的知识。

质量保证负责人必须是该机构的主要负责人之一，这有助于质量工作中的有关决定的贯彻执行。

技术负责人、质量保证负责人及质量检测管理人员，应熟悉国家、部门、地方关于产品质量检测方面的政策、法令、法规、规定；应熟悉工程技术标准；应熟悉抽样理论，能熟练地应用各类抽样标准确定其样本大小；具备编制审定检测实施细则、审查检测报告的能力；熟悉掌握检测质量管理理论，具有对检测工作进行质量诊断的能力，熟悉国内外工程质量的检测方法、检测技术的现状及发展趋势，掌握国内外检测仪器设备的信息；能不断学习新知识，不断进行知识更新。

质检机构的技术负责人应有工程师以上职称，具有十年以上专业工作的经验，精通所管辖的业务。

质检机构的人员应按所进行的业务范围进行配置，各类工程技术人员、工程师以上人员不得低于20%。

各业务岗位人员的配置应与所从事的检测项目相匹配，重要的检测项目应有两人，每人可兼作几个项目。

1. 对试验检测人员的要求

（1）操作人员应熟悉检测任务，了解被测对象和所用检测仪器设备的性能。检测人员必须经过考核合格，取得上岗操作证后，才能上岗操作。凡使用精密、贵重、大型检测仪器设备者，必须熟悉检测仪器的性能，具备使用该仪器的知识，经过考核合格，取得操作证书才能操作。（2）检测人员应掌握所从事检测项目的有关技术标准，了解本领域国内外测试技术、检测仪器的现状及发展方向，具备制订检测大纲、采用国内外最新技术检测工作的能力。（3）检测人员应了解误差理论、数理统计方面的知识，能独立进行数据处理工作。（4）检测人员应对检测工作、数据处理工作持严肃的态度，以数据说话，不受行政或其他方面影响的干扰。

2. 对检测人员考核的主要内容

（1）工程质量检测专业知识

了解所用仪器设备的结构原理、性能及正确使用维护等知识；掌握所检测工程项目的质量标准和有关技术指标的程度；具有实际操作和数据处理的能力。

（2）计量基础知识

了解计量法常识：国际单位制基本内容；误差理论基本知识。

3. 计量检定人员要求

（1）凡从事计量检定工作的人员，必须具备从事计量检定工作所必备的知识和技能，且经上级计量行政部门考核合格并取得“检定员证”，才能从事所考核合格项目的计量检定工作。见习人员或学徒工、代培人员，不得独立从事检定工作，不得在检定证书上签字。（2）计量检定复核人员应真正起到复核的作用，复核人员必须是从事该项目两年以上具有工程师职称的人员或从事该项目五年以上的助理工程师。（3）计量检定人员必须具备高中以上文化程度。计量检定人员应不断学习新知识，随时了解国内外本领域计量技术的现状及检测仪器设备的信息。

4. 对计量检定人员考核的主要内容

（1）计量基础知识

计量法常识；国际单位制基本内容；误差理论基本知识。

（2）计量专业知识

本专业所用标准器具的结构原理和正确使用维护等知识；对本专业的检定系统和检定规程的理解和掌握；实际操作和数据处理能力。

5. 试验检测人员纪律

（1）认真学习和贯彻国家、部门、地方有关质量方面的文件、政策、法令、法规，严格按产品技术标准、试验检测规程进行各项测试工作。（2）坚持原则、忠于职守，遵守质检机构规定的各项规章制度。（3）不准利用职权和工作条件接受被检企业或单位的礼品。（4）不准擅自多抽或少抽样品，不准违章处理或使用样品。（5）不准受贿，不准假公济私、弄虚作假。（6）作风正派，秉公办事。

二、试验检测机构的资质要求

1. 试验技术及检测人员均应通过交通行业的培训，并应持有经交通行政主管部门批准的相应资格证书。技术主管应具有工程师以上技术职称。2. 试验检测机构仪器设备（包括标准物质）均应通过相应质量技术监督部门的计量认证、审查验收并取得合格证。3. 试验检测机构应具有相应交通行政主管部门批准的公路工程试验检测机构的相应等级资质证书，并在规定范围内进行试验检测工作。

第四节　检测数据处理

各种试验检测数据是工程质量检测评定的依据，试验检测采集得到的大量原始数据必须经过分析处理，如有些数据要经过无量纲化处理之后才具备可比性，况且数据中还存在各种误差，甚至还有一些要剔除的错误数据。所以，原始数据一定要进行分析处理，才能取得真实的试验检测成果。

一、数据的处理

1．有效数字

（1）在正常量测时一般只能估读到仪器最小刻度的十分之一，故在记录测量结果时，只允许末位有估读得来的不确定数字，其余数字均为准确数字，称这些所记的数字为有效数字。（2）有效数字的概念可表述为：由数字组成的一个数，除最末一位数是不确切值或可疑值外，其余均为可靠性正确值，则组成该数的所有数字包括末位数字在内称为有效数字，除有效数字外，其余数字为多余数字。（3）从计算数学的观点，有效数字可用来描述一个近似数的精度，一个数的相对（绝对）误差都与有效数字有关，有效数字的位数越多，相对（绝对）误差就越小。（4）对于“0”这个数字，它在数中的位置不同，可能是有效数字，也可能是多余数字。归纳起来有以下规律：整数前面的“0”无意义，是多余数字。处于数中间位置的“0”是有效数字。处于数后面位置的“0”是否为有效数字可分为以下三种情况：第一，数后面的“0”，若把多余数字的“0”用 10 的乘幂来表示，使其与有效数字分开，这样在 10 的乘幂前面所有数字包括“0”皆为有效数字。第二，作为量测结果并注明误差值的数值，其表示的数值等于或大于误差值位数的所有数字，包括“0”皆为有效数字。第三，上面两种情况外的数后面的“0”则很难判断是有效数字还是多余数字，因此，应避免采用这种不确切的标注方法。

在测量或计量中应取多少位有效数字，可根据下述准则判定：第一，对不需要表明误差的数据，其有效位数应取到最末一位数字为可疑数字（也称不确切或参考数字）。第二，对需要表明误差的数据，其有效位数应取到与误差同一数量级。

2．数字修约的规则

（1）修约间隔

修约间隔是指确定修约保留位数的一种方式。修约间隔的数值一经确定，修约值即应为该数值的整数倍。

例如指定修约间隔为 0.01，修约值即应在 0.01 的整数倍中选取，相当于将数值修约到二位小数。又如指定修约间隔为 100，修约值即应在 100 的整数倍中选取，相当于将数值修约到“百”数位。

0.5 单位修约是指修约间隔为指定数位的 0.5 单位，即修约到指定数位的 0.5 单位。0.2 单位修约是指修约间隔为指定数位的 0.2 单位。最基本的修约间隔时为 10 年（为整数），它等同于确定修约到某整数。

（2）数值修约进舍规则

拟舍弃数字组的最左一位数字小于 5 时，则舍去，即保留的各位数字不变。拟舍弃数字组的最左一位数字大于 5 或者是 5，而且后面的数字并非全部为 0 时，则进 1，即保留的末位数加 1，拟舍弃数字组的最左一位数字为 5，而后面无数字或全部为 0 时，若所保留的末位数为奇数（1，3，5，7，9）则进 1，为偶数（2，4，6，8，0）则舍弃。

负数修约时，先将它的绝对值按上述三条规定进行修约，然后在修约值前面加上负号。0.5 单位修约时，将拟修约数值乘以 2，按指定数位依进舍规则修约，所得数值再除以 2。0.2 单位修约时，将拟修约数值乘以 5，按指定数位依进舍规则修约，所得数值再除以 5。

上述数值修约规则（有时称之为“奇升偶舍法”）与常用的“四舍五入”的方法区别在于，用“四舍五入”法对数值进行修约，从很多修约后的数值中得到的均值偏大。而用上述的修约规则，进舍的状况具有平衡性，进舍误差也具有平衡性，若干数值经过这种修约后，修约值之和变大的可能性与变小的可能性是一样的。

（3）数值修约注意事项

实行数字修约，应在明确修约间隔、确定修约位数后一次完成，而不应连续修约，否则会导致不正确的结果。然而，实际工作中常有这种情况，有的部门先将原始数据按修约要求多一位至几位报出，尔后另一个部门将此值再按规定位数修约和判定，这样就有连续修约的错误。为避免产生连续修约的错误，应按下列步骤进行：

报出数值最右的非 0 数字为 5 时，应在数值后面加“（+）”或“（-）”或不加符号，分别表明已进行过舍、进或未舍未进。

如果判定报出值需要进行修约，当拟舍弃数字组的最左一位数字为 5，而后面无数字或全部为 0 时，数值后面有“（+）”者进 1，数值后面有“（-）”者舍去，其他仍按进舍规则进行。

3．计算法则

（1）加法运算

应以各数中有效数字末位数的数位最高者为准（小数即以小数部分位数最少者

为准），其余数均比该数向右多保留一位有效数字。

（2）乘法运算

应以各数中有效数字末位数的数位最少者为准，其余数均多取一位有效数字，所得积或商也多取一位有效数字。

（3）平方或开方运算

其结果可比原数多保留一位有效数字。

（4）对数运算

所取对数位数应与真数有效数字位数相等。

二、数据的统计特征与概率分布

1．总体与样本

在工程质量检验中，对无限总体中的个体逐一考查其某个质量特征是显然不可能的，即使对有限总体，若所含个体数量虽不大，但要做全部破坏性考察也是不可取的。所以，除特殊项目外，主要通过抽取总体中的一小部分个体加以检测，以便了解和分析总体质量状况，这就是通常所说的抽样检验。

总体又称母体，是统计分析中所需研究对象的全体。而组成总体的每个单元成为个体。例如在沥青混合料拌和工地上需要确定某公司运来的一批沥青质量是否合格，则这批沥青就是总体。总体分为有限总体和无限总体。从总体中抽取一部分个体就是样本（又称子样），样本容量是样本中所含样品的数量，通常用 n 来表示。

2．数据的统计特征量

用来表示统计数据分布及其某特征的特征量分为两类：一类表示数据的集中位置，例如算术平均值、中位数等；一类表示数据的离散程度，主要有级差、标准离差等，有时还需要把这两类基本特征量联合起来说明问题，如变异系数等。

三、随机事件及其概率

1．随机事件

一些不确定的现象是广泛存在的，在工程质量管理中，也会遇到大量不确定的现象，如沥青拌和场油石比的控制，上午是 5.1%，下午可能是 5.3%，钢筋的张拉力，这根可能是 10.1t，那根可能是 10.2t。上述不确定现象表现出一定的偶然性，称为随机现象，随机现象的每一种表现或结果，称为随机事件。

任何事物的发展都有规律性，相对随机事件而言，就有必然事件和不可能事件。必然事件和不可能事件都是确定的事件，不是随机事件。但是，为了研究方便，可把它们看作是随机事件的特例。

2. 随机事件的频数和频率

随机事件虽然是不确定的，但并不是没有规律的，通过研究大量的现实，便可发现它们符合某种规律。例如混凝土的强度虽然每组不同，但它们总是围绕着设计值上下波动，这叫作“统计”规律。

3. 随机事件概率

投掷硬币的试验结果大家都知道，当重复试验的次数较少时，随机事件的频率变动很大；但当重复试验次数逐渐增多时，其频率会越来越明显地呈现出稳定性，常在一个确定的数字（0.5）附近摆动。

随机事件的频率及概率是两个不同的概念。频率是一个统计量，表示随机事件在某一试验中出现的量，是变动的，与进行试验的条件无关；概率则是描述随机事件在试验中出现的可能性大小的量，是客观存在的一个确定的数字。随机事件的频率可以看作是它的概率的随机表现。某些简单随机事件的概率可以通过直接计算求出，但在通常情况下，是通过大量重复试验，把其频率作为概率的近似值。

概率论与数理统计是研究大量随机现象统计规律的科学。但是，它们之间又有区别。概率论着重对客观的随机现象提出各种不同的理想化了的数学模型，并研究其内在性质与相互联系。数理统计是以概率论为基础，着重统计资料进行分析研究，验证它是否符合某种数学模型，从而作出有用的推断。在质量管理中，数理统计是为了研究一定母体中所抽子样的某些特征数字，从而推断母体的统计特征。

四、正态分布

数据按其性质可分为计量值和计数值两大类。计量值数据是指可以连续取值的数据，如长度、质量、强度和对角线偏差等。计数值数据是指不能连续取值，只能用个数计数的数据，如不合格品数、不合格品率和表面缺陷数等，其中不合格品率1%、1.1%、1.2%…看起来似乎是可以连续取值的计量值，但实际它是计数值。所以判别一个数据是计量值或计数值在于给出该数据的代数式的分子，即分子为计量值，那么用该数学式求得的数据就是计量值；分子是计数值，求得的数据就是计数值。

计量值的概率分布为正态分布，计数值的概率分布为超级和分布、二项分布和泊松分布等。正态分布是应用最多、最广泛的一种概率分布曲线，是其他概率分布的基础。所谓正态也叫常态，即常见的状态。凡是计量值数据，它们的概率分布都遵从正态分布，用 Y 来表示正态分布的概率密度函数表示如下：

$$Y = f(x) = \frac{1}{\sqrt{2\pi\sigma}} e^{-\frac{(x-\mu)^2}{2\sigma^2}} \quad (-\infty < x < +\infty)$$

式中：x——随机变量，曲线的横坐标值；

$f(x)$——相应的值出现的概率密度，曲线的纵坐标值；

μ——总体平均值；

σ——总体标准偏差。

平均值μ是$f(x)$曲线的位置参数，决定曲线最高点的横坐标。标准偏差σ是$f(x)$曲线的形状参数，它的大小反映了曲线的宽窄程度。σ愈大，曲线低而宽，随机变量在平均值 附近出现的密度愈小；σ愈小，曲线高而窄，随机变量在平均值μ附近出现的密度愈大。

第二章　公路路面工程质量检测与施工质量控制探究

第一节　路面质量检测

一、路面抗滑性能检测

（一）路面抗滑性能检测的基本理论

路面的表面应有足够的抗滑能力，以保证行车安全。若路面抗滑能力不足时，汽车起动，会发生空转打滑现象；汽车在弯道上行驶，会产生横向滑移；紧急制动，所需的制动距离就会增长。这些都容易发生交通事故。经调查，交通事故 80% 以上与路面滑溜有关，即与路面摩擦系数较低有关。因此，对于路面来说，抗滑性能是一项非常重要的质量评定指知。

1．影响路面抗滑性能的因素

路面具有一定的粗糙度是保证汽车在道路上安全行驶的必要条件。车轮轮胎与路面相互作用产生的摩擦阻力起制约作用。评价路面粗糙度的指标很多，但通常采用的是摩擦系数。路面的摩擦系数越大，粗糙度就越好。

影响轮胎与路面之间摩擦系数的因素主要有下述几个方面：

（1）轮胎的磨耗量、表面形状及构造

在相同结构的路面上，由于轮胎特性不同其摩擦系数也不同。轮胎的磨耗量在一定程度上影响摩擦系数的大小。当轮胎磨耗率在 80% 以上时，摩擦系数减少 10% ~ 30%；在潮湿路面上行驶时，轮胎的表面花纹影响到摩擦系数的值，这是由于轮胎表面形状不同引起路面上排水效果不同所致；轮胎的橡胶性质对摩擦系数也有影响。此外，轮胎的接触压力、轮重等变化时，也会引起摩擦系数的变化。

（2）路面类型、干湿状态、温度与车速

不同的路面类型，其摩擦系数值也有一定的差异，但在干燥状态下路面的摩擦系数差异不大，一般是能保证汽车安全行驶的。当路表处于潮湿状态，特别是路表与轮胎之间形成水膜时，摩擦系数要小得多。随着车速的提高，摩擦系数将降低。温度对摩擦系数也有影响，一般随着路面温度的升高，摩擦系数相应减小。

（3）面层结合料及集料

结合料的品种对摩擦系数有很大影响。根据试验和实践得知，就沥青路面的抗滑性而言，以煤沥青最好，混合沥青次之，粘稠石油沥青稍差，多蜡液体沥青（渣油）最差。不论何种结合料，随着其用量增加，摩擦系数均降低。集料的种类、性质、形状也明显影响摩擦系数。碱性石料对沥青的吸附性好，但不耐磨耗。路面建成初期摩擦系数高，但经过行车作用后易磨损而变光滑。未风化的酸岩石，大多强度高、耐磨，但与石油沥青的粘附性较差，所以要经过碱性处理。有棱角、表面粗涩、形状接近立方体的集料，其摩擦系数要比圆滑的集料大得多。此外，在集料的级配组成上，开级配的路面表面抗滑性能较好。

（4）路面上结冰、积雪及其他状态

路面上的结冰与积雪，均会使路面摩擦系数降低。因为轮胎与路面正常的接触条件被隔断，而变形了轮胎与冰、雪的接触。由于冰和雪的摩擦系数很低，通常在 0.1 ~ 0.3 之间，因此在结冰或积雪的路面上行车是非常危险的。路面上的脏物，如矿粉末、污泥及松散砂粒、汽车滴下的油类、轮胎磨耗的胶粉也会对摩擦系数产生影响。

2. 路面抗滑标准

大量的试验与实践表明，由于雨水的润滑作用，引起路面摩擦系数降低，使路面滑溜。路面的滑溜给行车带来的危险性，主要表现在三个方面：汽车的制动距离增长；侧滑危险增大；方向控制失灵。因此，为了减少公路交通事故，特别是雨天的交通事故，需要提高路面的抗滑能力。哪些条件是影响路面抗滑能力的主要因素，用什么方法检测，指标数值确定多大合适，这是制定路面抗滑标准所要解决的问题。

影响路面抗滑性能的因素很多，但主要的有石料的抗滑性能（即石料磨光值 PSV），它既影响低速行车下路面的抗滑能力，也影响高速行车下路面的抗滑能力。在正常施工条件下，就影响幅度而言，石料的抗滑性能是影响抗滑性能的最主要因素（影响幅度达 30% ~ 50%），因此，应当选用抗滑性能好的集料（即强度高、耐磨耗、表面粗糙、有棱角、接近立方体等）作面层骨料，并采用优质沥青或掺配添加剂（包括掺水泥或掺石灰处理酸性石料等）。路面的宏观构造是影响高速行车下路面抗滑能力的一个因素（影响幅度为 20% ~ 30%）。路面的宏观构造是指路面集料间形成的宏观粗糙度（相对于集料本身的粗糙度，亦称微观构造而言）。宏观构造大，高速行车下的路表水能迅速排除，保证轮胎与石料直接接触，路面的抗滑性能就好；反之，路面宏观构造小，表面易形成水膜，路面的抗滑性能就差。关于路面抗滑条件的控制指标各国间不太一致，有的国家采用单一的指标，有的则采用多项指标，但总的趋势是抗滑标准从单项指标向多项指标发展，这是因为多项指标的抗滑标准更能保证高速行车的安全。

《公路沥青路面设计规范》中规定：在设计高速公路、一级公路的沥青表面层时，应选用抗滑、耐磨石料，其石料磨光值应大于42。沥青路面表层抗滑性能指标有：

（1）摩擦系数

高速公路、一级公路宜在竣工后第一个夏季采用摩擦系数测定车，以50km/h ± 1km/h的车速测定横向力系数SFC。

（2）路面宏观构造深度

应在路面竣工后第一个夏季用铺砂法或激光构造深度仪测定。

（3）一般于竣工后第一个夏季测定沥青面层横向力系数或摆值、路面宏观构造深度。

对于水泥混凝土路面，抗滑性能以构造深度为指标，其竣工验收值为：高速公路、一级公路不应低于0.8mm，其他各级公路不应低于0.6mm。对于降雨量在500mm以下的地区，可适当降低。

构造深度的检测（铺砂法）频率按每200m一处。

（二）路面构造深度测定

1．手工铺砂法测定路面构造深度

路面的宏观构造（即路表面集料之间形成的凹凸状况）是影响抗滑性能的重要因素。特别是在雨天和高速行驶的条件下更为明显。宏观构造大的路面（即纹理构造深度大的路表面）不但能及时排除雨水，使轮胎与路面集料直接接触，而且由于路面上突起的尖棱切入轮胎使抗滑阻力增大。纹理构造深度浅的路面在雨天高速行驶时易形成水膜，使摩擦系数大大降低。因此，以路面构造深度作为路面抗滑的附加指标是很有必要的。铺砂法的基本原理是：将已知体积的砂在路面表面上摊成一定范围的圆，砂的体积与所覆盖表面的平均面积的比称为路面的构造深度，用TD表示，单位为mm。

本方法适用于测定沥青路面及水泥混凝土路面表面构造深度，用以评定路面表面的宏观粗糙度、排水性能及抗滑性能。

（1）仪器设备

1）人工铺砂仪。

由圆筒、摊平板组成。

①量砂筒

一端是封闭的，内径 φ 20mm，外径 φ 26mm，总高 90mm，容积为（25 ± 0.15）mL。可通过称量砂筒中水的质量以确定其容积 V，并调整其高度，使其容积符合高度要求。

②摊平板

摊平板应为木制或铝制，直径 50mm，底面粘一层厚 1.5mm 的橡胶片，上面有一圆柱把手。

③刮平尺

可用 30cm 钢板尺代替。

2）量砂。

足够数量的干燥洁净的匀质砂，粒径 0.15mm ~ 0.3mm。

3）量尺。

钢板尺、钢卷尺或采用专门的构造深度尺。

4）其他。

装砂容器、小铲、扫帚或毛刷、挡风板等。

（2）准备工作

1）量砂准备

将洁净的细砂晾干、过筛，取 0.15mm ~ 0.3mm 的砂置于适当的容器中备用。量砂只能在路面上使用一次，不宜重复使用。回收砂必须经干燥、过筛处理后方可使用。

2）确定测点

对测试路段按随机取样的方法确定测点。测点应选在行车道的轮迹带上，距路面边缘不应小于 1m。

（3）试验步骤

1）用扫帚或毛刷子将测点附近的路面清扫干净，面积不小于 30cm × 30cm。2）用小铲装砂，沿筒向圆筒中注满砂，手提圆筒上方，在硬质路上轻轻叩打 3 次，使砂密实，补足砂面，用钢尺一次刮平。注意不可直接用量筒装砂，以免影响量砂密度的均匀性。3）将砂倒在路面上，用底面粘有橡胶片的推平板，由里向外重复做摊铺运动。稍稍用力将砂细心地尽可能地向外摊开，使砂填入凹凸不平的路表面空隙中。尽可能将砂摊成圆形，并不得在表面上留有浮动的余砂。注意摊铺时不可用力过大或向外摊挤。4）用钢板尺测量所构成圆的两个垂直方向的直径，取其平均值，准确至 5mm。5）按以上方法，同一处平行测定不少于 3 次，3 个测点均位于轮迹带上，测点间距 3m ~ 5m。该处的测定位置以中间测点的位置表示。

一般来说，手工铺砂法误差较大，其原因很多，例如装砂的方法无标准，致使量筒中的砂紧密程度不一样，影响砂量；还有摊砂用的摊平板无标准，更主要的是砂摊开到多大程度为止，无明确规定，故各人掌握不一样。为了克服手工铺砂法掌握不统一、测量不准的缺点，可采用电动铺砂法和激光法。

2. 激光构造深度仪测定路面构造深度

激光构造深度仪是智能化仪器，它适用于测定沥青路面干燥表面的构造深度，用以评价路面抗滑及排水能力，测试温度不低于 0 ℃。

（1）仪器设备

1）激光构造深度仪

在两轮的手推小车上装有光电测试设备、打印机及仪器操作装置。最大测量范围为 20mm，精度 0.01mm。

2）其他

扫帚、打气筒、充电器、打印纸、色带、标志板、小红旗等。

（2）准备工作

1）检查仪器是否正常。2）检查电池电压，如不充足应予以充电，充电时间宜为 12 h ~ 15 h。3）检查轮胎压力，应符合（0.07 ± 0.01）MPa 的要求，保持轮胎顶面的清洁，无沥青及泥块等粘附物。4）安装打印纸带及色带。5）选择测定路段，测定位置应位于行车带轮迹上。6）将所测定的路段用扫帚清扫干净，作出起、终点标记。7）打开手柄的钥匙开关，接通电路，操作控制器和指示器开始工作。

（3）试验步骤

1）将激光构造深度仪置于测工作状态（READ），仪器备有下列四档程序：①标准程序（CALIBRATION）或厂家调试程序；②大孔隙或粗糙度大的路面测量程序（TEXTUREHRA）；③一般路面测量程序（TEXTURE）；④传感器校核程序（SENSORCHECK）。正式测量时应首先使用传感器校核程序在待测路面上进行传感器检测校核，其峰值数（百分数）应分布在 112 ~ 144 范围内。如果峰值分布明显过高或过低，则表示轮胎气压不正常、已严重磨损或粘满了沥青材料。2）根据被测路面状况，选择一般路面测量程序或大孔隙粗糙度大的路面测量程序进行测量。3）以稳定的速度推车行驶进行测定，仪器按每一个计算区打印出该段构造深度的平均值。标准的计算区间长度为 100m，根据需要也可为 10m 或 50m。激光构造深度仪适宜的行驶速度为 3km/h ~ 5km/h。同一计算区间平行测定 2 次，重复性误差绝对值不大于 0.02mm。

3. 电动铺砂仪测定路面构造深度

本方法适用于测定沥青路面及水泥混凝土路面表面构造深度，用以评定路面表面的宏观粗糙度及路面表面的排水性能和抗滑性能。

（1）仪器设备

1）电动铺砂仪

利用可充电的直流电源，将量砂通过砂漏铺设成宽度5cm、厚度均匀一致的器具。

2）量砂

足够数量的干燥洁净的匀质砂，粒径为0.15mm ~ 0.3mm。

3）标准量筒

容积50mL。

4）玻璃板

面积大于铺砂器，厚5mm。

5）其他

直尺、扫帚、毛刷等。

（2）准备工作

1）量砂准备。

取洁净的细砂，掠干，过筛。取0.15mm ~ 0.3mm的砂置于适当的容器中备用。已在路面上使用过的砂若回收重复使用时，应重新过筛并晾干。

2）确定测点。

对测试路段按随机取样选点的方法，决定测点所在的横断面的位置。测点应选在行车道的轮迹带上，距路面边缘不小于1m。

3）电动铺砂器标定。

①将铺砂器平放在玻璃板上，将砂漏移至铺砂器端部。②使灌砂漏斗口和量筒口大致齐平，通过漏斗向量筒中缓缓注入准备好的量砂至高出量筒成尖顶状，用直尺沿筒口一次刮平，其容积为50mL。③使漏斗口与铺砂器砂漏上口大致齐平。将砂通过漏斗均匀倒入砂漏，漏斗前后移动，使砂的表面大致齐平，但不得用任何其他工具刮动砂。④开动电动机，使砂漏向另一端缓缓运动待砂全部漏完后停止。

（三）路面摩擦系数测定

1. 摆式仪测定路面摩擦系数

摆式仪属于轻便型测量仪器，许多国家都采用。它具有结构简单、操作方便、数据稳定的优点。但它毕竟是一种比照试验法，其试验条件与路面实际行车条件没有直接关系，故有一定的局限性。本方法适用于测定沥青路面及水泥混凝土路面的抗滑值，用以评定路面在潮湿状态下的抗滑能力。

（1）仪器准备

1）摆式仪。

2）橡胶片

尺寸为 6.35mm × 25.4mm × 76.2mm，橡胶质量符合规定要求。

3）标准量尺

长 126mm。

4）洒水壶。

5）橡胶刮板。

6）路面温度计

分度不大于 1℃。

7）其他

皮尺或钢卷尺、扫帚、粉笔等。

（2）准备工作

1）检查摆式仪的调零灵敏情况，并定期进行仪器的标定。当用于路面工程检查验收时，仪器必须重新标定。2）对测试路段按随机取样选点的方法选定测点。测点应选在行车车道的轮迹带上，距路面边缘不应小于 1m，并用粉笔作出标记。测点位置与铺砂法一一对应。

（3）试验步骤

1）仪器调平

①将仪器置于路面测点上，并使摆的摆动方向与行车方向一致。②转动底座上的调平螺栓，使水准泡居中。

2）调零

①放松上、下两个紧固把手，转动升降把手使摆升高，并能自由摆动，然后旋紧紧固把手。②将摆向右运动，按下安装于悬臂上的释放开关，使摆上的卡环进入开关槽，放开释放开关，摆即处于水平释放位置，并把指针抬至与摆杆平行处。③按下释放开关，使摆向左带动指针摆动，当摆达到最高位置下落时，用左手将摆杆接住，此时指针应指零。若不指零时，可稍旋紧或放松摆的调节螺母，重复本项操作，直至指针指零。调零允许误差为 ± 1BPN。

3）校核滑动长度

①用扫帚扫净路面表面，并用橡胶刮板清除摆动范围内路面上的松散粒料。②让摆自由悬挂，提起摆头上的举升柄，将底座上垫块置于定位螺丝下面，使摆头上的滑溜块升高，放松紧固把手，转动立柱上的升降把手，使摆缓缓下降。当滑溜块上的橡胶片刚刚接触路面时，即将紧固把手旋紧，使摆头固定。③提起举升柄，取下垫块，使摆向右运动，然后，手提举升柄使摆向左运动，直至橡胶片的边缘刚刚接触路面。在橡胶片的外边摆动方向设置标准量尺，尺的一端正对该点。再用手提起升柄，使滑溜块向上抬起，并使摆继续移动至左边，使橡胶片返回落下再一次

接触路面。橡胶片两次同路面接触点的距离应在126mm（即滑动长度）左右。若滑动长度不符合标准时，用升高或降低仪器底正面的调平螺丝来校正。但需调平水准泡，重复此项校核直至使滑动长度符合要求，而后将摆和指针置于水平位置。应注意在校核滑动长度时，应以橡胶片长边刚刚接触路面为准，不可借摆的力量向前滑动，以免标定的滑动长度过长。④用喷壶的水浇洒测试路面，并用橡胶刮板刮除表面泥浆杂质。⑤再次洒水，并按下释放开关，使摆在路面滑过，指针即可指示出路面的摆值。但第一次测定不作记录。当摆杆回落时，用左手接住摆，右手提起举升柄使滑块升高，将摆向右运动，并使摆杆和指针重新置于水平释放位置。⑥重复⑤的操作测定5次，并读取每次测定的摆值，即BPN。5次数值中最大值与最小值的差值不得大于3BPN。如差数大于3BPN，应检查产生的原因，并再次重复上述各项操作直至符合规定为止。取5次测定的平均值作为每个测点路面的抗滑值（即摆值FB），取整数，以BPN表示。⑦在测点位置上用路表温度计测记潮湿路面的温度，准确至1℃。⑧按以上方法，同一处平行测定不少于3次，3个测点均位于轮迹带上，测点间距3m ~ 5m。该处的测点位置以中间测点的位置表示。每一处均取3次测定结果的平均值作为试验结果，准确至1BPN。

2. 路面横向力系数测定

用标准的摩擦系数测定车测定，当测定轮与行车方向成一定角度且以一定速度行驶时，轮胎与潮湿路面之间摩擦阻力与接触面积的比值，称为路面横向力系数，代号SFC，无量纲。

用标准的摩擦系数测定车测定沥青路面或水泥混凝土路面的横向力系数，测试结果可作为竣工验收或使用期评定路面抗滑能力的依据。

（1）仪器设备

1）摩擦系数测定车

SCRIM型，由车辆底盘、测量机构、供水系统、荷载传感器、仪表及操作记录系统、标定装置等组成。测定车应符合下列要求：

①测量机构。可以为单侧或双侧各安装一套，测试轮与车辆行驶方向成20°角，作用于测试轮上的静态标准载荷为2kN。测试轮胎应为3mm ~ 20mm的光面轮胎，其标准气压为（0.35 ± 0.01）MPa。当轮胎直径减少6mm时（每个测试轮测350km ~ 400km），需更换新轮胎。②测定车辆轮胎气压应符合所使用汽车规定的标准气压范围。③能控制洒水量，使路面水膜厚度不小于1mm。通常测量速度为50km/h时，水阀开启量宜为50%；测量速度为70km/h时，宜为70%；余类推。④其他备件：备用轮胎等备件。

（2）准备工作

①按照仪器设备技术手册或使用说明书对测定系统进行标定。对仪器设备进行标定、检查时，必须在关闭发动机的情况下进行。标定按SFC值10，20，30，……，100的不同档次进行，满量程为100时的示数误差范围为 ±2。②检查横向摩擦系数测定车系统的各项参数是否符合规定的要求，检查外部警告标志是否正常。③贮水罐灌水。④将测试轮安装紧固，且保持在升起的位置上。⑤将记录装置置于正常使用状态，安装足够的打印纸。打开记录预热不少于10min。⑥根据需要确定采用连续测定或断续测定，以及每公里测定的长度。选择并设定“计算区间”，即输出一个测定数据的长度。标准的计算区间为20m，根据要求也可选择为5m或10m。⑦根据要求设定为单轮测试或双轮测试。⑧输入所需的说明性预设数据，如测试日期、路段编号、里程桩号等。⑨发动车辆驶向测试地段。

（3）测定步骤

①在测试路段起点前约500m处停住，开机预热不少于10min。②降下测试轮，打开水阀检查水流情况是否正常及水流是否符合需要，检查仪表各项指数是否正常，然后升起测试轮。③将车辆驶向测试路段前100m ~ 200m处降下测试轮。测定车的车速可根据公路等级的需要选择。除特殊情况外，标准车速为50km/h，测试过程中必须保持匀速。④进入测试段后，按开始键，开始测试。在显示器上监视测试运行变化，检查速度、距离有无反常波动，当需要标明特征（如桥位、路面变化等）时，操作功能键插入到数据流中，整公里里程桩上也应做相应的记录。

（4）测试数据处理

测定的摩擦系数数据存贮在磁带中，摩擦系数测定车SCRIM系统配有专门的数据处理程序软件，可计算和打印出每一个计算区间的摩擦系数值、行驶速度、统计个数、平均值及标准差，同时还可打印出摩擦系数的变化图。根据要求将摩擦系数在0 ~ 100范围内分成若干区间，作出各区间的路段长度占总测试里程百分比的统计表。

（5）测试报告内容

①测试路段名称及桩号、公路和等级、测试日期、天气情况，路面在潮湿状态下的路表温度，描述面结构类型及外观等。②测试过程中交叉口、转弯等特殊路段及里程桩号的记录。③数据处理打印结果，包括各测点路面摩擦系数值、行程距离、行驶速度，每一个评定路段路面摩擦系数值统计个数、平均值、标准差、变异系数。④公路沿线摩擦系数的变化图，不同摩擦系数区间的路段长度占总测试里程百分比的统计表。

二、路面破损检测

（一）路面破损的分类

在路面质量管理与验收、建立路面管理系统和决定路面维修方案时，都需要测定路面各类破损的数量与面积。路面的破损类型因路面材料的不同而不同，分述如下。

1. 沥青路面的破损类型

（1）裂缝

包括龟裂、块裂及各类单根裂缝等。

（2）变形

包括车辙、沉陷、拥包、波浪等。

（3）松散

包括掉粒、松散、剥落、脱皮等引起的集料散失现象、坑槽等。

（4）其他

包括泛油、磨光（抗滑性能差）及各类修补等。

破损严重程度可分为轻微、中度、严重三种。

龟裂也称网裂，指裂缝与裂缝连接成龟甲纹状，且其短边长不大于 40cm 的不规则裂缝；在路面纵向有平行密集的裂缝，虽未成网，但其距离不大于 30cm 者，亦属龟裂。块裂为沥青路面的不规则裂缝，裂缝与裂缝连接成网，且其短边长度大于 40cm、长边长度小于 3m。龟裂与块裂裂缝测定均以面积（m^2）计。单根裂缝是指裂缝之间互不连接，或虽有连接但距离在 3m 以上者，可以细分为横向裂缝、纵向裂缝、路面与桥涵构造物的接头裂缝、施工裂缝、水泥板接缝的反射裂缝等。裂缝测定以长度（m）计。边缘裂缝（亦称啃边）是指靠路肩边缘由于冻胀、基层或路基的承载力不足引起的纵向局部性开裂，根据严重程度计算长度或面积。

2. 混凝土路面的破损类型

（1）断板

包括板角断裂、D 型裂缝、纵向裂缝、横向裂缝、断板等。

（2）接缝

包括接缝材料损坏、接缝脱开、无接缝料、缝被砂石尘土填塞、边角剥落、唧泥、错台（台阶）、拱起（翘曲）等。

（3）表面

包括表面网状细裂缝、层状剥落、起皮、露骨、集料磨光、坑洞等。

（4）其他

如板块沉陷等。

破损严重程度可分为轻微、中度、严重 3 种。

水泥混凝土路面的伸缩缝两侧在一定范围内产生多道裂缝，呈D字形，故称为D形裂缝。D形裂缝呈不断扩展趋势，严重时裂缝产生的小块可能脱落或错位移动。由纵向和横向裂缝发展而产生的已完全折断成两块及两块以上水泥混凝土面板的现象称为断板，唧泥是指因裂缝或接缝损坏，导致水进入基层使材料软化形成泥浆，在荷载作用下从缝中或板边缘挤出的现象。

（二）沥青路面破损检测

根据目的选择各类破损调查的时间。如对强度不足或疲劳引起的荷载性裂缝(龟裂),宜在春季或雨季最不利季节之后调查;对由于温度收缩引起的非荷载性裂缝(块裂及横向裂缝），宜在冬季以后观测；对车辙、拥包、波浪等热稳性变形，宜在夏季观测；对松散类破损宜在雨季观测。也可在规定的同一时间观测。需要时还可定期观测，以了解破损情况。为便于裂缝观测，宜选择在雨后（或预先洒水）路表已干燥但尚有水迹的时机观测。

1. 仪器设备

（1）量尺。钢卷尺、皮尺、钢尺等。（2）破损记录纸（毫米方格纸）。（3)高速摄影车或其他高效测试设备。(4)其他。粉笔、扫帚、小红旗及安全标志等。

2. 准备工作

（1）选择测试路段，并量测其路面的长度及宽度，计算测试路段总面积。（2）在毫米格纸上按比例绘制破损记录方格，填好里程桩号。（3）若路面不洁妨碍观测时，应用扫帚清扫路面。（4）观测前应通报有关交通管理部门。观测时应有专人指挥交通（必要时可封闭交通），并设置交通安全标志等以确保观测车及观测者的安全。

3. 检测步骤

（1）当采用高速摄影车或其他高效测试设备测试时，按有关使用说明书操作。采用自动摄影车测试时，进行连续摄影或录像，然后在室内评定或用计算机检测裂缝等各类破损数量。（2）当为人工检测时，由2人~4人组成一组，沿路面仔细观察路面各类破损情况。若观测裂缝时，一般以逆光观测较为清楚，对不明显的裂缝，可在裂缝位置用粉笔作出标记。（3）目测或用量尺测试路段的路面上各类破损的长度或范围，准确至0.1m。（4）对拥包、波浪、沉陷等变形类损坏除记录面积外，尚应测记拥起高度或下陷深度。（5）记录破损位置（桩号），就地在方格纸上按比例描绘破损图，记录破损类别。（6）必要时，可拍摄照片或录像备查。

新建沥青混凝土和沥青碎石面层，其表面应平整密实，无明显碾压轮迹，搭接处紧密、平顺，不应有泛油、松散、裂缝、粗细集料集中等现象。对于高速公路和一级公路，有上述缺陷的面积之和不得超过复检面积的0.03%，其他公路不得超过

0.05%。

新建沥青贯入式（或沥青上拌下贯式）和沥青表面处治面层，表面应平整密实，无明显碾压轮迹，不应有松散、裂缝、油包、油丁、波浪、泛油等现象。有上述缺陷的面积之和不超过受检面积的0.2%。

（三）水泥混凝土路面破损检测

仪器设备与沥青路面破损检测的基本相同。

1．准备工作

（1）选定路段，并量测的其路面的长度及宽度。（2）如路面不洁妨碍观测时，可用扫帚清扫裂缝附近路面。

为便于观测，宜选择在雨后路面已干燥但裂缝尚有水迹的时机观测。观测时应有专人指挥交通（需要时可封闭交通），并设置交通安全标志等以确保观测者的安全。

2．检测步骤

（1）沿路面纵向1人～2人负责一块混凝土板宽度，仔细观察裂缝及破损面积，准确至10cm。对伸缩缝接缝处的破坏及边角部已成块的破坏都应单独记录条数、面积。其中按缝拱起还应记录高度。（2）记录板块号、破损位置（桩号），在方格纸中按比例绘制裂缝及破损情况图。（3）根据需要，拍摄照片或录像备查。

新建水泥混凝土路面，混凝土板的断裂块数，高速公路和一级公路不得超过评定路段混凝土板总数的2‰，其他公路不得超过4‰。对断裂板应采取适当措施预以处理。混凝土板表面的脱皮、印痕、裂纹、石子外露和缺边掉角等病害现象，高速、一级公路，上述缺陷的面积不得超过受检面积的2‰，其他公路不得超过3‰，并且要求接缝填筑饱满密实，路面侧石直顺，曲线圆滑。

三、路面透水性检测

（一）基本原理

路面的透水性是衡量路面质量好坏的一个指标，它反映着路面结构的密实程度，密不透水的路面可以防止雨水和雪水等透过路面渗入基层和土基从而降低路基路面的整体强度和稳定性，保证路面的正常使用，维持路面的使用寿命。

路面透水性用透水系数来表示，其检验方法有许多种，我国目前常用的一种是路面透水仪。路面的透水性用透水仪在一定的初始静压水头作用下，以单位时间渗入一定路面面积内的水量来表示。

（二）测试仪具

（1）路面透水仪1台。仪器由底座（内径125mm浅杯环）、粗圆管（内径56mm）和细圆管（内径15mm）三部分组成，系均用有机玻璃组成，全高约

630mm，还可以拆散为上述三部分，携带方便。底座系用有机玻璃粘合而成，圆筒与底座以螺扣相连，细圆管与粗圆管系用螺扣或橡胶塞相连。在细圆管距地面600mm 处打一小孔，以保证试验时有个固定的水面初始高度，并由此高度自上而下刻出管内实际体积相应的高度。试验时，水从细管顶部加入，在一定时间内读出仪器中水位顶面的读数，即为该时间内由仪器底面渗入路面的水量；（2）秒表 1 只；（3）细钢丝刷 1 把；（4）玻璃腻子（或铜油、石灰等不透水材料）若干；（5）其他物品（扫帚、水桶、量杯、漏斗）等。

三、测试步骤与方法

（1）测试前先用扫把将测点扫清，再用细网丝刷把表面矿料颗粒间的尘土刷出并扫净。（2）在透水仪底座边上涂抹一圈玻璃腻子不透水材料，然后将其平放在路面测点上，用力压紧并使不漏水，并用重物将底座压放。（3）为便于观察管内水位的高度变化，可在试验用水中注入少量红墨水，使水呈淡红色。（4）测试时应尽快用漏斗通过上部细圆管把试验用水注入仪器中，至达到 600mm 高度（即至溢水孔时）为止。从开始加水到开始读数的时间一般控制在 60s 以内。（5）当水位达预定高度后，即可开动秒表，每 30 s 读记一次水位高度，直至 3min 为止。（6）为消除试验开始 30 s 至 1min 内表面透水较快的不均匀影响，路面透水系数是按照第一分钟至第三分钟的 2min 时间内渗入路面的水量来计算。

四、路面平整度测定

（一）概述

1. 意义

路面平整度是评定路面使用品质的重要指标之一。它既是一个整体性指标，又是衡量路面质量及现有路面破坏程度的一个重要指标。它直接关系到行车安全以及车辆的通行能力和运营的经济性，还影响着路面的使用年限。

2. 目的

测量路面平整度指标，一是为了检查控制路面施工质量与验收路面工程，二是根据测定的路面平整度指标以确定养护维修计划。

3. 测试方法与仪器

路面平整度包括纵断面和横断面两个方面。测定平整度的仪器种类繁多，国外这方面从最初的直尺式测定仪发展成为可以记录车行道真实断面形状的横断面记录仪，如芬兰、日本、荷兰等国家研制了车辙深度量测仪。后来又研制了纵断面测定仪，如多轮式纵断面仪、斜率纵断面仪和美国通用汽车公司研制的 GMR 纵断面仪。

国内除了 3m 直尺外，还有 JLP-80N 型间断式路面平整度仪（西安公路科研所和南京交通实验仪器厂生产的一种自行车携带的直尺式检测仪），东南大学试制的仿苏联式测振仪，辽宁锦州郊区公路段研制成的 CPJ-60S 型路面平整度检测仪，以及西安东风仪表厂生产的 XLPY-E 型连续式平整度仪。国内最常用的测试方法是 3m 直尺法和 XLPY-E 型路面平整度仪测定法。

（二）3m 直尺量测法

1. 测定原理

用一定长度的金属直尺，放在被量测的路面上，由于路面高低不平与直尺间存在间隙，量测路面与直尺间的最大间隙，即可作为路面平整度指标。

2. 量测仪器

（1）直尺

由铝合金制造，长度 3m，底边平直，上边装有两个把手，便于使用时握住。

（2）钢尺

长度 100cm，一端刻度的最小分划为 1mm。

3. 量测步骤

（1）选取测点：一般沿路面行车道每隔 500m 选定一组测点，将 3m 直尺沿车道纵向放在路面上。（2）用钢尺量测路面与直尺间的最大间隙距离，精确至 1mm。（3）每次沿纵向连续量测 10 尺，取 10 尺最大间隙的平均值为该组测点的路面平整度指标。

4. 适用范围

对于二级公路的沥青（渣油）表处路面和其他种类路面及三、四级公路的各种路面，均可使用这种简易方法测定其平整度，作为路面施工检查、竣工验收和养护检查之依据。

（三）XLPY-E 型连续式路面平整度仪法

《公路养护技术规范》规定：高速公路和一级公路的各种路面，以及二级公路的高级、次高级路面，一律采用连续式平整度仪作连续量测，要求以每 1km 读出实测的凸凹数值，求得均方差＜ 7，以代表路段现有的平整度。XLPY-E 型路面平整度仪采用国内较先进的微处理技术，电器元件均采用大规模集成电路，具有连续测量、自动运算并打印路面平整度均方差之功能，并能现场得到测试结果。如：

（1）可自动测定、运算、打印均方差值 ..。取样间距 0.1m，取样误差不大于 1mm，同一条件下重复测试，其统计偏差小于 0.2mm。（2）由人工送数，可自动打印出测试日期（年、月、日）及新测路段的编号（道路号、分段号、取样、超差）。每打印 1 次，分段号自动加 1。（3）自动打印被测路段长度（m），误差小于 1m。

（4）自动运算并打印被测路段的单向累计值（mm）。（5）自动运算并打印被测路段的纵断面曲线与基准线间的图形面积（cm^2）。（6）自动测定计算并打印正负超差个数，超差标准使用者可根据路面等级要求自行选定，限制在 1mm ~ 15mm 范围内。（7）可自动测定计算并打印测试的速度（km/h）。

1．主要仪器设备

XLPY-E 型平整度仪由机械部分和电器部分组成。电器部分单独装在一仪器箱内，有三根电缆与机架有关部分（传感器、距离取样头、蓄电池）相连，可随时拆装。

（1）机械结构

1）牵引部分

拉杆及前桥（由二组轮架组成的转向机构）。

2）轮架

八个车轮分别组成四组轮架。

3）车轮

八个带有独立减震系统的充气轮胎。

4）主架紧

包括伸缩方管导向机构、后架等。

5）位移传感器

亦称差动变压器。

6）传动装备

山支架、链轮等组成。

7）距离取样器

由支架、霍尔元件组成。

8）测量轮

由加压弹簧及提升机构、橡胶轮组成。

（2）电器部分

选用了 8031 单片机，集成度高，性能稳定，可靠性高。

（3）面板各部分功能

1）接插件

面板右上角三个孔接插件，分别通过电缆线与机架上的位移传感器（四芯）、取样头（三芯）、电池箱（两芯）相连接。

2）电源开关

接通（ON）或切断仪器的电源开关。

3）显示器

分静态、动态。

4）报警器

当电源输送电压不足时，报警器报警。

5）各按键功能

复位键：按复位键后，显示器显示 0.00，主机开始执行程序，准备工作。启动键：进行动、静态测试时，启动此键。

停止键：测试中，需要随时检查测试结果，或结束测试时未到自动打印距离，按此键打印最后结果，并显示均方差 ..。

动静态键：按下且为静态，用于静态测试；复还且为动态，用于动态测试。

拨码盘：九个拨码盘具有双重功能，数据分两次输入。

（4）主要技术指标

1）牵引方式及检测速度

可用人力或机动车牵引，最小转弯半径 5m，检测速度保持 12km/h，最高检测速度不超过 15km/h。非检测情况下牵引速度不超过 25km/h。

工作环境温度：-10 ～ 40℃；

电源及功耗：镉镍碱性蓄电池供电，功耗小于 15W。

2）牵引车辆。

3）皮尺（钢尺），长 30m ～ 50m。

4）3m 直尺及间隙量测件。

5）其他备用物品，如扳手、旗子、哨子等。

2. 仪器安装与调试

包括测试车安装，蓄电池充电及电压检查，安装打印纸和安装绘图纸，详见仪器说明书。

3. 测试方法与步骤

第一，接好各电缆线：连接电缆（要注意方向），两芯电源线，三芯取样线及四芯位移传感器线。

第二，将电源开关置于 ON，打印机空走一行按复位键，显示器显示 0.00。

第三，本机工作状态分静、动两种状态。

静态测试：

①按下静动态键，使之处于静态。②按启动键。③转动取样轮。④按停止键，打印机打印检查结果。重复③、④，可进行重复检测。

动态测试：

①按下复位键，使之处于动态。②由拨码盘从左至右依次输入道路号（三位），年、月、日（各两位）。③按下启动键。④再由拨码盘从左至右依次输入路段号（三位），分路段号，取样间距限制为 01 ~ 09，超差标准限制在 01 ~ 15（各占两位）。⑤按下启动键，此时打印出年、月、日，道路号等数据。⑥按停止键，可实现途中的停止检测，此时打印机打印最后的测试结果。⑦停止后又要测试，若不更改年、月、日，道路号等，即可直接输入修改的路段号、分路段号、取样间距和超差标准，然后按一次启动键，即进入工作状态。若需修改所有输入数据，则须重复①~⑤的操作。

第四，测试结束后，关掉电源，取下各连接电缆，将仪器置于干燥阴凉处存放。

4. 测试数据的整理与分析

（1）测试数据

路段测试结束后，测试数据则可直接打印出来。

（2）结果分析与评定

均方差值 σ 、单向累计值 H 及正负超差数均从不同角度去分析评定路面的不平整度和使用功能。如采用正负超差数可估计施工路段平整度合格率，判其是否合格；采用均方差 σ 评定旧有路面的使用功能，决定养护对策。

沥青路面使用功能，在我国采用路面强度系数（表弯沉值）、路面破损程度综合值（破损率）、平整度指标和路面摩擦系数四项指标来评定。四项指标之间具有内在关系，而不能简单综合，必须在单项评定结果的基础上对四项指标进行统筹规划，科学决策。

第二节　滑模摊铺水泥混凝土路面质量控制

一、滑模混凝土原材料的质量控制

建好高速公路水泥混凝土路面的基本物质条件是路面水泥混凝土原材料要精良，进场前控制好原材料的质量相当重要，无论工期多么紧张，不合格的原材料不得进场。

1. 水泥

对高速公路水泥混凝土路面而言，控制水泥的下述指标相当重要：

（1）水泥的抗折强度

水泥混凝土路面对混凝土结构力学指标的要求与其他结构不同，它是以抗折强度为首要力学指标，而水泥规范中对水泥标号是以抗压强度作为划分标准的。所以在高速公路水泥混凝土路面使用水泥标号时要加以注意，若以抗折强度来衡量，当采用硅酸盐水泥和普通水泥 525 号时，相当于使用 425 号道路水泥，其规范规定值 28d 抗折强度为 7mPa。

从目前国内施工高速公路水泥混凝土路面的经验来看，要在较低单位水泥用量条件下，做到高速公路水泥混凝土路面所要求的设计抗折强度加上施工保证率 5.75mPa ~ 6.0mPa 的较高抗折强度配制指标，所用的水泥抗折强度以接近或超过 7.5mPa ~ 8.0mPa 为宜，因为同水灰比条件下，标准砂浆的抗折强度是混凝土的极限。那么，按中高速公路用水泥的强度指标，达到 7.5mPa 以上的抗折强度，硅酸盐水泥、普通水泥的标号是 625 号，而道路水泥是 525 号。

国内高速公路上使用的旋窑普通水泥 525 号，视矿物成分的不同，绝大部分抗折强度不小于 8.0mPa，最高的华新厂普通水泥，有时可达抗折强度 9.2mPa。在高速公路水泥混凝土路面工程中，要求采用旋窑水泥，一个重要原因是其抗折强度富裕量大于立窑水泥，游离氧化钙含量小于 1%，抗疲劳动载的路用性能好，而且抗折强度的变异性小得多。具体到某项工程中使用的水泥，当然是哪个厂生产的水泥抗折强度越高，游离氧化钙含量低，抗折强度波动越小越好。

在实际滑模摊铺当中，施工现场的实验室要至少 1 500t 水泥检测一次抗折强度值，当水泥质量不稳定或刚开工时，要减小检验的水泥批量，800t 左右检测一组水泥抗折强度。水泥的抗折强度是必须现场及时检验的项目，不允许工地实验室不配设备，送样外出检验。这样会误事，一旦路面上混凝土抗折强度出了问题，由于缺乏数据，无法进行分析判断。

（2）水泥的安定性及游离氧化钙含量

水泥的安定性与抗折强度一样是高速公路水泥混凝土路面施工中的必检项目。施工中我们已经发现，有的较高游离氧化钙的水泥，施工当中，某些批量水泥的安定性检验不合格。这样的水泥，应坚决退货，不得使用。其理由在第四章中针对水泥的耐疲劳极限已经做过详细阐述。

（3）水泥的细度、干缩率与凝结时间

水泥的细度越细，强度越高，但同时，发热量大，干缩大，容易开裂，凝结时间越短。反之则反。因此，在控制抗折强度、安定性等满足要求的前提下，冬季或冷天施工，应控制细度细些，使用 R 型水泥；夏季热天施工则宜粗不宜细，使用普通型中热或低热水泥。在工地应该检验，并反馈给水泥厂进行有效地控制。

（4）水泥的含碱量

水泥中的高含碱量不仅造成混凝土中的碱集料反应，而且影响水泥对外加剂的适应性。高速公路水泥混凝土路面工程规定：当发现或怀疑有碱活性集料时，

$Na_2O+0.658K_2O \leq 0.6\%$，并对怀疑有碱活性的粗细集料进行碱活性集料检验。无碱活性集料时，水泥的碱度 $Na_2O+0.658K_2O \leq 1.0\%$。我国华北地区的大部分水泥厂的水泥含碱量都接近或超过1%。目前路面混凝土施工中解决这个问题的办法有两个：一是使用粉煤灰等混合材料，压制高碱度可能引发的碱集料反应，要知道水泥中的碱度是粉煤灰等混合材料的激发剂，在粉煤灰的水化反应过程中，高碱度将被消耗掉；二是使用酸类的缓凝保塑剂，特别是在热天施工，使用高效减水剂的情况下，必须使用酸来减缓坍落度损失和缓凝，使用酸缓凝的同时，酸将水泥中的一部分碱度中和掉，使所使用混凝土中的总碱度不超过 3.0 kg/m^3。

现在的问题是一般的工地实验室均不具备随时检测水泥碱度的条件，需要送样到有关部门做检测，所以实验频率不可能高，我们积累的数据有限。从目前高速公路水泥混凝土路面的破坏情况来看，还没有发现典型的路面碱集料反应，用上述两种定性的方法加上有限的含碱量检验，在一般情况下，可实现有效控制，但是对于其他行业或公路上怀疑确有潜在碱集料反应的集料，需要委托进行必要的岩相分析和变形量等碱集料反应检验。

（5）控制水泥中的混合材料

普通水泥中在水泥厂掺加的混合材料种类及其性能，施工单位必须有所了解，在与水泥厂谈供销合同条款中，必须进行明确的限制。高速公路混凝土路面用的普通水泥，原则上不允许掺体积收缩率很大的粘土、火山灰、煤矸石和高碱度窑灰，这些混合材料极易引起路面的开裂、断板或碱集料反应破坏。有抗盐冻要求时，水泥中不得掺生石灰石粉。

（6）控制夏季热天施工所用水泥的施工温度

在我国南方夏季施工中，由于我国水泥规范中，对水泥的出厂温度没有限制，造成了一些新建高速公路水泥混凝土路面出现了温度裂缝，温度裂缝是面板中心裂缝，只有严重的温度裂缝才反映到表面上，形成可见裂缝。不可见的温度裂缝，通车后很快会反映成为断板，危害很大，因此，我们一方面对建材行业建议限制水泥的出厂温度，路面混凝土用的水泥，不允许出厂温度大于55℃；在现行水泥规范没有修改前，高速公路的施工部门应该进行限制并采取一定的降温措施，一是限制水泥的入罐温度不大于55℃；水泥搅拌时的温度不得大于50 ℃，这是国际上通行的水泥混凝土路面搅拌的限温标准。二是超过该温度限的过热水泥，采用多个水泥罐来储存洒水降温。在夏季应采用冰屑水拌和混凝土降温措施。

2．粉煤灰

对使用粉煤灰的高速公路水泥混凝土路面，控制粉煤灰必须是一、二级灰，最主要的是控制粉煤灰烧失含碳量和细度，等级合格、细度不合格的粉煤灰必须磨细使用，并严格控制粉煤灰质量的变异性。

3．外加剂

在高速公路水泥混凝土路面材料中控制并选用优良外加剂，是国际惯例，是高新技术在混凝土路面材料中具体体现。可以说，高速公路水泥混凝土路面正确合理使用外加剂是路面混凝土材料科学中的关键技术。也是公路行业相对比较陌生，容易在使用中出现差错、存在问题较多的地方，因此对外加剂的使用技术要特别加以重视。

目前，我国滑模摊铺水泥混凝土路面工程中使用的外加剂有引气剂、缓凝保塑（高效）减水剂、防冻剂等。在向国际标准靠拢中，引气剂是必须使用的外加剂，其他可根据工程的需要优选使用。在各等级公路水泥混凝土路面工程中使用的各种外加剂必须满足一等品的技术要求。

外加剂的施工质量控制中，首先是应进行适宜路面工程的外加剂优选试验，通过性能比较和招标来确定性能价格比最优的外加剂。在进行性能比较实验时，一是满足其适应性要求，施工单位在使用某种外加剂施工前，必须了解所用水泥与外加剂的化学适应性，找到最优掺量及其减水率，解决好剂量适应问题。二是满足施工混凝土路面所要求的较低水泥用量下的高抗折强度。三是满足所用的机械施工方式对可施工性能的要求，特别是满足不同施工季节所要求的引气、缓凝、保塑、防冻等性能。四是满足小变形和耐久性要求，高速公路水泥混凝土路面和桥梁（预应力）钢筋混凝土结构，应使用减少收缩型的减水剂，以防止这些薄壁结构因使用外加剂不当而开裂。

使用粉状外加剂如高效减水剂时，必须了解其有效成分多少，特别是不溶物和沉淀量大小，以便确定清理外加剂池的时间，防止使用沉淀物，给路面工程造成不应有的损失。

使用液体外加剂如多功能复合外加剂时，施工单位应批量 10t 检测一次浓度和含固量，浓度可用比重计测量，含固量可用烘箱烘干后称量得到。一般而言，液体外加剂含固量不应小于 40%。达不到外加剂产品规定或承诺含固量的液体外加剂，坚决退货。

使用引气剂必须在水泥浸出液中按使用浓度进行摇泡实验，以引气剂引出的气泡细密、数量多而稳定的引气剂为优良。在新拌混凝土中引气剂的掺量一般与含气量呈线性关系，如果发现这一规律反常的引气剂，除非使用粉煤灰，否则是劣质产品；其次，在新拌混凝土搅拌出的不同时间测含气量，可以发现引气剂所引出的气泡稳定性优劣，稳定性好的引气剂在 1 h 内的含气量减少量应小于 0.5%，2h 内应小于 1%。这样才便于控制稳定的新拌混凝土含气量。

上述控制措施对保证新拌混凝土中的外加剂用量波动不超过 1%；含气量波动不大于 1% 具有重要意义。同时，能够有效控制国内众多混凝土外加剂民营厂的伪劣产品进入高速公路混凝土路面工程而造成的一系列问题。

4．粗集料

我国对高速公路路面混凝土的粗集料技术要求越来越高，在施工质量控制中，主要表现在以下几个方面：

（1）减小路面混凝土的最大粒径

碎石混凝土最大粒径控制在 30mm 以内，砾石混凝土控制在 20mm 以内，并严格限制超径粒料含量不大于 5%。

（2）粗集料岩石的种类及坚硬度

从岩石的抗压强度应大于路面混凝土强度的 1.5 倍左右来看，路面 C40 的混凝土宜采用火成岩和变质岩，而不宜使用沉积岩。这样可以保证岩石的坚硬度，从而保证混凝土的抗折强度，但要注意岩石的软硬程度除了基岩的种类外，很大程度上取决于岩石的风化程度。再坚硬的岩石表面严重风化后的强度均很差。要在粗集料的加工过程中，消除表面严重风化层，再破碎使用。同时要以压碎值不大于 15%，进行必要的岩石抗压强度控制。在个别气候恶劣地区，埋藏相当深度的岩石裂隙亦很严重，破碎以后，仍有相当多的小碎石裂缝，要找到满足路面混凝土抗折强度要求的碎石场是一个难题。

岩石的化学种类与所拌混凝土温度收缩的关系很大，碱性岩石的温度变形比酸性岩石小一倍以上。但这一条往往受到施工地域岩石种类的限制，不必强求，仅在可选择的条件下应选用碱性石料。如果只有酸性石料而无选择余地，只要严格控制粗集料的级配，实践证明，也能生产出适宜路面使用的酸性集料混凝土。

（3）粗集料的粒形

施工中控制碎石粗集料粒形的最佳手段是采用反击、冲击式或锤式二级破碎设备，仅用颚式破碎是难于满足路面混凝对针片状颗粒限制在 10% 以内要求的。

粗集料粒形的另一个问题是路面工程是使用碎石还是使用砾石生产混凝土，在相同水泥用量和水灰比条件下，碎石混凝土的抗折强度确高于砾石混凝土，而抗压强度则相反。但是对路面混凝土动载性能，耐疲劳极限而言，砾石混凝土远优于碎石混凝土，是碎石混凝土的 2 倍 ~ 3 倍，现存国际上使用年限最长（60 年以上）的水泥混凝土路面多是采用砾石混凝土建造的。由此，砾石也是优良的混凝土路面制作材料，绝非像一些人理解的路面混凝土非碎石不可。同时，只要控制砾石的最大粒径不超过 20mm，其抗折强度也能满足要求，也不是非破口砾石不可。破口石虽然抗折强度略有提高，但损失的疲劳循环周次较大，又需要加工破碎，是不合算的。

在某些河流较多的地区，用砾石生产路用水泥混凝土比碎石具有很大的经济效益。砾石的主要问题是河流中的岩石品种较复杂不单一，实际上，只要砾石在河流推移过程中，具有足够的强度，压碎值不大于12%，砾石混凝土所表现的是混合岩石的综合性能，其温度变形系数介于酸性和碱性岩石中间，既然酸性岩石可用，实际已经证明，砾石混凝土路面不会有问题。

（4）含泥量

粗集料中的含泥量具体讲是石粉、土和泥块，主要应在加工过程中严格控制。石粉和土在正确的碎石筛分过程中可以基本去除。关键是泥块和附着在石料表面的土，在碎石加工设备的最前部，应采用能够筛除土和泥块的条形筛选，并禁止在雨天或泥水中铲运并加工碎石。砾石的含泥量控制应通过认真的筛分中水洗来清除。

施工过程中含泥量控制主要是用混凝土或基层材料处置堆料场，防止二次污染，同时，防止拉铲式搅拌楼在铲运过程中石粉和土的富积，对这种搅拌楼要规定一个最低铲料高度，长期使用后，最低铲料高度以下富积石粉和土的粗集料，使用前必须进行筛分。

5. 细集料

细集料砂在施工原材料质量控制中的最主要问题是两项：一是砂中的含泥量控制；二是控制适宜水泥混凝土路面机械化施工的细度模数。

河砂的含泥量通过采砂时的严格清洗来控制，开采的古河床沉积的河砂往往没有水清洗条件，而且，沉积层中夹泥层，危害很大。这种开采古河床砂必须清洗合格，方可使用。含泥和石粉量最大的是碎石砂，它可达10%以上的含量，尽管筛除很困难，也要风选后使用。海砂的问题是含盐量大大超标，一般不得在高速公路上使用。

二、混凝土拌和、运输质量控制

1. 搅拌楼生产混合料的技术要求

搅拌楼拌和混凝土计量精度的要求见、投料顺序、搅拌时间、控制生产方式、外加剂使用方法和注意事项等见相关资料中的搅拌楼生产混凝土控制技术要求。

规程规定滑模施工新拌混凝土匀质性的最低要求：楼与楼之间、盘与盘之间均为1cm以内，当发现料堆上砂石料的含水量发生变化时，应微调拌和加水量。微调加水量的目的是使混凝土已反复调整好的单位用水量、水灰比、砂率等配合比参数不变，以保证新拌混凝土的坍落度适合滑模摊铺，保证混凝土的强度稳定。

2. 混凝土混合料的检测项目和频率

滑模水泥混凝土的最短及适宜的搅拌时间限定，需要满足搅拌均匀时的最小搅拌圈数，按照英国A.M.NEVILLE《Proper-ties of Concrete》一书，提出全部物料到齐，单立轴搅拌楼搅拌圈数＞20圈、叶片平均最短行程＞80m即可，书中未介绍新型双卧轴搅拌楼的最小圈数。作者通过实际检测，认为这个最小圈数偏少，最小应大于25圈以上，叶片平均最短行程不应小于100m。具体最短搅拌时间应按机型和拌和匀质性效果而定。本规程规定最短纯搅拌时间，单立轴式不小于30s；双卧轴不小于35 s。搅拌时间是从进料开始到拌和完成出料的时间，其中最短搅拌时间为材料到齐后的纯拌和时间。连续搅拌时，指原材料在两级搅拌锅内的总逗留时间。目前我国施工混凝土路面时，最大的问题之一是混凝土生产能力不足，无论是进口还是国产的大型搅拌楼，由于滑模混凝土是相对低塑性混凝土，几乎都达不到额定容量或标称产量。给定间歇搅拌楼容量可否更好、更多、更快地供给混凝土，能否在保证搅拌匀质性前提下，尽量压缩搅拌时间，按照实际情况修改搅拌楼设置的搅拌程序是一个很现实的施工问题。使用这个概念在搅拌楼上实测圈数和匀质性，再将满载圈数换算为搅拌时间，就可以实现这个目的。编者依此方法，有效地实现了将标称产量$20m^3/h$的搅拌楼，在保证搅拌均匀性的前提下，提高到$25m^3/h$。按照搅拌楼进料—搅拌—卸料关键线路图，有可重叠和改进的余地。由此提出科学编制计算机搅拌程序，合理控制搅拌时间，在保证质量前提下，增加产量的要求。

3．运输

新拌水泥混凝土运输允许最长时间比《水泥泥混凝土路面施工及验收规范》的规定延长了半小时，增加了防止离析、覆盖和初凝后混凝土处置措施。滑模混凝土的最大运输距离视路况好坏和气温高低，一般不应大于20km。实测表明，运距大于20km时，所发生的离析现象会使平整度变差。

第三节　沥青路面施工质量控制及验收

一、质量控制的基本内容

沥青路面施工质量控制，包括所用材料的质量检验、修筑试验段、施工过程中的质量控制和工序间的检查验收。

施工前，沥青材料应按规定的技术要求进行各项指标的试验；在施工中，逐渐抽样检查时，根据情况可只做针入度、软化点、延度三项试验。

施工前，对石料、砂及石屑、矿粉也应进行质检。对石料测定的项目有：抗压强度、磨耗率、磨光值、压碎值、级配组成、相对密实度（比重）、含水量、吸水率、土及杂质含量、扁平细长颗粒含量、与沥青粘结力、松方单位重等；对砂和石屑测定其相对密度（比重）、级配组成、含水量、含土量等；对矿粉测定其相对密度和含水量并进行筛析试验。

施工过程中，应对沥青混合料性能作抽样检查，其项目有：马歇尔稳定度、流值、空隙率、饱和度、沥青抽提试验、抽提后的矿料级配组成。

二、SMA 混合料质量控制

SMA 混合料制造过程中的质量控制，与普通热料沥青混合料没有大的差别，主要控制项目如下：

1. 拌和温度

沥青原材料和成品温度、集料烘干加热温度，混合料拌和温度及混合料的出厂温度，应严格按照施工规范或技术要求的规定，随时随地进行检验。

2. 矿料级配

对间歇式拌和设备，必须要求逐盘打印各个热料仓的配料结果、矿粉数量、一盘混合料的总质量，随机计算出矿料级配，并与标准配比进行对照。SMA 标准级配范围本身就比普通沥青混合料的容许范围窄得多，其配料误差也必须满足施工要求，对纤维质量误差不应该超过要求数量的 ±10%。

3. 沥青用量（油石比）

对大部分目前尚不具备打印条件的拌和机，与普通沥青混合料一样，检测矿料级配和油石比是质量检测的重点，要求每天每一台拌和机取样抽提筛分不小于一次，要求油石比误差不能超过 ±0.3%。

第四节　改性沥青及 SMA 路面施工质量控制与验收

一、改性沥青质量检测

改性沥青施工质量管理应该满足现行《公路改性沥青路面施工技术规范》的要求，SMA 混合料应该满足本书提出的配合比设计指标及检验要求，其余均可按照《公路沥青路面施工技术规范》的要求执行。

在现阶段，任何一个改性沥青和 SMA 工程，都必须铺筑试验段，试验段的长度一般不宜小于 200m，通过混合料的试拌试铺，确认混合料的矿料级配和油石比，通过试验段的铺筑，了解路面的表面构造深度及整个施工工艺的全过程，确定所有的施工参数。

在改性沥青路面施工过程中，关键是要对改性沥青的质量予以检查，必要时还要检测改性剂的含量。但是对道路部门来说，检测改性剂含量是件困难的事，因此一般都通过检查改性沥青的性质予以确认。根据《公路改性沥青路面施工技术规范》的规定和要求，在施工过程中，几种主要类型的改性沥青的检测项目和检测频度如表 2–1 所列。所有指标都应满足规范规定的技术要求。表中的检测项目反映了这些改性沥青的最根本的性质，具有代表性。一般只要这些内容符合技术要求，其他指标也不会有大的问题。但是在工程现场检测改性沥青的质量时，必须在现场改性沥青的设备中随机取样，不能在改性沥青的制造商指定的时间取样，防止得到的是虚假结果。同时取样的部位应该分清是在搅拌罐还是贮存罐，应该使检测的样品尽量接近供拌和机使用的样品。

表 2–1　施工过程中改性沥青质量的检测要求

项目	改性剂类型			检测频度	备注
	SBS 类	SBR 类	EVA、PE 类		
针入度	√	√	√	（1 ~ 2）次 / 日	
软化点	√	√	√	（1 ~ 2）次 / 日	
低温延度	√	√		必要时	
弹性恢复				必要时	
显微镜观察	√			（1 ~ 2）次 / 日	必要时拍摄照片备查

对 SBR 胶乳改性沥青，每天应该检测胶乳中的固体物含量。日本道路协会试验方法规定用红外线测定在沥青混合料中的 SBR 改性剂的含量，齐鲁石化公司对测定聚合物改性沥青体系内聚合物含量的红外光谱仪进行了研究，并有志于开发为工程单位专用的简易的红外线检测设备来，但由于仪器和操作要求较高，在我国的试验方法中尚未采纳，有兴趣的单位可以参考使用。

聚合物改性沥青在基质沥青中的分布情况，可以通过荧光显微镜观察予以确认。工程现场通常采用普通的生物显微镜放大 100 倍观察，在研究单位等有条件的实验室，最好采用荧光显微镜观察，改性剂和基质沥青的颜色反差更大。利用标准尺的刻度对照，便可以大体了解改性剂的颗粒大小和分散均匀程度。不过，显微镜观察是一个技术性非常高的工作，关键是玻璃片制样技术要控制一致，样品厚了当然不行，太薄了也不行。在显微镜下，改性剂的颗粒形状以及在沥青中的分布大体上可以得到判断。目前国内外的一些改性沥青设备所加工的 SBS、PE 等改性沥青、改性剂的细度通常在 1 ~ 10μm 范围内。

但是，严格地说，对现场制作的改性沥青的质量检测并不能反映所制作的改性沥青的真正的性质。因为现场制作的改性沥青是直接喷入沥青拌和锅中拌和的，此时改性剂不可能发生离析。而取样试验改性沥青性质时，一般都需要经过灌样、冷却、保温等一系列步骤，在此过程中，改性剂部分凝聚、离析是不可避免的，所以试验结果只能是在一定程度上反映了实际使用的改性沥青的性质，好在实际使用的改性沥青的质量肯定要比试验得到的测定值要好些。另外，规范规定的“改性沥青技术要求”也是在相同条件下测试的，所以不必担心这一点。

对某些综合改性沥青，由于改性剂的用量没有一定的比例要求，质量检验采用哪一类改性沥青的技术要求为准来衡量，还是个问题。采用综合改性的目标是为了改善单一改性剂改性的不足，或者为了降低成本，应采用其中的一个较高的标准来衡量，如果复合了某种改性剂以后没有使原有的改性剂的效果得到提高，或者反而降低了的话，应该就可以认为这样的综合改性原本就是没有必要的。例如前几年一些工程习惯使用 SBS 与 PE 综合改性沥青，这是由于某些特殊的原因造成的。一是当初 SBS 的价格昂贵，几倍于 LDPE；二是当时是采用奥地利 RF 集团的 NOVOPHALT 技术，使用的是 PE 改性。这些单位是在考虑到 PE 改性的缺点和不足的基础上才不得不复合 SBS 改性的。如果 SBS 的成本已经与 PE 的价格大体相当，采用 PE 与 SBS 综合改性沥青，还不如采用 SBS 单一改性好，这一点已经通过试验比较得到确认。

对某些已经在工厂制成成品的改性沥青，经过运输、贮存后，在使用前必须检测其质量有无变化，尤其是有无改性剂离析的问题发生，检测方法按照附录的试验方法进行。

二、SMA 混合料质量控制

SMA 混合料制造过程中的质量控制，与普通热拌沥青混合料并没有大的差别，主要是下列四方面：

（1）拌和温度

改性沥青的原材料和成品温度、集料烘干加热温度、混合料拌和温度及混合料的出厂温度，应该严格按照施工规范或技术要求的规定，随时随地进行检验。

（2）矿料级配

对间隙式拌和机，必须要求逐盘打印各个热料仓的材料质量、矿粉质量及一盘混合料的总质量，随机计算出矿料级配，与标准配合比进行对照。SMA 的标准级配范围本身就比普通沥青混合料的容许范围窄得多，其配料误差的要求也必须要比普通沥青混合料的严格。表 2–2 列出了不同沥青混合料类型矿料级配的施工要求。对纤维的质量误差不应该超过要求数量的 ±10%。

表 2–2　沥青混合料矿料级配施工要求

普通热拌沥青混合料（我国规范要求）		SMA 混合料（建议要求）	
筛孔径 /mm	与标准配合比的容许差 /%	筛孔径 /mm	与标准配合比的容许差 /%
0.075	±2	0.075	±2
≤ 2.36	±6	≤ 4.75	±4
≥ 4.75	±7	≥ 9.5	±5

（3）沥青用量（油石比）

对大部分目前尚不具备打印机条件的拌和机，与普通沥青混合料一样，检测矿料级配和油石比是质量检测的重点，要求每天每一台拌和机取样抽提筛分不少于一次，这是例行的常规检验。要求油石比误差不能超过 ±0.3%。

尽管马歇尔试验的稳定度和流值并不像普通热拌沥青混合料那么重要，但马歇尔试验仍然是拌和厂最主要的质量检测项目。其目的首先是检测混合料试件的密度和空隙率、VMA、VCA、VFA 等四大体积指标，以确定它是否满足 SMA 构成的必要条件。同时检测马歇尔稳定度和流值，测试稳定度和流值的目的主要是看试件质量的稳定性，是否能稳定在一个基本上不变的水平上。

为此，在沥青拌和厂，希望尽量按照《公路沥青路面施工技术规范》（JTJ 032）的附录 G 的“施工质量动态管理的方法”要求，采用微机管理施工质量的数据，将每天的检测结果及时输入计算机，计算标准差，绘制动态管理图，使施工管理人员随时随地都可以了解到工程质量的情况。

对 SMA 路面的质量检测，原则上可以按照普通的热拌热铺沥青混合料路面的质量要求和检测频度进行检测。除了外形尺寸外，施工现场检测内容包括压实度、厚度、平整度、弯沉、构造深度、摩擦系数检测等等。

三、改性沥青和 SMA 的质量检测方法

由于改性沥青和 SMA 的结构特点，施工质量管理和检测应该有所侧重，有些必须采用与通常做法不同的方法检测。

改性沥青混合料的抽提试验会遇到某些改性剂不溶于常用的三氯乙烯溶剂，如聚乙烯（PE），在抽提过程中，PE 会从改性沥青中析出，所以检测的沥青用量实际上是基质沥青的用量，在计算油石比中要考虑这一点。例如油石比 5% 的 PE 改性沥

青混合料，PE 的剂量为 5%，基质沥青为 95%，则供检测比较用的标准油石比实际上是 5%×95%=4.75%。

对 SMA 混合料的马歇尔试验，最主要的指标是空隙率、VMA、VCA、VFA 这四大指标。稳定度和流值并没有像普通沥青混合料那么重要，如果遇到不合格，只要相差不太大，没有必要太在意。但四大体积指标则一点都不能含糊，这就要求从材料本身的相对密度开始就定的非常准确，否则将会陷入困难的境地。

为了计算四大体积指标，最大相对密度的测定很重要，最好是实测，但改性沥青混合料实测最大相对密度也是个难事，所以有时不得不仍采用计算的理论密度。对使用纤维的 SMA 混合料，纤维部分的相对密度可以实测，也可以从供应商处得到。

任何一种沥青路面，施工工艺中的压实度都是最重要的施工质量管理项目。我国规范要求压实度应该不小于 96%，这是对马歇尔试验的标准试件而言的，按空隙率 4% 计算，此压实度相当于最大理论密度的 92% 左右。在美国，对 SMA 混合料，要求压实度达到最大理论密度的 94%，相当于马歇尔标准试件的 98% 左右。也就是说，SMA 的压实度要求要比普通密级配沥青混合料压实度提高 2% 左右，我国即将制订的 SMA 施工技术规范也将相应提高压实度到 98% 或最大理论密度的 94%，或者说现场钻孔试件的空隙率不大于 6%。

但是，对沥青混合料使用改性沥青后，有可能使钻孔取样发生困难，这就使压实度的检测发生困难。有的改性剂（或玛蹄脂部分）在钻孔过程中发热熔化粘附在钻头上，破坏了钻孔试样的完整性；有的改性沥青与下层之间的粘结力很大，使钻孔试样很难取出；有的取出的混合料试样，因为内部的改性沥青玛蹄脂从原来的四周有约束的状态变成无约束的自由状态，试件表面不再是普通的光滑的状态，由于橡胶的弹性使玛蹄脂鼓出试件表面，变成了许多玛蹄脂的棱；还有的改性沥青混合料路面结构第二天似乎没有完全硬化，钻孔有困难，有的钻散了，必须等好几天才能钻孔。凡此种种，使得有的改性沥青 SMA 路面的钻孔取样变成几乎不可能实现，所以这些改性沥青 SMA 工程施工时，实际上不再钻孔取样检测压实度。为了弥补不能钻孔实测压实度的问题，唯一的办法是增加核子密度仪的检测次数，对改性沥青和 SMA 混合料，尤其是表面构造深度较大的情况，核子密度仪的准确性较差，即使表面铺砂填充了，效果也不见得好多少，所以核子密度仪测试次数少了，误差波动很大，没有什么大的价值，必须多多地测量，取平均值，也只能作为参考，很难成为压实度的检测依据。在这种情况下，更重要的是严格控制碾压遍数，有专职的技术人员观察碾压情况，要求压实达到要求，又防止过碾压。此工作不仅施工单位要做，监理工程师也要注意，双方必须很好地合作，否则 SMA 层的压实度检测将会成为一个扯皮的问题。

除了粗集料的嵌挤作用外，SMA 的另一个最大的特点是粗集料之间的空隙被沥青玛蹄脂部分充分填充，空隙率很小，基本上不透水。所以压实后的 SMA 表面应重点检测表面的构造深度和透水性。构造深度可用铺砂法测定，实际上测定几次后肉眼观察就可以估计出来，例如首都机场东跑道表面层 SMA 的构造深度平均达 1.35mm。在现场检测透水性可以采用《公路路基路面现场测试规程》（JTJ 059）中规定的方法进行，施工现场的简便方法是直接往路面上倒一些水，如果水很快渗入路面，说明路面的空隙率比较大，沥青玛蹄脂的填充率就达不到要求。良好的 SMA 结构在碾压成型后应该是不透水或者透水很慢的，在开放交通一段时间经过行车碾压后透水就很少了。由此我们总结出另一条最重要的规律，或者说判断它是不是 SMA 的第二个试金石，即“表面有没有足够的构造深度又基本上不透水是鉴别是不是真正的 SMA 的重要标志”。另外，如果下雨后水排走后，仍然可以看到有许多水印，说明其内部填充了不少水，由此也可以断定它不是真正的 SMA。

四、改性沥青和 SMA 工程容易产生的问题

通过近年来我们在一些改性沥青及 SMA 工程的施工实践，也发现了这些工程容易发生一些普通沥青路面所不常见的问题。这些问题主要是：

（1）过碾压

对 SMA 路面来说，由于它的集料嵌挤作用，可压实程度不大，压实度比较容易达到；可是粗集料之间还是有一层沥青结合料膜，在高温状态下，它起相当于润滑油的作用，所以只有在温度降下来以后才能稳定，在高温状态下碾压，沥青结合料的粘度毕竟很低，集料的嵌挤也只是棱角部分接触，反复地碾压，集料之间不能达到最终稳定状态，不管碾压多少遍，粗集料之间的相对位置总可以多少有些位移，只能是集料不断地往下走，玛蹄脂一点点地向上浮，这是一对矛盾的两个方面，正因为如此，SMA 结构就特别容易出现过碾压的毛病，除了可能压碎碎石外，还会使玛蹄脂部分上浮，构造深度减少，达不到 SMA 的目的。因此虽然 SMA 在高温下可以方便地碾压，而且主要依靠粗集料的嵌挤达到稳定，但过碾压是 SMA 的大忌。在碾压过程中，要求必须特别注意表面构造，以便有适宜的构造深度，通常以保持在 1.0mm ~ 1.5mm 为好（与最大粒径有关），构造深度太小可能是过度碾压造成的。

（2）出现油斑

SMA 路面通车后出现油斑也是常见的一种病害。而且经常是几块油斑挨在不远处出现。这是由于 SMA 的纤维拌和不均造成的，它常出现在用人工添加纤维的工程中，人工添加纤维不可能很均匀，不能保证在同一时间投入，甚至有可能忘记投入纤维。由于漏投、晚投、少投纤维，干拌时间不够，纤维没有充分分散，沥青用量

就会不均匀。另外的原因可能是纤维稳定剂数量不够，材料出现离析，沥青用量使用不均，过多或过少。经过一段时间的行车使用，就会出现沥青集中在一起的油斑。正因为不均匀拌和是以拌和锅为单位的，所以一车摊铺的路段就会出现好几块油斑，集中在相距不远的地方，这种地方有可能引发车辙变形。

要想没有油斑，最根本的措施是将人工投入纤维的方式改变为机械自动化投入，同时防止纤维受潮和成团。

在施工过程中，发现沥青析漏，必须立即采取措施。首先适当降低施工温度，但一次不要降得太多，逐步地降，以寻找合理的不析漏的施工温度。其次核实沥青结合料用量，必要时适当降低油石比。最后检查纤维数量是否准确，有没有漏加或少加。如果仍然有析漏问题发生，必须检查混合料级配，从根本上找原因。

（3）对改性沥青来说，碾压成型温度不够高是常见的毛病

通常低于 130℃碾压的效果就很差了。如果在低温时找平、碾压，表面就可能出现不平整的修补痕迹。未充分碾压的路段，无法避免行车碾压过程中出现车辙，这是压实不足造成的变形。

发现有的改性沥青 SMA 沥青面层在开放交通后几天或更长一段时间内，路面结构似乎没有完全硬化，有些大吨位运料车在转弯时能使表面出现掉粒，或出现轮印，可大部分工程又没有这种情况。为什么会出现这种情况，其原因目前还不清楚，施工单位如发现这种情况，要加强早期交通的控制。

第三章　公路桥梁工程质量检测评定探究

第一节　桥梁施工质量检测与评定概述

桥梁在施工过程与施工完毕后均要进行质量评定。首先是施工过程中对分项工程、分部工程的质量评定；其次是施工完毕后进行单位工程质量评定。

一、单位、分部、分项工程划分

根据建设任务、施工管理和质量评定需要，桥梁建设项目应按规定原则及要求划分单位工程、分部工程和分项工程。

（一）单位工程

在桥梁建设项目中，根据业主下达的任务和签订的合同，具有独立施工条件，可以单独作为成本计算对算的工程。

（二）分部工程

在单位工程中，应按结构部位、施工特点或施工任务划分若干个分部工程。

（三）分项工程

在分部工程中，应按不同的施工方法、材料、工序等划分为若干分项工程。

施工单位应按此种工程划分进行质量自检和资料汇总，质量监督部门按照此种工程划分逐级进行工程质量等级评定。

二、工程质量检测内容

（一）桥梁工程中各工序的质量检验标准

可参考相关内容，各实测项目的规定分值参照《公路工程质量检验评定标准》中有关内容。

（二）施工单位应提交的质量保证资料

施工单位应有完整的施工原始记录、试验数据、分项工程自查数据等质量保证资料，并进行整理分析，负责提交齐全、真实和系统的施工资料和图表。应由监理工程师认可的资料，需经监理工程师鉴认。质量保证资料应包括以下 6 个方面：

（1）所用材料、半成品和成品质量检验结果。（2）材料配合比、搅拌加工控制检验和试验数据。（3）地基处理和隐蔽工程施工记录。（4）各项质量控制指标的试验记录和质量检验汇总图表。（5）施工过程中遇到的非正式情况记录及其对工程质量影响分析。（6）施工中如发生质量事故，经处理补救后，达到设计要求的认可证明文件等。

三、工程质量评分方法

施工单位在各分项工程完工后，应按《公路工程质量检验评定标准》桥梁工程中所列基本要求，实测项目和外观鉴定进行自查。实行监理制度的应由监理工程师确认，质量监督部门根据抽查资料和确认的施工自查资料评分。

检验评定以分项工程为评定单元，采用 100 分制评分方法。在分项工程评分基础上，逐级计算各相应分部工程、单位工程评分值和建设项目中单位工程优良率。

（一）分项工程评分方法

分项工程评分 = 实测项目中各检查项目得分之和 – 外观缺陷扣分 – 资料不全扣分。

扣分需注意：

（1）外观缺陷扣分

每一分项工程最多扣 5 分；较严重的外观缺陷，应进行整修处理，外观质量好不加分。

（2）资料不全扣分

按质量保证资料逐款检查，视资料不全情况，每款扣 1 分 ~ 3 分。

检查项目评定分数 = 检查项目规定分数 × 合格率

（二）分部工程和单位工程评分方法

根据所列分项工程和分部工程区分为一般工程和主要（主体）工程，分别给以 1 和 2 的数值。进行分部工程和单位工程评分时，采用加权平均值计算法确定相应的评分值。

（三）桥梁建设项目中单位工程优良率计算方法

$$\text{单位工程优良率}=\frac{\text{被评为优良的单位工程数量}}{\text{桥梁建设项目中单位工程总数}}\times 100\%$$

四、工程质量等级评定方法

工程质量评定分为优良、合格和不合格三个等级，应按分项、分部、单位工程和建设项目逐级评定。

（一）分项工程质量等级评定

分项工程评分在 85 分及以上者为优良；70 分及以上、85 分以下者为合格；70 分以下者为不合格。

经检查评为不合格的分项工程，允许进行加固、补强、返工或进行整修，当满足设计要求和评定标准后，可以重新评定其质量等级（即：可复评为合格或优良）。但加固、补强改变了结构外形、造成历史缺陷者，不得评为优良。

（二）分部工程质量等级评定

所属各分项工程全部合格，其加权平均分达 85 分及以上，且所含主要分项工程全部评为优良时，则该分部工程评为优良；如分项工程全部合格，但加权平均分为 85 分以下；或加权平均分虽在 85 分及以上，但主要分项工程未全部达到优良标准时，则该分部工程评为合格；如分项工程未全部达到合格标准时，则该分部工程为不合格。

（三）单位工程质量等级评定

所属各分部工程全部合格，其加权平均分达 85 分及以上，且所含主要分部工程全部评为优良时，则该单位工程评为优良；如分部工程全部合格，但加权平均分为 85 分以下，或加权平均分虽在 85 分及以上，但主要分部工程未全部达到优良标准时，则该单位工程评为合格；若单位工程中的次要分部工程中的某主要分项评为合格，则该单位工程不能评为优良；若单位工程的次要分部工程中的某主要分项工程评为合格，则该单位工程可能评为优良；如分部工程未全部达到合格标准时，则该单位工程为不合格。

（四）桥梁建设项目质量等级评定

所属单位工程全部合格且优良率在 80% 及以上时，则该桥梁建设项目评为优良；如单位工程全部合格，但优良率在 80% 以下时，则该桥梁建设项目评为合格；如单位工程未全部合格，则该桥梁建设项目为不合格。

第二节　公路桥梁工程质量检测评定方法

一、沉入桩工程质量检查

（1）桩沉入后，桩身外观质量

检查内容：

桩身是否有劈裂和断桩现象。

检查方法：

观察检查。

（2）接桩

检查内容：

①接桩的焊接的焊肉厚度、焊波是否均匀；不得有击穿、咬肉、虚焊、夹渣等缺陷；焊接必须牢固。②接桩后是否直顺。

检查方法：

观察和拉通线用尺量检查。

（3）钢管桩接桩焊接的电焊质量

检查内容：

钢管桩接桩焊接的电焊是否有裂纹、溶合程度、气孔的分布、夹渣状态等缺陷。

检查方法：

查阅探伤报告。

（4）沉入板桩接榫质量

检查内容：

①接榫是否整齐、排列直顺程度；

②接榫是否有脱榫缺陷。

检查方法：

观察检查。

二、灌注桩工程质量检查

检查项目

（1）水下混凝土浇筑质量。

检查内容：

浇筑水下混凝土时浇捣的密实度，是否有夹层和松散层的缺陷。

检查方法：

查阅施工记录的混凝土浇注量和导管的第一节底管长度应≥ 4m；第一次浇筑混凝土，是否达到导管底端能埋入混凝土 0.8m ～ 1.3m。

（2）灌注桩允许偏差应符合相关规定。

（3）桩基工程验收。

桩基验收时应提交下列资料：

①桩位测量放线图；②工程地质勘察报告；③材料试验记录；④桩的制作和打入记录；⑤桩位竣工平面图；⑥桩的静载和动载试验的资料和确定贯入度的资料。

（4）桩基验收的时间应符合。

顶打至场地高程（单根灌注施工完毕），应进行中间验收，待全部打完，并挖至设计高程后，应再作检验。

三、沉井工程质量检查

①沉井内壁质量。

检查内容：

沉井下沉之后，井的内壁是否有透水和渗漏现象。

检查方法：

观察检查。

②封底质量。

检查内容：

A. 封底混凝土表面平整程度；

B. 封底是否渗漏现象；

检查方法：

观察和用靠尺、楔型塞尺检查。

第三节　桥梁承载能力评定

经过荷载试验的桥梁，应根据整理的试验资料分析结构的工作状况，进一步评定桥梁承载能力，为新建桥验收做出鉴定结论，或作为旧桥承载力鉴定检算的依据，并纳入桥梁承载能力鉴定报告和桥梁载能力鉴定表。一般进行下列分析评定工作。

一、结构工作状况

（一）校验系数η

校验系数η是评定结构工作状况、确定桥梁承载能力的一个重要指标。不同结构形式的桥梁其η值常不相同，η值常见的范围可参考表3–1。一般要求η值不大于1。η值越小结构的安全储备越大。η值过大或过小都应该从多方面分析原因。如η值过大可能说明组成结构的材料强度较低，结构各部分联结性较差，刚度较低等等。η值过小可能说明材料的实际强度及弹性模量较高，梁桥的混凝土桥面铺装及人行道等与主梁共同受力，拱桥拱上建筑与拱圈共同作用，支座摩阻力对结构受力的有利影响，计算理论或简化的计算式偏于安全等等。试验加载物的称量误差、仪表的观测误差等也对η值有一定影响。

表 3-1 桥梁校验数常值表

桥梁类型	应变（或应力）校验系数	挠度校验系数	桥梁类型	应变（或应力）校验系数	挠度校验系数
钢筋混凝土板桥	0.20 ~ 0.40	0.20 ~ 0.50	预应力混凝土桥	0.60 ~ 0.90	0.70 ~ 1.00
钢筋混凝土梁桥	0.40 ~ 0.80	0.50 ~ 0.90	圬工拱桥	0.70 ~ 1.00	0.80 ~ 1.00

（二）实测值与理论值的关系曲线

由于理论的变位（或应变）一般系按线性关系计算，所以如测点实测弹性变位（或应变）与理论计算值成正比，其关系曲线接近于直线，说明结构处于良好的弹性工作状况。

（三）相对残余变位（或应变）

测点在控制荷载工况作用下的相对残余变位（或应变）S_p/S_t越小说明结构越接近弹性工作状况。一般要求S_p/S_t值不大于20%，当S_p/S_t大于20%时，应查明原因。如确系桥梁强度不足，应在评定时，酌情降低桥梁的承载能力。

（四）动载性能

当动载试验效率η_d接近1时，不同车速下实测的冲击系数最大值可用于结构的强度及稳定性检算。

结构的自振频率、活载强迫振动频率及阻尼系数等对桥梁承载能力的影响可参考其他有关资料进行分析。

二、结构的强度及稳定性

当荷载试验项目比较全面时，可采用荷载试验主要挠度测点的棱验系数η来评定结构的强度和稳定性。检算时用荷载试验后的梁桥检算系数Z_2代替《公路旧桥承载能力鉴定方法》中旧桥检算系数Z_1，对桥梁结构抗力效应予以提高或折减。

根据η值由表3-2查取Z_2的取值范围，再根据下列条件确定Z_2值。符合下列条件时，Z_2值可取高限，否则应酌减，直至取低限。

（1）加载内力与总内力（加载内力＋恒载内力）的比值较大，荷载试验效果较好。

（2）实测值与理论值线性关系较好，相对残余变位（或应变）较小。

表 3–2　经过荷载试验的桥梁检算系数 Z_2 值

η	Z_2	η	Z_2
0.4 及以下	1.20 ~ 1.30	0.8	1.00 ~ 1.10
0.5	1.15 ~ 1.25	0.9	0.97 ~ 1.07
0.6	1.10 ~ 1.20	1.0	0.95 ~ 1.05
0.7	1.05 ~ 1.15		

注：① η 值应经校核确保计算及实测无误；
② η 值在表列之间时可内插；
③当 η 值大于 1 时应查明原因，如确系结构本身强度不够，应适当降低检算承载能力。

（3）桥梁结构各部分无损伤，风化、锈蚀、裂缝等较轻微。

η 值应取控制截面内力最不利荷载工况时最大挠度测点进行计算。对梁桥可采用跨中最大正弯矩荷载工况的距中挠度；对拱桥检算拱顶截面时可采用拱顶最大正弯矩荷载工况时跨中挠度；检算拱脚截面时可采用拱脚最大负弯矩荷载工况时 $l/4$ 截面处挠度；检算 $l/4$ 截面时则可用上者平均值；如已安排 $l/4$ 截面最大正、负弯矩荷载工况，则可采用该程序时 $l/4$ 截面挠度。但拱桥在采用 η 值进行检算时，应不再另行考虑拱上建筑联合作用。

对于旧桥采用 Z_1 值根据《公路旧桥承载能力鉴定方法》检算不符合要求，但采用 Z_2 值检算符合要求时，可评定桥梁承载能力满足检算荷载要求。

三、地基与基础

当试验荷载作用下墩台沉降、水平位移及倾角较小，符合上部结构检算要求，卸载后变位基本回复时，认为地基与基础在检算荷载作用下能正常工作。

当试验荷载作用下墩台沉降、水平位移、倾角较大或不稳定，卸载后变位不能回复时，应进一步对地基、基础进行探查、检算，必要时应对地基基础进行加固处理。

四、结构的刚度要求

试验荷载作用下，主要测点挠度校验系数 η 应不大于 1。各点的挠度不超过“桥规”规定的允许值。即圬土拱桥：一个桥范围内正负挠度的最大绝对值之和不小于 L/1 000，履带车和挂车要验算时提高 20%。

钢筋混凝土桥：梁桥主梁跨中　L/600

梁桥主要悬臂端　L/300

桁架、拱桥　L/300

五、裂缝

对于新建桥试验荷载作用下预应力结构不应出现裂缝，钢筋混凝土结构裂缝不超“桥规”容许值：

$$\delta_{max} \leqslant [\delta]$$

对于旧桥试验荷载作用下绝大部分裂缝宽度应不大于表 3–2 规定的允许值，荷载试验后所有裂缝应不大于 3–2 规定的允许值。

通过对桥梁结构工作状况、强度稳定性、刚度和抗裂性各项指标进行综合评定，并结合结构下部评定和动力性能评定，综合给出桥梁承载能力评定结论，将评定结论写入桥梁承载能力鉴定报告。

表 3–2　裂缝限值

<table>
<tr><th>结构类别</th><th colspan="3">裂缝部位</th><th>允许最大缝宽 /mm</th><th>其他要求</th></tr>
<tr><td rowspan="5">钢筋混凝土梁</td><td colspan="3">主筋附近竖向裂缝</td><td>0.25</td><td></td></tr>
<tr><td colspan="3">腹板斜向裂缝</td><td>0.30</td><td></td></tr>
<tr><td colspan="3">组合梁结合面</td><td>0.50</td><td>不允许贯通结合面</td></tr>
<tr><td colspan="3">横隔板与梁体端部</td><td>0.30</td><td></td></tr>
<tr><td colspan="3">支座垫石</td><td>0.50</td><td></td></tr>
<tr><td rowspan="2">预应力混凝土梁</td><td colspan="3">梁体竖向裂缝</td><td>不允许</td><td></td></tr>
<tr><td colspan="3">梁体纵向裂缝</td><td>0.20</td><td></td></tr>
<tr><td rowspan="3">砖、石、混凝土拱</td><td colspan="3">拱圈横向</td><td>0.30</td><td>裂缝高小于截面高一半</td></tr>
<tr><td colspan="3">拱圈纵向</td><td>0.50</td><td>裂缝长小于跨 $\frac{1}{8}$</td></tr>
<tr><td colspan="3">拱波与拱肋结合处</td><td>0.20</td><td></td></tr>
<tr><td rowspan="7">墩台</td><td colspan="3">墩台帽</td><td>0.30</td><td rowspan="6">不允许贯通墩台身截面一半</td></tr>
<tr><td rowspan="5">墩台身</td><td rowspan="2">经常受侵蚀性环境水影响</td><td>有筋</td><td>0.20</td></tr>
<tr><td>无筋</td><td>0.30</td></tr>
<tr><td rowspan="2">常年有水，但无侵蚀性影响</td><td>有筋</td><td>0.25</td></tr>
<tr><td>无筋</td><td>0.35</td></tr>
<tr><td colspan="2">干沟或季节性有水河流</td><td>0.40</td></tr>
<tr><td colspan="3">有冻结作用部分</td><td>0.20</td><td></td></tr>
</table>

注：表中所列除特指外适用于一般条件，对于潮湿和空气中含有较多腐蚀性气体等条件下的缝宽限制应要求严格一些。

第四章　公路工程质量通病及防治

第一节　公路路面工程质量通病及防治

一、路面产生不平整的原因及处理措施

路面平整度是以几何平面为基准，表现为路面纵向和横向的凸凹程度，即是指实际路面表面对设计平面的偏离程度。平整度合格率既反映了行车舒适程度，又反映了施工队伍的水平。平整度不佳，不仅难以满足汽车高速行驶的要求，而且还会增加汽车的燃料消耗和轮胎磨损，加大运输成本，增加运输时间，降低社会经济效益，甚至会危及行车安全。

本节分析了路面不平整产生的原因，并提出采取相应对策措施。

（一）路面不平整产生的主要原因

路面不平整主要表现为坑凹、起拱、波浪、接缝台阶、碾压车辙、桥头或涵洞两处路面沉降、桥梁伸缩缝的跳车等。

造成路面不平整的原因是多方面的，以下分别述之。

1. 路基不均匀沉降

路基是路面的基础，路基不均匀沉降，必然会引起路面的不平整。路基不均匀沉降的主要原因是：

（1）路堤地基处理不当

伐树除根及表土处理不彻底，路堤成形后一旦杂质腐烂变质，地基将会发生松软和不均匀沉降。

地面横坡大于 1：5 的路段，路堤填筑前土基未按规定要求挖成台阶，填料与土基结合不良，在荷载作用下，填料极易失稳而沿坡面产生滑移。

（2）路堤填料控制不当

选用了稳定性较差的路基填料，如采用高液限粘土、粉质土或使用淤泥、腐殖质含量较高的土料填筑路堤，会使路堤产生整段或局部的变形。

采用不同土质填筑路堤时，因土的性质不同，如填筑方法不当，碾压成型后易

造成不均匀沉降。

（3）半填半挖路基的接合部处理不当

半填半挖地段的施工，土基未按规范要求挖成台阶，使土基与填料在接合部产生裂缝和沉降。

（4）填土路基压实不足

当路基填料的含水量、压实时的松铺厚度、碾压机具的选择不当，都易造成路基压实不足，使路基土壤的密实度偏低，土体的透水性增强，造成水分积聚和侵蚀路基，使路基土软化或因冻胀而产生不均匀沉降。

（5）特殊地基路段

当路基修筑于软土地段时，由于软土的压缩性大，在自重的作用下会产生沉降。

（6）排水不完善

路基施工中，如果排水系统不完善，必然造成水流不畅，引起路基变形，这种情况在黄土地区尤为突出。

2. 桥头涵洞两端及桥梁伸缩缝的跳车

桥、涵台背处路基由于沉降而导致跳车，其主要原因：

（1）由于压实机械的作业面狭小而使压实不到位，通车后，易引起路基的压缩沉降。（2）由于台背填料与台身刚度差较大，造成沉降不均匀。（3）在桥（涵）与路基接合处，常会产生细小缩裂缝，雨水渗入缝后，使路基产生病害，导致该处路基发生沉降。（4）桥梁伸缩缝在选型和施工时考虑不周和处理不当，易产生跳车现象。

3. 基层不平整对路面平整度的影响

基层的平整度差对路面平整度有着重要影响。若基层不平，即使面层摊铺平整，压实后也会因虚铺厚度不同，而产生不平整。对于沥青路面，因基层顶面的平整度允许偏差为10mm，当用沥青混凝土摊铺机作业时，尽管沥青混合料表面是摊平了，但该处因多出10mm的松厚，压实后仍将出现低洼。若是水泥混凝土路面，由于基层不平整，造成路面厚度不均，也会因干缩程度不同，而影响路面平整度。

4. 路面摊铺机械及工艺对平整度的影响

（1）沥青路面

摊铺机是沥青面层施工的主要机具设备，其本身性能及操作水平对摊铺平整度影响很大。摊铺机结构参数不稳定、行走装置打滑、摊铺的速度快慢不均、机械猛烈起步和紧急制动以及供料系统速度忽快忽慢都会造成面层的不平整和波浪。

1）摊铺机结构参数选择不当：

第一，熨平板组合宽度不对称以及下表面不平直，当组合后熨平板宽度与机械本身左右不对称，机具易走偏，并在混合料的惯性作用下使熨平板前后混合料的压力不一致，造成在横断面上摊铺厚度的差异。

组合后的熨平板下表面若不成平面，也将形成摊铺厚度不均匀。

第二，熨平板初始工作角不一致将造成摊铺层同一横断面内厚度不一致或出现台阶，直接影响平整度。

第三，熨平板前后拱差值选择不合适，会使整个摊铺层结构不均匀，密实度不一致。如前拱过小，摊铺层中部会出现松散结构，摊铺层两侧会出现明显刮痕。

第四，当摊铺厚度较大，骨料粒径较大和要求密度较高时，若螺旋分料器与熨平板前缘的距离过小时，满足不了规定的摊铺厚度，而且使摊铺层出现波纹，使路面平整度下降。

第五，当摊铺较薄的上面层，振捣器、夯锤频率过高会造成熨平板共振，使摊铺机找平装置处于不稳定状态而影响平整度。另外，当振捣器、夯锤皮带过于松弛会使振捣频率、夯实次数快慢不一，形成路面“搓板”。

2）摊铺机基准线控制不当。

目前使用的摊铺机大都有自动找平装置，摊铺时可按照预先设定的基准来控制（基准面可以是设计高程面，也可以是设计高程的平行面）。如果基准控制不好，如基准线因张拉力不足或支承间距太大而产生挠度，使面层出现波浪。挂线高程测量不准，量线失误或桩位移动，都会通过架设在钢丝线上的仪表反映在相应的摊铺路段上，造成路面高低起伏，影响平整度。

3）摊铺机的摊铺速度。

在摊铺沥青混合料过程中，随意变更摊铺机的摊铺速度，使摊铺速度快慢不匀，也会导致面层表示粗糙度不均匀，影响到摊铺后的预压密实度和平整度。此外，当摊铺机中途停顿时，因混合料温度下降会引起局部不平整，而且纵向调平系统在每次起动后，自动找平装置仍需行驶3m ~ 8m后才能恢复正常，也易造成摊铺厚度不匀。

4）摊铺机操作不正确：

①摊铺机操作手不熟练，导致摊铺机曲线前进，一旦纠偏过猛就会出现凸楞，使路面不平整。②在正式摊铺前，熨平板未充分预热，造成混合料粘结和熨不平。③运料车在倒车时撞击摊铺机，会引起摊铺机扭曲前进，使路面出现凸楞；或是料车停在摊铺机前待卸料和卸料过程中使用制动增加了摊铺机的牵引负荷以及卸料过猛，使摊铺机速度发生变化，使路面形成波动或“搓板”。④在摊铺中，熨平板处于浮动状态（由已铺筑的路面混合料支撑着），如果供料系统失常，料位高度不稳定，就会使进入熨平板全宽范围的拌和物密度发生变化，当熨平板下拌和物密度变小时，支撑熨平板的浮力变小，摊铺厚度减小；反之，熨平板被抬起，摊铺厚度加大，导

致路面出现波浪。⑤因卸料而撒落在下层的混合料未及时清除，影响了履带或轮胎的接地标高，而殃及摊铺层的横坡及平整度。

（2）水泥混凝土路面

水泥混凝土路面按小型配套机具和滑模摊铺机施工分别叙述其对路面的平整度的影响。

1）采用小型配套机具施工：

①立模质量的影响

立模质量是确保混凝土路面平整度的重要环节。振动梁、提浆滚或三轴整体机是依靠模板的控制进行作业的，若立模本身凸凹不平或模板固定不牢，当受各种振捣机具的冲击而变形，路面整平就失去了基准。

②施工机具本身的影响

振动梁变形和振动频率的失调会直接影响对混凝土拌和物的刮平、补振、压实、提浆功能。振动夯梁行进速度不当也会影响路面平整度。

③混凝土摊铺工序的影响

混凝土卸料作业的均匀程度，对混凝土路面的平整度影响很大。如自卸汽车大堆卸料或施工人员用钉钯抛卸摊铺、振捣工序混乱都会使混凝土摊铺初始密度不匀或产生离析，难以保证最终的平整度。

④在混凝土表面制毛时（一般是采用压纹和拉毛两种方法）

如时间掌握不当，进行压纹时易使相邻两压纹段之间的路面上形成不平整的一条鼓包，拉毛易疏松和破损，使表面 1mm ~ 2mm 范围的密实度受到影响，平整度也相应降低。

2）采用滑模摊铺机。

滑模摊铺机是以人工架设基准线为基准，摊铺过程中传感器的探测杆沿基准线滑动，实现自动找平，控制标高。

产生路面不平整的原因有：

①摊铺机的自身的影响

底模：底模是挤压成型的模板。底模的平整是影响路面平整度的关键。底模经过一定时间的施工使用后，由于受到压力和自身重力作用，板会产生一定的变形，因而由底模挤压成型后的路面也会不平整，如呈拱形或波浪形。

浮板：浮板挂在成型模之后，施工时浮板悬浮在混凝土面上，起修面作用。同底模一样，浮板的变形也会影响路面的平整度。

翘角：边模内侧的底模设定一可调的翘角，一般根据混凝土的坍落度来调整。翘角调整不当，摊铺带两侧混凝土面会略高于或低于标高，影响混凝土板两边平整度。

特别在进行分幅摊铺时，由于板边是纵向接缝，平整度差时难以接顺，致使路面横向平整度变差。

②基准线的影响

基准线是控制摊铺机标高和导向的，架设是否准确直接影响路面的标高和平整度。如基准线标高不准会影响纵向平顺，架设基准线的铁架刚度不够，会产生变形；基准线若张拉不紧会产生挠度；在坡道处，铁架横杆受压力会向下弯曲；在弯道内，钢丝会对支架的立杆产生偏拉力，使铁架偏离原来的位置。所有这些都会导致方向偏离，标高偏高或偏低，使路面产生波浪。

施工中常见基准绳支架螺丝松脱现象，导致横杆下掉。用作基准线的钢丝绳长期使用后，会产生较多脱丝和打结现象，当探测杆碰到钢丝结时，不能滑过而出现掉传感器现象，造成摊铺过程标高的失控；即使能够滑过，由于传感器产生跳越而不能实现正常找平，使路面平整度降低。人工移动传感杆通过支架或钢丝结，同样不能保证标高的准确。

在施工中，运输车辆、施工人员不留意，会意外碰及基准线，使之脱离支架或偏位，造成正在摊铺的路面标高产生变化。

③摊铺机操作的影响

机械操作人员除了要在施工之前对机械进行准确的校正之外，在施工过程中也要根据具体情况进行适当的调整和操作，如虚方板、振动棒的升降，振动的频率、修边器等，否则，会造成以下影响：

缺料：由于布料太少或虚方板过低，使进入成型模的拌和物不够，产生缺料现象。人工修补缺料，难以保证路面的质量及平整度。

堆料过多：当摊铺机前堆料过多，摊铺机走不动时，机手通常采用手动抬高仰角的办法减小摊铺阻力，由此造成标高偏高，平整度变差。

振捣过度：坍落度较大的拌和物，若过分振捣提浆，会使混凝土料的粒料分层，下层粗骨料偏多，而上层只有砂浆和小骨料，振动棒向前拖动过后，回填的混凝土料基本是稀浆，且水灰比变大，当水分蒸发之后，该处的强度小、收缩率大，影响路面平整度。

5．面层摊铺材料的质量对平整度影响

（1）沥青路面

1）沥青混合料的组合设计不合理。

2）沥青混合料的拌合不均匀：

①当拌和设备出现意外情况，如刚开炉或料温低，含水量大时，易出现料温不均现象；②当筛分系统出现问题时，造成骨料级配发生较大变化；③由于料温偏低，

拌和时间短等原因出现花白料，使路面难以摊铺成型；④由于炒拌温度过高造成沥青材料老化，不能保证沥青混凝土摊铺质量；⑤当拌和设备供应能力过小，出现停工待料状况，使接头处温度降低，出现温度差，形成一个个“坎”；此外当运输设备不配套或司机技术较差时，易撞击摊铺机，使机身后移，形成台阶。

（2）水泥混凝土路面

1）原材料的影响

使用强度低、脆性大、干缩大的水泥，路面易出现干缩裂缝、脱皮等病害。

使用耐磨性较差的集料会造成水泥路面耐磨性较差，会使路面出现露骨、断板。

使用含有活性二氧化硅和其他活性集料时，可能产生碱－集料反应（AAR），从而影响路面的使用寿命，出现早期破坏，影响路面平整度。

2）配合比设计不当

配合比设计不当，水泥用量偏多，水灰比偏大，会使混凝土干缩增加，出现开裂、断板，使路面不平。施工中配合比掌握不严、计量不准、拌和不足或过量，常会有坍落度不均匀、离析失水和初凝现象，对路面平整度会造成不利影响。

3）停工待料的影响

每个工作日只停工一次，并设置工作缝，否则会由于待料时间过长，混凝土形成初凝，与后续拌和料不能具有相同的状态，造成面层不平整。

6. 碾压对平整度的影响

沥青面层铺筑后的碾压对平整度有着重要影响，需认真选择碾压机具、碾压温度、速度、路线、次序等。

（1）压路机型号

如果采用低频率、高振幅的压路机时，会产生“跳动”夯击现象而破坏路面平整度。压路机初压吨位过重也会使刚摊铺好的路面产生推挤变形。

（2）碾压温度

初压温度过高压路机的轮迹明显；沥青料前后位移大，不易稳定。复压温度过高会引起胶轮压路机粘结沥青细料，小碎片飞溅，影响表面级配；温度过低，则不易碾压密实和平整。

（3）碾压速度

压路机碾压速度不均匀、急刹车和突然起动、随意停置和掉头转向、在已碾压成型的路面上停置而不关闭振动装置等都会引起路面推拥。在未冷却的路面上停机会出现凹陷。

（4）碾压路线

碾压行进路线不当，不注意错轮碾压，每次在同一横断面处折返，会引起路面不平。

（5）碾压次数

碾压遍数不够，压实不足，通车后形成车辙。

（6）驱动轮和转向轮的前后问题

如果是从动轮在前，由于从动轮本身无驱动力，靠后轮推动，因而使混合料产生推移，倒退时在轮前留下波浪。

7. 接缝处理欠佳

接缝包括纵向接缝和横向接缝（工作缝）两种，接缝处理不好常容易产生的缺陷是接缝处下凹或凸起，以及由于接缝压实度不够和结合强度不足而产生裂纹甚至松散。

对于水泥混凝土路面接缝施工质量欠佳，会引起板的各种损坏，从而引起路面的不平整，使行车的舒适性受到影响。

（二）提高路基及路面基层平整度的措施

路堤填筑前原地面处理

（1）填筑路堤时应首先进行原地面处理

当路堤填筑高度小于 1.0m 时，应注意将路基范围内的树根，草丛全部挖除。若基底的表层土系腐殖土，则须用挖掘机或人工将其表层土清除换填，厚度视具体情况而定，一般以不小于 30cm 为宜，并予以分层压实。如发现草炭层、鼠洞、裂缝，应更换符合条件土回填，并按规定进行压实。

路堤通过耕地时，路堤筑填施工前必须预先填平压实。如其中有机质含量和其他杂质较多时，碾压时因弹性过大，不易压实，应换填土。

（2）坡面基底处理

当坡面较小（横坡小于 1：5）时，只需清除坡面上的表层，其处理方法同上。但坡度较大（横坡大于 1：5）时，应将坡面做成台阶，让填料充分嵌在地基里，以防止路堤的滑移。台阶的尺寸，依土质、地形和施工方法而不同，一般宽度不宜小于 1m，而且台阶顶面应做成向堤内倾斜 3% ~ 5% 的坡度，并分层夯实。当所有台阶填完之后，可按一般填土进行。

（三）路面不平整的处理措施

1. 沥青混凝土路面

第一，在摊铺层表面有个别超尺寸颗粒，被熨平板带动而在层面划出不规则的小沟，或在摊铺层表面有少数超尺寸颗粒因被熨平板带动而在其后形成小坑洞。

处理方法：人工及时用适量的细骨料沥青混合料填补，并及时碾压整平。

第二，摊铺机后局部一片或一条较宽的带内沥青混合料中的大碎石被压碎。

处理方法：采用人工及时把被压碎的碎石混合料铲除，选用合适的沥青混合料补齐和整平。

第三，表面层混合料有离析现象（大料集中）。

处理方法：人工及时补撒适量的细骨料沥青混合料。

2. 水泥混凝土路面

当未成型的水泥混凝土路面遭水冲击，造成路面不平整，处理方法：

第一，将被雨水毁坏的路面板全部清除，清理干净后重新浇筑混凝土。

第二，剔除被毁坏的表层，在经过清理和用水泥浆和环氧树脂混合物结合剂处理完毕的原水泥混凝土上，加铺一层新拌混凝土面层（通常为 3cm ~ 5cm），使之完全结合，牢固粘结成一个整体，形成单层板。

补强层混凝土标号宜比原路面板略大一些为宜，这样补强层不但可以用来改善路面表面缺陷，同时也提高了路面的承载能力。补强层没有必要加配钢筋及采用钢纤维混凝土。

第三，若混凝土个别不平整时，可在混凝土强度较低时即采取 3m 直尺边检查边用水磨石机磨平。

二、水泥混凝土路面质量通病防治

（一）水泥混凝土路面断板原因

温度应力与荷载应力超过混凝土的抗拉强度，水泥混凝土路面板就会产生断裂并发展为断板。这些断裂，有的是在施工期间由于混凝土的初期收缩受到阻碍而产生的拉应力超过了混凝土的抗拉强度而引起的横向裂缝；有的是由于板块尺寸过大所产生的温度翘曲应力超过了混凝土的抗弯拉强度而引起的横向裂缝，有的是由于地基的不均匀沉降或地基受侵蚀而使板底出现脱空后，致使应力增加而引起的纵向、横向或角隅断裂；有的是由于车辆荷载的多次重复作用，所产生的重复荷载应力超过了混凝土的疲劳强度而引起的纵向或横向裂缝。

有的研究认为：水泥混凝土路面开裂的主要原因是混凝土的自身收缩（包括干燥收缩和温度收缩）及其与基层间的强大的摩阻力（包括静摩擦力和层间粘结剪应力），因此减少或改善混凝土的自身收缩及其与基层的摩阻力，就能有效地防止开裂。

下面将早期开裂断板和使用期开裂断板的原因做分析。

1. 早期开裂断板原因

（1）原材料不合格

1）水泥安全性差，强度不足

水泥中的游离氧化钙（f-CaO）在凝结过程中水化很慢，水泥凝结硬化后还在继续起水化作用，当 f–CaO 超过一定限量时，就会破坏已经硬化的水泥石或使抗拉强度下降。水泥强度不足也会影响混凝土的初期强度，使开裂断板的几率大大增加。水泥的水化热高、收缩大，也易导致开裂。

2）集料（砂、碎石等）含泥量及有机质含量超标

水泥混凝土中水泥石与骨料的界面粘结不良，往往是产生初期开裂的薄弱部位。集料的含泥量和有机质含量超过规范要求，必然会造成界面缺陷，容易开裂。另外，有资料表明，在同样的水灰比条件下，石灰岩、石英岩等亲水性骨料与水泥石界面粘结力大，花岗岩等亲水性差的骨料则反之。

（2）基层标高失控和不平整

基层标高失控，造成路面厚度不一致，过薄或厚薄交界处将成为薄弱断面，在混凝土收缩时，难以承受拉应力而开裂。基层不平整会大大地增加其与混凝土界面的摩阻力，易在较薄弱路面开裂。用松散材料处理基层标高失控或不平整时，上层混凝土拌和物的水分或砂浆会下渗或被基层吸收，使下部混凝土变得疏松，强度下降。基层干燥会吸收混凝土拌和物中的水分，使底部混凝土失水，强度降低，导致开裂。

（3）混凝土配合比不当

1）单位水泥用量偏大

混凝土中引起收缩的主要是水泥石部分，过多的水泥用量，必然会导致较大的收缩。

2）水灰比偏大

水泥完全水化的最低水灰比约为 0.26 ~ 0.29，施工中采用较高的水灰比是为了满足和易性需要。但偏大的水灰比，增大了水泥水化初期骨料表面的水膜厚度，影响了混凝土强度。

3）施工中计量不准

尤其是未根据集料中的含水量及时调整用水量，会影响混凝土的配合比的准确性，从而影响其初期强度。

4）一般情况下

混凝土配合比按“饱和面干”状态设计，如使用长期在日光暴晒下的过干骨料，会大量吸收拌和用水而影响水灰比的准确性，影响混凝土强度。

（4）施工工艺不当

搅拌不足或过分，振捣不密实，形成的混凝土强度不足或不均匀，易导致早期开裂断板。振捣时间不易过长，否则会造成分层，粗骨料沉入底层，细骨料留在上层，强度不均匀，表面收缩裂缝增加。

混凝土拌和时，如果水泥或集料温度过高，再加上水泥的水化热，会使混凝土

拌和物的温度很高，在冷却、硬化过程中会使温差收缩加大，导致开裂。

混凝土浇筑间断。因停电、机械故障、运输不畅、气候突变、停料等原因使混凝土浇筑作业中断，再浇筑时未按施工缝处理，新旧混凝土由于结合不良和收缩不一致会形成一条不规则的接缝。

养生不及时或养护方法不当。尤其是气温高，湿度小，风速大的不利条件下，就会使混凝土表面水分蒸发太快，从而形成干缩裂缝。

切缝不及时。由于机具故障或操作人员切缝时间掌握不准确或切缝深度不足，造成混凝土内应力集中，在混凝土板的薄弱处形成不规则的贯穿裂缝。

施工车辆过早通行。某些施工作业面，由于受到地理条件的限制或因混凝土养护作业需要在混凝土强度不足条件下过早地通车，产生荷载应力，这是产生裂缝的又一个原因。

采用真空吸水工艺时，如果因两吸垫之间未重叠而导致漏吸，则漏吸处水灰比较两侧大，混凝土强度较低，收缩也大，会形成薄弱环节而开裂。

传力杆安装不当，上下翘曲，则在混凝土伸缩和传力过程中混凝土就会被破坏，形成裂缝损坏。

在日温差较大的季节和地区，混凝土表面修整过程中，要避免阳光直射，整修后要及时覆盖养生，防止混凝土白天过多的升温，造成夜间降温时收缩过大。

（5）边界原因

在双幅路面施工中，已浇筑一边的缩缝在另一边未开始浇筑前已经裂通，气温下降一定幅度时，断裂的缩缝两边混凝土板收缩，这样后浇筑还未切割的混凝土板受到较大的拉应力，而这时其混凝土强度还较低，当拉应力大于混凝土初期抗拉强度时，就会在先浇筑板缩缝对应位置发生不规则裂缝。

有中央分隔带路缘石等的高速公路和街道施工中，路缘石常设有混凝土平基背座，由于路缘带先于路面施工，当温度下降时路缘带本身会收缩，路缘带下半部具有粗糙面会带动初期强度很低的混凝土面板在路缘带裂缝处产生边界裂缝。

同样原因，如果基层稳定层已经发生裂缝，裂缝两边基层在气温下降时收缩，由于摩擦力作用，同样也会带动上面初期混凝土面板开裂。

2. 使用期开裂断板原因

（1）设计不当

第一，路面厚度偏薄。根据美国的研究资料，路面的使用寿命与路面厚度成5次方关系，如果设计时交通量调查不准，路基、基层、底基层的模量和材料参数选用不当等原因而使路面厚度偏薄，就会使路面寿命缩短，过早地出现开裂、断板。

第二，板块平面尺寸不当。

第三，混凝土原材料的配合比不当，混凝土产生碱－集料反应或抗冻融差等耐久性问题。

第四，排水设计不当。

水泥混凝土路面直接暴露在大气之中，一年四季大气温度、湿度周期性的变化，以及每一昼夜气温的变化，都会使得混凝土路面板在不断的伸缩和翘曲中处于拉应力和压应力的反复交替作用状态，此拉、压应力称为温度应力。混凝土板越长，温度应力就越大。若设计时板块过长或长宽比例不当，温度应力超出容许范围，路面板即产生开裂断板。

（2）超重车的影响

由于交通运输业的迅速发展，大吨位车辆逐年增多，单轴轴载比原设计计算轴载增加几倍，由于轴载等效换算系数，$f=\left(\frac{P_1}{P_0}\right)^{16}$ 即超重轴载与标准轴载换算成16次方关系，所以，超重车的增加是水泥混凝土路面使用期开裂断板的重要原因。

（3）路基不均匀沉降

路基不均匀沉降主要发生在：

1）填挖相交断面处，半填半挖结合处，新老路基交接处，土基密度不同部位；2）软弱地基、湿陷性黄土以及采空区、陷穴等特殊路段；3）桥涵、构造物附近压实机械难以施工的部位；4）路基不同填料的界面或层面；5）压实度不足。

压实不均匀路段，在路面长期使用过程中，由于水温条件的变化和行车荷载作用，路基产生不均匀沉降，致使沉降量不同的结合面产生错台，面板由于荷载作用导致断裂。

（4）基层失稳

基层施工质量不好，强度不均匀或较低，使用中基层松散或在渗水作用下材料被吸往一边，面层脱空，当受到的弯拉应力大于混凝土板强度时面板即发生断裂。面层接缝填封料失效，板的弯沉使空隙内的积水变成有压水，侵蚀冲刷基层，并沿接缝缝隙喷出，即产生唧泥。如果唧泥现象不断产生，面板边缘部分将失去支承，在荷载作用下产生断裂。

（5）初期微裂缝的扩展

初期混凝土收缩形成未反映到表面的微小裂缝，使用一段时间后，受行车荷载及温度应力的双重作用，部分裂缝将逐渐增长、变深，以致造成面板断裂。

（6）排水不良

路基及基层排水不良，长期受水浸泡，引起路基失稳或强度不足，使路面产生不规则断裂。裂隙水或边沟水等渗入路基、基层和底基层，冬季冻胀时使路面产生纵向开裂。

（7）桥（涵）面铺装损坏

钢筋混凝土明盖板桥涵上的水泥混凝土路面铺装层，由于厚度不足或与盖板、涵台结合部处理不当，在行车作用和盖板胀缩下，产生层间搓动和面板断裂。

某些产生初期断板的原因也会在使用期继续强化，导致路面开裂、断板或使病害程度更趋恶化。

（二）水泥混凝土路面断板预防措施

针对上节中造成水泥混凝土路面断板原因的分析，采取行之有效的、全面的预防措施，可减少断板数量，延长混凝土路面的使用年限，提高行车的舒适性。

1. 早期开裂断板的预防

（1）合格的原材料是保证混凝土质量的必要条件

对于安定性差、游离氧化钙（CaO）超标及强度不足的水泥应禁止使用；不同标号、不同厂家、不同种类、不同批产的水泥严禁混合使用；尽量采用旋转窑生产的发热量少、收缩量小的硅酸盐道路水泥或普通硅酸盐水泥。集料（砂、碎石）含泥量超标时应更换料源，选择合格的、含泥量较少的材料，或将其认真冲洗至达到要求方可使用。对有机质含量超标的集料应严格禁止使用。

（2）基层知高、平整度的控制

1）严格控制基层顶面标高，确保混凝土路面板厚度的均匀一致。2）按水泥混凝土路面平整度要求控制基层平整度，采取加铺塑料薄膜等方法减少水泥混凝土路面板与基层的摩阻力。3）对于标高不足的基层应坚决返工重做，禁止采用抛撒松散基层材料填补标高的方法。4）加强基层养护工作，保持基层湿润状态，直至浇筑水泥混凝土路面板。

（3）严格控制混凝土配合比

1）按试验混凝土配合比准确配料；单位水泥用量要精确称量，误差值控制在1%以内。2）集料的含水量要及时试验取得，控制适宜的用水量，保持水灰比准确；为减少用水量，改善和易性可使用合适的外掺剂；用水量误差不超过1%，外加剂控制在2%以内。3）采用电子秤或其他现代化配料机械设备准确配料，尽量不采用人工手推车按车计量的配料方法；集料称量误差控制在3%以内。

（4）施工工艺的控制

1）混凝土的拌和时间要根据机械性能准确掌握，最长拌和时间不应超过最短拌和时间的3倍；振捣应均匀密实，避免漏振或超振现象产生。2）混凝土拌和时，若集料温度过高，应采用降温措施后再配料拌和。若采用洒水降温方法，应及时测定含水量，调整拌和水用量，保证水灰比值不致增大。3）混凝土路面施工开盘前，要仔细检查发电机、振动梁、运输车辆等机具设备，确保其完好。现场中要有备用机具，严禁故障机具施工，并检查施工运料道路是否通畅，确保施工的连续性。配料、拌和、运输、摊铺作业面要有序配合，对于气候突变、停电、停料等情况，应提前做好准备工作，调整工序，暂停面板施工。重新铺装时应按施工缝处理接缝。4）重视混凝土面板养生，采用优质养护剂，或湿法养护，不要采用没有覆盖物仅洒水的养生方法。5）及时切缝，根据施工现场气温及水泥品种试验确定最早切缝时间，一般应采用多台切缝机同时作业，以保证切缝及时。切缝深度为混凝土板厚的1/3至1/4，不宜切缝太浅（少于1/4）或太深（多于1/3），剩余断面部分能吸收由于高温产生的内应力。有资料表明，软切缝工艺可提前切缝时间，预防水泥混凝土路面断板。6）控制交通车辆，避免在混凝土强度不足的条件下，过早开放交通，养护车辆也应尽量避免直接在面板上通行。7）采用真空吸水工艺时，一定要注意两吸垫之间重叠足够尺寸，避免漏吸。8）正确安装传力杆，防止上下翘动，可采用双模板控制。浇筑下一混凝土板时要按设计要求安设塑料套管和涂沥青隔层。9）在昼夜温差较大的季节或地区，混凝土表面修整过程中，要设遮阳棚、避免阳光直射，修整完成后要覆盖养生，以保持温度变化不致太大。

（5）边界影响的控制

1）要尽早将后浇筑的面板切缝。2）有中央分隔带、路缘石等结构物施工时，应在与混凝土面板接触处涂刷沥青，使双方自由伸缩。3）基层养生结束后，及时浇筑水泥混凝土路面，以防止基层因暴露时间长产生干缩裂缝。若出现裂缝，浇筑前应采取封闭裂缝处理，预防因基层裂缝反射到面板上来。

2. 使用期开裂断板的预防

第一，设计要与社会发展相一致。

1）在混凝土路面厚度、平面尺寸的设计计算阶段，应充分考虑交通发展状况，准确调查交通量及运输车辆的发展状况，避免因设计厚度偏小，平面尺寸不合理，在设计使用年限内由于交通量的快速增长或重载车辆增加造成面板提前破坏。2）选用适合当地环境条件的原材料，重视冻融性和耐久性。3）设计全面的排水系统，确保地表水、地下水不会对路基、路面造成侵蚀破坏。

第二，依法治路，严格控制超重车辆通行。

第三，路基质量的控制。

1）路基压实质量要求达到规定的压实度值和弯沉值，特别是桥涵、构造物附近（死角部位）更应加强压实工作，保证路基有足够的、均匀的强度；2）排水设施应完善，并要充分考虑地下水对路基稳定的影响；3）路基填筑中，不同种类的土壤应分层填筑，避免土壤类型在路基上的突变造成沉降不一致，影响路面板结构性能；4）对于填挖交界、半填半挖结合处应按路面板的要求进行特殊设计，施工中要对路槽以下部分进行处理；5）对于路基不稳定，特殊软弱土基、湿陷性黄土、采空区、陷穴、滑坡等路段，应避免采用水泥混凝土路面，其他特殊路基应经过特殊处理后方可进行水泥混凝土路面施工。

（4）路面基层质量的控制

水泥混凝土路面不要求基层有很高的强度，最重要的是基层强度的均匀性、稳定性要好。

1）基层应尽可能采用水泥稳定基层，严格控制细料，以增加基层的水稳性，防止唧泥；2）建立验槽制度，确保基层厚度均匀一致，保证强度的均匀；3）采用厂拌法拌基层料，确保拌和均匀和配料准确；4）按照设计要求，保证基层的密实度；

（5）其他预防措施

1）及时采取措施，封填微裂缝，如灌注环氧树脂。2）加强养护工作，对排水系统中发现的问题及时处理，避免造成较大的病害。3）桥涵施工过程中，应结合桥面铺装，认真处理好路桥结合部位，防止不均匀沉降。

（三）断板的处理与修复

断板的处理，应根据其损坏程度不同分别对待。处理断板的方法分为裂缝修补、局部修补、整块板更换三种。

1. 裂缝修补

对于轻微断裂，裂缝无剥落或轻微剥落，裂缝宽度小于 3mm 的断板，应采用灌入粘结剂的方法进行修补。

粘结剂灌入方法分为：直接灌入法、喷嘴灌入法、钻孔灌浆法、注射器注射法。

（1）粘结剂材料有聚胺脂、聚硫环氧树脂（聚硫橡胶 + 环氧树脂）、甲凝、环氧树脂（6101、6343、618 等品种）、日产 BL-GROUT 等高分子树脂工程材料。

1）聚胺树脂灌缝料

为双组份，A 组为多元醇和二异氰酸脂的预聚体；B 组为固化剂，A、B 二料可采用 100：27 比例配成聚胺脂灌缝料，抗弯拉强度达 6.5mPa，适宜于灌宽缝。这种材料的特点是在潮湿界面以及碱性界面处，能与界面紧密结合，延伸性好和耐老化。

2）聚硫环氧树脂灌缝料

采用聚硫橡胶：环氧树脂 =16：（2 ~ 16），配成聚硫环氧树脂灌缝料，其抗拉强度可达 32mPa，用于灌窄缝。特点是改善了环氧树脂的耐老化性能和脆性。

3）甲凝灌缝料

由甲基丙烯酸甲脂（主剂）、甲基丙烯酸丁脂（增塑剂）、甲基丙烯酸（亲水剂）、过氧化二苯酚（引发剂）、二甲基苯胺（促凝剂）、对甲苯亚磺酸（除氧剂）六种材料组成，采用配合比为主剂：增塑剂：亲水剂：引发剂：促凝剂：除氧剂=100mL：25mL：20mL：1.5g：2mL：1g。在材料不易采集的情况下，也可用简化配方，其配合比为主剂：引发剂：促凝剂=100mL：2g：2.5mL。配制顺序，先将主剂、增塑剂、亲水剂按比例依次混合，然后加入除氧剂、引发剂，最后加入促凝剂，待混合液呈枯黄色，即进行灌缝。抗拉强度达57mPa ~ 70mPa，宜于灌细缝。特点是粘度小，收缩性小（1% 以下），耐酸碱、油等。

4）环氧树脂灌缝料

由环氧树脂（胶结剂）、二甲苯（稀释剂）、邻苯二甲酸二丁脂（增韧剂）、乙二胺（固化剂）、水泥或滑石粉（填料）组成，采用配合比为胶结剂：稀释剂：增韧剂：固化剂：填料=100，40（20 ~ 40）：10：8：（200 ~ 400），填料视缝隙宽度掺加。

5）BL-GROUT 高分子粘结剂

为双组份，A 组为主剂，B 组为固化剂，A、B 二料采用 2：1 的比例配成灌缝料，抗弯拉强度达 6.5mPa，适宜于灌宽度为 3mm 左右裂缝。特点是粘度小，收缩性小，耐老化和延伸性好，操作简便，易于掌握，但要求裂缝结合界面干燥。BL-GROUT 粘结剂有小包装成品专售，使用医用注射器注射即可。

（2）裂缝修补工艺

1）直接灌入法

适用于施工中产生的混凝土收缩裂缝。在未通车前，一旦发现混凝土板出现裂缝，可用聚硫环氧树脂材料等直接灌注。

2）喷嘴灌入法

适用于通车路段冬季修补裂缝。操作工序：清缝—埋设灌浆嘴封闭裂缝—配灌缝材料—灌浆—加热增强。

①清缝

采用压缩空气配特制喷嘴（鸭嘴形为好），配细铅丝小钩子掏除缝隙中的泥土等杂物。

②埋设灌浆嘴封闭裂缝

灌浆嘴一般约 30cm 设一个，用按 1：2 配比的松香和石蜡加热熔化粘住裂缝，再用胶布将缝口贴好，并涂上松香和石蜡。

③配灌缝材料

根据缝口宽窄及要求开放通车时间选用适宜的灌浆材料及配比混合调匀倒于小铝锅中。

④灌浆

将配制的灌浆材料倒入有机玻璃管注射器或其他特制的灌浆器中，一般宜在30min ~ 40min以内用压力将灌缝料由各灌浆嘴中灌入缝中，至灌满将要顶动上面的胶布为止。其上宜加一层水泥浆或砂浆抹面并喷养护剂，使表面颜色一致。

⑤加热增强

一般宜用红外线灯或装有60W ~ 100W灯泡的长条形灯罩，在已灌缝上加温，温度控制在50℃ ~ 6℃，加热1h ~ 2h，即可开放通车。

3）钻孔灌浆法

可用于非冬季修补裂缝。

①沿裂缝用冲击电钻打一排直径为15mm的孔槽，以形成一带状槽；②用压缩空气喷枪伸入槽孔内清除混凝土残屑；③向孔槽内填洁净的小碎石（直径5mm ~ 10mm）；④沿孔槽灌浆；⑤用乳胶拌和水泥覆盖装饰槽口；⑥用红外线灯加热1h ~ 2h，促使灌浆料增强，即可开放通车。

4）注射器注射法

此法适用于通车时间短，裂缝杂物少，较清洁、干燥，裂缝宽度在3mm左右的路面断板修补。

①清缝

采用空气压缩机配特制喷嘴吹干净缝隙，并配细铅丝小钩子充分掏尽缝隙中的泥土等杂物；

②配灌缝材料

将小包装主剂与固化剂按2：1比例掺配。一般小包装为1kg混合剂分A桶主剂0.67kg和B桶固化剂0.33kg二个桶装，操作时只需将固化剂直接倒入主剂中，拌和至颜色均匀即可。

③注射器注射

使用50mL医用注射器抽入混合剂，对准插入缝隙注射（可不使用针头），由中线向两边逐点注射至缝隙填满。若先注射段落渗入较多，应及时补注至饱满，若15min内不再渗入则可认为已注满缝隙。整个缝隙注射完成后，撒少许干水泥拌砂混合料覆盖，三小时后即可开放通车。该操作应在配料开始90min内完成，否则材料将凝固无法使用。

2．局部修补

板面局部断裂损坏，进行小块修复时，应视桥面断裂损坏程度不同分三种方式修补：

对于轻微断裂，裂缝有轻微剥落的，先画线放样，按画线范围开凿成深约5cm

~ 7cm 的长方形凹槽，刷洗干净后，用快凝小石子混凝土填补。

对于轻微断裂，裂缝较宽且有轻微剥落的断板，应按裂缝两侧至少各 20cm 的宽度放样，按画线范围开凿成深至板厚一半的凹槽，此凹槽应与中线垂直，刷洗干净凹槽，在凹槽底部裂缝的两侧用冲击钻沿与中线平行方向，间距 30cm ~ 40cm，打眼贯通至板厚达基层表面，然后再清干净凹槽和孔眼，在孔眼安设Ⅱ形钢筋，冲击钻钻头采用 ϕ 30 规格，Ⅱ形钢筋采用 ϕ 22 螺纹钢筋制作，安设钢筋完成后，用高标号砂浆填塞孔眼至密实，最后用与原路面相同标号的快凝混凝土浇筑至路面齐平。

较为彻底的办法是将凹槽凿至贯通板厚，在凹槽边缘两侧板厚中央打洞，深 10cm，直径 4cm，水平间距 30cm ~ 40cm。每个洞应先将其周围润湿，插入一根直径 18mm ~ 20mm、长约 20mm 的钢筋，然后用快凝砂浆填塞捣实，待砂浆硬后浇筑快凝混凝土夯捣实齐平路面即可。

3．整块板更换

对于严重断裂，裂缝处有严重剥落，板被分割成 3 块以上，有错台或裂块已开始活动的断板，应采用整块板更换的措施。

由于基层强度不足或渗水软化，以及路基不均匀沉降，造成混凝土板断裂成破碎板或严重错台时，应将整块板凿除，在处治好基层以及路基后，重新浇筑新的混凝土板，或采用混凝土预制块或条块石换补。对于路基稳定性差，沉降没有完全结束的段落，建议采用预制块换补断板。对基层也要求采用水泥稳定结构层。修补块的缝隙宜用水泥砂浆或沥青橡胶填满，以防渗水破坏。

采用重新浇筑新的混凝土板时，若采用常规材料修复或更换，则养护期长，影响交通，建议采用快凝材料。

三、沥青混合料路面的质量通病及防治

沥青混合料路面在北方使用极为广泛，因为它较水泥混凝土路面施工周期短，铺筑速度快，故此，在北京地区因为使用的比较多，发现的质量缺陷也多。

（一）路面平整度差

（1）现象

沥青混合料人工摊铺、搂平、碾压后表面尚较平整，当开放交通后路面出现波浪或出现“碟子”坑、“疙瘩”坑。

（2）原因分析

①底层平整度差

因为各类沥青混合料都有它一定的压实系数，摊铺后，表面搂平了，由于底层

高低不平，而虚铺厚度有薄有厚，碾压后，薄处沉降少，则较高，厚处沉降多，则较低，表面平整度则差。

②摊铺方法不当

在等厚的虚铺层中，由于摊铺时用铁锹高抛，或运输卸料时的冲击力将沥青混合料砸实，或人、车在虚铺混合料上乱踩乱轧，而后又搂平，致使虚实不一致，虚处则较低，实处则较高，平整度差。

③料底清除不净

沥青混合料直接倾卸在底层上，粘结在底层上的料底清除不净，或把当天的剩料胡乱摊在底层上，充当一部分摊铺料，但它已经压实，冷凝，大大缩小了压实系数，当新料补充搂平压实后，形成局部高突、疙疙瘩瘩，不平整。

为了更深一步认识这一主要影响路面平整度的通病，再以图示和数据来剖析一下，因底层平整度差，虚摊厚度不一致，造成路面平整度差的原因。

底层平整度对上一层的平整度是十分关键的（这里所指的底层，就是路面的底层是基层，基层的底层是土路床）。

上述分析主要是针对人工摊铺而产生的不平整通病的原因，使用机械摊铺，就是使用电脑控制的自动调平摊铺轨，同样，要是底层平整度不平，虽然有摊铺机本身的震捣功能，其虚铺厚度是一致的，当时碾压完也是平整的，但是经车载碾压后，底层的坑洼不平便反射到路表面上来，同样路面是不平整的，再者摊铺机摊铺面层其每幅两侧高程基准线控制不准或摊铺机本身的毛病或操作手控制不利，熨平板出现忽高忽低，也是造成路面波浪或高低不平的原因。

（3）危害

①路面平整度是道路工程的主要使用功能。如果道路不平坦，会降低行车速度，增加行车颠簸，加大冲击力，损坏车辆机件，降低舒适性，减少安全性，降低经济效益和社会效益。②路面愈不平坦，车辆冲击力愈大，对道路的损毁愈严重，会大大降低道路工程建设的投资效益。

（4）治理方法：

①首先要解决底层平整度问题，这里所指的底层是泛指。如果沥青混合料面层分三层铺，那么表面层的底层是中面层（黑色碎石或粗级配沥青混凝土），中面层的底层是底面层（沥青碎石），底面层的底层是道路基层，基层的底层是道路路基（土路床），每一层的平整度都对上一层平整度至关重要。所以要按照质量检验评定标准中对路面各层要求严格控制，认真检验。特别是在保证各层密实度和纵横断高程的基础上，把平整度提高标准进行控制，最后才能保证表面层平整度的高质量。从施工技术管理上，对底层纵横断高程要用五点五线法加密检查点；在技术操作上，

按照高程控制的要求，加细找补和修整；在机具设备上，积极创造条件，使用平地机修整路床和基层的平整度。②面层的摊铺应使用摊铺机，并放准每幅两侧高程基准线，操作手控制好熨平板的预留高的稳定性；小面积或无条件使用摊铺机时，要严格按照操作规程规定的方法摊铺，即采用扣锹法，不准扬锹，要锹锹重叠，扣锹时要求用锹头略向后刮一下，以使厚度均匀一致。使用手推车和装载机运料时，应用热锹将料底砸实部分翻松后摊平，以求各处虚实一致。搂平工序，不能踩踏未经压实的虚铺层，要倒退搂平一次成活，如再发现有不平处，可备专用长把刮板找补搂平。③沥青混合料应卸在铁板上，不能直接倾卸在铺筑底层上。如果要卸在底层上，则必须设法清除干净。剩余冷料不能直接铺筑在底层上充当一部分层厚，应加热另作它用。

（二）路拱不正，路面出现波浪形

（1）现象

路拱不饱满，局部高点偏离中心线，或在路面纵向出现波浪，特别是靠近立道牙的偏沟部位出现路边波浪较多，使立道牙外露不一致。

（2）原因分析

主要是路面各结构层的纵横断高程控制不力，或在两相邻控制点距离偏大，在两点之间的高程出现较大偏差，形成控制点处高于或低于两控制点之间的路面高程。

（3）危害

①影响外观质量、路容不整。②路面波浪，造成行车颠簸，降低车速和乘车舒适感。路边波浪造成积水。

（4）治理方法

①路床和路面基层都应用五点五线法检查控制纵、横断面高程。②要控制好沥青混合料面层各层的虚铺厚度。人工摊铺要采用放平砖的方法。③特别应该加细控制两雨水口之间的路边高程，切勿低于下游雨水口附近高程。

（三）路面非沉陷型早期裂缝

（1）现象

①路面碾压过程中出现的横向微裂纹，往往是某区域的多道平行微裂纹，裂纹长度较短。②采用半刚性基层材料，做基层的沥青路面，通车后半年以上时间出现的近似等间距的横向反射裂缝。③路面在纵、横向接茬处产生不规则纵、横裂缝；或冬季发生的冻胀纵、横裂缝。④路面出现的凸起开花和不规则短裂缝。

（2）原因分析

①碾压当中出现短小微小裂缝的原因是

第一，由于碾压前沥青混合料摊铺时间过长，其表面变冷，形成僵皮，其内部较热，可塑性好，形成压路机串皮碾压，或过早使用重碾，均会造成沥青混合料在压路机碾轮前出现波浪；或由于底层与面层粘结不好（如下层表面脏污，或没有喷洒沥青结合料），或过碾产生推移横裂纹。

第二，压路机加速或减速太猛，尤其是转向时过猛产生路面横纹。

第三，沥青混合料过细，其结合料太少（即油石比过低）；上碾过早，沥青混合料温度过高；沥青混合料中集料级配太差，石料偏少；由于刮风下雨或喷水防粘时碾轮喷水过量等，造成沥青混合料温度过低，产生的横向微裂纹。

第四，整平找补料层过薄；或在坡道上摊铺沥青混合料过厚；或对薄沥青混合料层过量碾压等产生的横向微裂纹。

②在路面上出现半刚性基层开裂反射的或自身产生的较规律的横向裂缝其产生的原因是

第一，石灰土、水泥土或其他无机结合料的基层，由于碾压后未能潮湿养生，造成较大的干缩反射上来的横裂。

第二，寒冷地区，沥青面层或半刚性基层低温收缩，造成变形受阻产生的横向开裂。

③由于道路发生冻胀，产生的路面拱起开裂。④由于沥青原材料低温延性差或沥青混合料粘结力低，造成路面早期开裂。⑤由于石灰土、石灰粉煤灰砂砾中有未消解灰块，当压实后消解膨胀，造成其上沥青路面膨胀开裂（开花）。⑥当沥青混合料分幅碾压或纵向接茬时，由于接茬处理不符操作规程要求而造成接茬开裂。

（3）危害

①雨雪水会沿道路裂缝渗入路面基层和土基，降低路基路面的稳定性和强度造成局部变形，逐渐扩展为网状开裂。②碾压中产生的微裂纹及反射裂缝，虽初期不影响行车,但在水分侵蚀及阳光照射下,成为促使面层沥青混凝土疲劳开裂的催化剂，会大大缩短沥青路面寿命。

（4）预防措施：

①在沥青混合料摊铺碾压中做好以下工作，防止产生横向裂纹

第一，严把沥青混合料进场摊铺的质量关，凡发现沥青混合料级配不佳，集料过细，油石比过低，炒制过火，油大时，必须退货并通知生产厂家，严重时可向监理或监督报告。

第二，严格控制摊铺和上碾、终碾的沥青混合料温度，施工组织必须紧密，大风和降雨时停止摊铺和碾压。

第三，严格按碾压操作规程作业。平地碾压时，要使压路机驱动轮总接近摊铺机；上坡碾压，压路机驱动轮在后面，使前轮对沥青混合料预压，下坡碾压时，驱动轮

应在后面，用来抵消压路机自重产生的向下冲力。碾压前，应用轻碾预压。压路机起动、换向都要平稳。停驶、转移、换向时，关掉振动档。压路机停车、转向尽量在压好的、平缓的路段上。

第四，双层式沥青混合料面层的上下两层铺筑，宜在当天内完成。如间隔时间较长，下层受到污染，铺筑上层前应对下层进行清扫，并应浇洒适量粘层沥青。

第五，沥青混合料的松铺系数宜通过试铺碾压确定。应掌握好沥青混合料摊铺厚度，使其等于沥青混合料层设计厚度乘以松铺系数。

第六，宜采用全路宽多机全幅摊铺，以减少纵向分幅接茬。

②按《沥青路面施工及验收规范》做好纵横向接缝

纵逢要尽量采取直茬热接的方法，摊铺段不宜太长，一般在60m ~ 100m之间，于当日衔接，当第一幅摊铺完后，立即倒至第二幅摊铺，第一幅与第二幅搭接2.5cm ~ 5cm，然后再推回碾压。不是当日衔接的纵横缝上冷接茬，要刨直茬，涂刷粘层边油后再摊铺。横向冷接茬，可用热沥青混合料预热，即将热沥青混合料敷于冷茬上厚10cm ~ 15cm，宽15cm ~ 20cm，待混合料融化后（5min ~ 10min），再清除敷料，进行搂平碾压。或用喷灯烘烤冷茬后立即用热沥青混合料接茬压实。

③在设计和施工中采用下列措施，防止石灰土等半刚性基层的收缩裂缝

第一，控制基层施工中，压实时的含水量，采用（0.9×最佳含水量）的含水量监控时，可降低其干缩系数。

第二，设计中，在半刚性基层上，加层厚＞10cm的沥青碎石，或厂拌碎石联结层，可降低裂缝向沥青混合料面层的反射程度。

第三，在半刚性基层材料层中，掺入30% ~ 50%的2cm ~ 4cm粒径的碎石，可减少收缩裂缝，并提高碾压中抗拥推的能力。

第四，对半刚性基层碾压后潮湿养护，随气候湿度不同，至少5d ~ 14d为宜。

④控制沥青混合料所用沥青的延度，或进行低温冷脆改性。拌制沥青混合料时，防止加热过度，避免沥青混合料“烧焦”。

（5）治理方法

①对于碾压中出现的横向微裂纹，可在终碾前，用轮胎碾进行复压，往往可予以消除。②对由于半刚性基层开裂反射上来的裂缝，缝宽在6mm以内的，可用热沥青灌缝。缝宽大于6mm的，将裂缝内杂质处理干净后，用沥青砂或细粒式沥青混凝土进行填充、捣实，并用烙铁封口，撒砂，扫匀。③对无变形不严重裂缝可在路面干燥条件下，按（2）条方法处理；对发裂、轻微龟裂，可采用刷油法处治，或进行小面积的喷油封面，防止渗水使裂缝扩大。

（四）路面沉陷性、疲劳性裂缝

（1）现象

①路面产生非接茬部位不规则纵向裂缝，有时伴有路面沉陷变形。②在雨水支管部位出现不规则顺管走向的裂缝；在检查井周围出现不规则裂缝。③成片状的网状裂缝（裂块面积直径大于 30cm）和龟背状的裂缝（裂块面积直径小于 30cm）。

（2）原因分析

①出现不规则的纵向裂缝和成片的网状裂缝，多属于路基或基层结构强度不足，或因路基局部下沉路面掰裂。②雨水支管多数处于路面底基层或基层中，支管肥槽回填由于不易夯实，造成局部路面强度削弱面发生沉陷和开裂，是路面最早出现的裂缝之一。③龟背状裂缝多属于路面基层结构强度不足，支承不住繁重的交通荷载，或沥青面层老化而形成，在车行道中，长条状网裂（网眼宽 20cm 左右，长 50cm ~ 60cm 的网裂）多数属于路面结构在重复行车荷载作用下，发生疲劳破裂的裂缝。④路面结构层中有软夹层，如石料质软、含泥量大，尽管其他结构层强度足够，仍会发生沉陷、网裂和龟裂。⑤碾压中，由于沥青混合料表面过凉，里面过热，当摊铺层较厚时，用重型压路机碾压会引起路面表层切断，在第一遍碾压中，出现贯穿的纵向裂纹。

（3）危害

①外界水会沿路面裂缝渗入路面基层，甚至渗入土基，造成其承载能力下降，使路面过早损坏。②裂缝部分，特别是裂缝密集的龟裂部分，受水侵入和车辆反复荷载的冲击，更会加速路面出现坑槽，车辙等严重损坏。

（4）防治措施

①对雨水支管肥槽，采用水泥稳定砂砾或低标号混凝土处理，防止路面下沉开裂。②提高路面基层材料的均匀性和强度，如北京地区使用的石灰粉煤灰砂砾，即要保证其级配的均匀性和设计强度（无侧限抗压强度 $R_7 \geq 0.7$mPa）及所需的石灰含量和石灰活性氧化物含量，避免强度裂缝，减少温度裂缝。③按要求治理好路基的质量通病，防止路基下沉所造成的裂缝。④要注意对沥青混合料外观质量的检查，矿料拌合粗细要均匀一致，粗骨料的表面应被沥青和细矿料均匀涂复，不应有花白料或油少、下枯现象。⑤检查井周围，在路面底层铺筑后再将检查井升至路面高所留下的肥槽，用低标号混凝土补强处理。⑥对于出现的网裂、龟裂等采用下述方法处理：A. 由于土基、基层破坏所引起的裂缝，分析原因后，先消除土基或基层的不足之处，然后再修复面层。B. 龟裂采用挖补方法，连同基层一同处治。C. 轻微龟裂，可采用刷油法处理，或进行小面层喷油封面，防止渗水扩大裂缝。

（五）路面边部压实不足

（1）现象

路面边缘部位，局部未碾压密实，表层呈松散状态，或“睁着眼”，一经车辆碾压有掉渣现象。

（2）原因分析

①在路面边缘部位，基层碾压不到位，碾压面层时，基层跟着下沉，面层得不到基层足够的反作用力，面层便压不实。②安栽道牙的废槽未夯实，同样产生上述情况。③未控制基层边缘平整度，在边缘出现“疙瘩”坑或“碟子”坑，坑洼部分压不实，呈“睁眼”现象，或出现局部长度上低洼，碾轮压不着，出现松散掉渣。④逢有障碍物，碾子靠不了边，也未用小型夯实工具（如墩锤、烙铁、震动夯）夯实。

（3）危害

烂边掉渣属面层结构性损坏，是外观质量上的重要缺陷，经不住水浸、冻融、风蚀、车轮刨压，易出坑槽。严重时还会波及基层的损坏。

（4）防治措施

①碾压基层时要标出准确的路边边线，一般应超宽碾压每侧不小于 15cm。碾压密度不能低于路中部位的密实度。②安栽道牙的废槽，要加用小型夯具做特别夯实。③边缘，特别是路边缘以内 50cm 范围内的底层平整度，不能低于路中间部位的平整度。④对边角及有障碍物碾子压不到的部位，要使用热墩锤、热烙铁或平板震动夯夯实。

（六）路面松散掉渣

（1）现象

路面成活后，局部或大部表层未能碾压密实，呈“睁眼”或松散状态，开放交通后，有掉渣现象，严重时出现坑洞。

（2）原因分析

①常温季节由于沥青混合料在运输途中时间过长，未加保温，或到工地后堆放时间过长。北方冬季施工，未坚持“三快”（快卸、快铺、快压）或运输保温不好，油温低于摊铺和碾压温度，或找补过晚，找补的沥青混合料粘结不牢。②沥青混合料炒制过火（烧焦），沥青结合料失去粘结力。③沥青混合料的集料潮湿，或含泥量大，使矿料与沥青粘结不牢；或冒雨摊铺，沥青粘结力下降造成松散。④沥青混合料油石比偏低，细料少，人工摊铺搂平时粗料集中，表面不均匀，呈“睁眼”状；或跟碾刷油滴洒路面，破坏沥青粘聚矿料作用而掉渣、脱落。⑤低温季节工，路面成型较慢或成型不好，在行车作用下，嵌缝料脱落，轻则掉渣，重则松散、脱落。

（3）危害

油温低于碾压温度和混合料炒制过火，都不能达到要求的密实度，经车辆反复碾压，路面逐渐松散脱落、出坑，严重时会完全失去道路的使用功能——平整度。即使局部掉渣也会造成局部返工的后果。

（4）防治措施

①要掌握和控制好三个阶段的温度，并应有测温记录。②沥青混合料是热操作材料，应做到（特别是冬季尤应做到）快卸、快铺、快碾压的“三快”方法，当测定地表温度低于5℃时，停止摊铺。③要注意对来料进行检查，如发现有加温过度材料，则不应该摊铺。④因气温低施工的沥青混合料面层有松散，但不扩大的情况时，可在气温上升后，将松散脱落部分重新摊铺压实；如细矿料有散失，则应采用喷油封面处治；气温较低季节需治理时，可用乳化沥青封面。⑤松散程度较重，主集料或面层的下层仍属于稳定时，可采用封面法将松散部分封住。⑥对小面积掉渣麻面，可局部薄喷一层沥青，撒料压实；大面积掉渣麻面路段，可在气温升至10℃以上时，清扫干净，做局部喷油封面（沥青0.8kg/m^2 ~ 1.0 kg/m^2）后，撒布3mm ~ 5mm（或5mm ~ 8mm）石屑或粗砂（每1000m^2用料5m^3 ~ 8m^3），并扫匀压实。

（七）路面啃边

（1）现象

多数发生在安砌平道牙的路边缘，车轮经常靠边的路段在平道牙以里30cm以内路面纵向掰裂下沉。

（2）原因分析

①路基或路面基层碾压不到位，路面铺筑在未经压实的底层上，一经车轮碾压便发生局部下沉掰裂。②路肩部分未经压实，一经车轮碾压，路肩下陷，引起路牙外倾，路边掰裂。③路边积水下渗，使土基和基层降低稳定性，造成路边下沉掰裂。④安砌道牙的内外废槽未夯实，经车轮碾压路边下陷或道牙向外倾倒，引起路边掰裂。

（3）危害

路边掰裂后，雪雨水会大量浸入，加剧对基层结构和土基的侵袭，在车轮的不断冲击下，将会造成下沉、坑洞，会向路幅内逐步深入蚕食，扩大路面的破坏面积。

（4）预防措施

①对填土路基，包括路面基层以外的路肩应做到分层超宽碾压，最后削坡，以保证包括路肩在内的全幅路达到要求密实度。②路面完工后，要修整压实土路肩，路肩横坡不小于2%，利于排水。如果采用路肩纵向排水，通过水簸箕排向路外的，路肩纵坡要顺畅，不能积水。③安砌道牙的内外废槽要用小型夯具作充分

夯实。

（5）治理方法

①挖出破损边缘，切成纵、横向正规的断面，并适当挖深，采取局部加厚边部面层的办法修复。②改善路肩，使路肩平整、坚实，与路面边缘衔接平顺，并保持路肩应有的横坡度，以利排水。③用砂石料加固路肩，或在路面边缘加设较重型路缘石，使其表面与面层齐平，防止啃边。

（八）路面接茬不平、松散、路面有轮迹

（1）现象

①使用摊铺机摊铺或人工摊铺，两幅之间纵向接茬不平，出现高差，或在接茬处出现松散掉渣现象。②两次摊铺的横向接茬不平，有跳车。③油路面与立道牙接茬或与其他构筑物接茬部位留有轮迹。

（2）原因分析

①纵向接茬不平，一是由于两幅虚铺厚度不一致，造成高差；二是两幅之间皆属每幅边缘，油层较虚，经碾压后，不实，出现松散出沟现象。②不论是热接或冷接的横向接茬，也是由于虚铺厚度的偏差和碾轮在铺筑端头的推挤作用都很难接平。③油路面与立道牙或与其他构筑物接茬部位，碾轮未贴边碾压，又未用墩锤烙铁夯实，亏油部分又未及时找补，造成边缘部位坑洼不平松散掉渣，或留下轮迹。

（3）危害

①纵向接茬不平，松散不实，经车轮冲击、雨雪侵蚀，易出坑损坏。②横向接茬不平，有跳车，冲击路面易损坏。③边缘部位不实，雨雪水易渗入，经浸泡和冬春冻融，路边会加大加深损坏面，雨雪水渗入基层和路基，会降低其强度和稳定性。

（4）防治措施

①纵横向接茬均需力求使两次摊铺虚实厚度一致，如在碾压一遍发现不平或有涨油或亏油现象，应即刻用人工来补充或修整，冷接茬仍需刨立茬，刷边油，使用热烙铁将接茬熨烫平整后再压实。②对道牙根部和构筑物接茬，碾轮压不到的部位，要有专人进行找平，用热墩锤和热烙铁，夯烙密实，并同时消除轮迹。

（九）路面泛油、光面

（1）现象

路面的沥青上泛至表面，形成局部油层，或由于行车作用，矿料磨光，路面形成摩阻值小的光面。

（2）原因分析

①层铺法施工，沥青用量过大或矿料不足，或矿料过细，不耐磨耗。②层铺法

在低温季节施工，路面未成型，嵌缝料散失，面层沥青量相对变大。③采用下封层时沥青用量过大。④拌和法表面处治的油石比过大或沥青稠度过低。

（3）危害

泛油及光面均恶化路面的摩阻，降低抗滑能力，易引发交通事故。

（4）防治措施

①用适当粒径的矿料进行罩面，提高路面粗糙度。②根据泛油程度不同，在高温季节撒铺不同规格和数量的矿料。撒料时应掌握先粗后细，少撒、勤撒的原则。然后用重碾强行将矿料压入光面。

（十）检查井与路面衔接不顺

（1）现象

路面上的各类检查井较路面高突或低洼，或井周路面下沉、碎裂。

（2）原因分析

①检查井周围土基回填不实，路面基层密实度不够，造成井周下沉。②升降检查井时，检查井圈未与路面高度和路面纵、横坡吻合。③检查井圈缺乏足够的水泥砂浆和水泥混凝土固结牢固，经车辆创压后活动，致使井周路面结构碎裂。

（3）危害

①检查井与路面衔接不平顺，造成跳车，降低车速，同时加大对井周路面的冲击，致使井周路面过早破坏出坑。②检查井高突和低洼形成路面上的障碍，行车中常出现躲闪检查井，易引发交通事故。

（4）治理方法

①检查井周的回填土，应从检查井废槽底开始用动力夯转圈分层夯实，遇土质不好时，井周要回填石灰土。松散材料的路面基层，凡不易夯打密实部分，可填筑低标号混凝土。②为了使井周路面基层松散材料能够压实和保证检查井与路面衔接平顺，可在路床顶面或在石灰土基层顶面将检查井用钢板盖死，将井位用拴点法拴牢，将路面中面层以下结构同其他部位一起摊铺碾压成活后，再将检查井挖出，升至表面层高程，废槽填筑低标号混凝土，然后一并铺筑表面层，这样可免于后补井圈。③不论是新铺路面还是旧路加铺面层，在升降检查井时，检查井圈的升降高度要用小线仔细校核，使并圈与路面高度和纵、横坡完全吻合。

（十一）雨水口较路面高突或过低

（1）现象

①雨水口建在路面纵、横坡的高点。②雨水口口圈安砌高于周围路面或低于路面过多。③雨水口本身高程适宜，但附近路面未接顺，多数表现雨水口上游路面高突。

（2）原因分析

①设计失误，施工单位未提出变更，或因纵坡有变更，雨水口位置未随之变更，把雨水口砌在高点。②雨水口安砌口圈未认真按雨水口所在的位置控制高程，或雨水口高程准确而路边高程失控，造成雨水口与路面间相互不协调的高差。③雨水口周围路面未按标准图要求的做法接顺。

（3）危害

①雨水口本身高突或雨水口上游路面高突，都起不到应有的排水作用，造成路边积水，侵蚀路面结构，积水下渗侵袭基层和土基。②雨水口过低，形成行车、走路"跳坑"，不利安全，且常经车载冲击，易损坏。

（4）防治措施

①施工者必须注意到雨水口的位置，不能设在路面的高点，应随着路面坡度的变更而变到最低点。②雨水口口圈的安放，都应以该雨水口所处位置的高程做依据，同时，雨水口上下游路面高程也应同步控制，不应有任何随意性。③雨水口周围路面，应按标准图和质量标准的要求，高于雨水口顶面 1cm ~ 2cm（2cm 较为合适），雨水口上下游接顺长度不小于 1m，侧面不小于 50cm。

（十二）雨水口井周及雨水口支管槽线下沉

（1）现象

①在不设路边平石（缘石）的路面上，当碾压路边时，雨水口上下游废槽处下沉，出现两个深浅不等的洼坑。②经雨季雨水口侧边废槽下沉。

（2）原因分析

①为了方便路面基层碾压，雨水口大多在路面基层成活后，才挖槽砌筑，因怕雨水口圈压坏，雨水口上面避免上碾，故雨水口废槽压不着，基层松散材料又不好夯实，当碾压面层时会发生雨水口废槽处（上下游）下沉。②即便雨水口废槽已夯实，但在碾压面层时，碾轮自雨水口上滚下时，是由刚性进入柔性，有个冲击力，也易砸坑。③雨水口侧边废槽一般比较窄，不好下夯，又未采取特殊夯实措施。④因雨水口深度受限，支管埋深较浅，为便于碾压常在基层成活后再挖槽安支管，回填土未认真夯实，基层松散材料用小型夯具又难以夯实。

（3）危害

①雨水口井周下沉，造成井周积水，影响进水效果。积水下渗侵袭路面结构和土基，降低路面强度。②支管槽线下沉，造成跳车，加剧槽线附近路面的损毁。③外观质量受到严重影响。

（4）治理方法：

①雨水口废槽宽度一般较窄，应每砌高 30cm 即将井墙外废槽用小型夯具分薄

层夯实。如路面基层属于松散材料，可在松散材料中掺拌少量水泥后予以夯实或用低标号混凝土填实。②也可在未安砌口圈前，将雨水口盖上木板，用碾子压实废槽回填的松散材料；如松散材料超厚，下层仍须用小型夯具夯实，否则不易压实，也会挤坏井墙。③雨水口支管槽线回填应分层细夯，如胸腔和下层夯实有困难，可用低标号混凝土填筑，表层松散材料仍须用压路机压实。④如果碾压面层材料时，雨水口上下游有少量下沉。应注意用沥青混合料进行找补与夯实。

（十三）路面与平石、路缘石衔接不顺

（1）现象

路缘石的偏沟处设平石（缘石）或设路缘石的路面，路面与平石或平路缘石之间出现相对高差，严重者达 2cm ~ 3cm。

（2）原因分析

①忽视对沥青混合料路面底层边缘部位高程和平整度的严格控制，高低不平，预留沥青混合料的厚度薄厚不一致，当按一致高度摊铺，经压实后必然出现有的比平石高，有的比平石低。②平石高程失控，铺筑沥青混合料面层时，不能依据平石高程找平，出现路面与平石的错台。③摊铺机所定层厚失控，发生忽薄忽厚的现象。④摊铺机过后，对于平石与路面之间的小偏差，未采取人工整平找补措施。

（3）危害

①油路面低于平石会造成路边积水。而且碾压时，碾轮易将平石边咬坏。②平石高程失控，易形成波浪，造成平石上积水。③影响路面横断面高程的合格率和外观质量。

（4）预防措施

①各层结构在路边的高程也应视同中线高程一样严格控制。②平石安砌高程在严格控制的基础上，对路面底层的高程和平整度偏差，应在铺油前予以找补压实，使平石下预留路面厚度趋于一致。③边缘部位摊铺高的基准线应以平石面作依据，如发现有偏离平石面的现象，应及时纠正。④对油路面与平石间小的偏差和毛茬，应有专人进行仔细修整，把毛病消灭在终碾前。

（十四）路面壅包、搓板

（1）现象

沥青混合料面层发生拥动，有的形成壅包，其高度小则 2cm ~ 3cm，大则 10cm 左右。有的形成波浪（波峰波谷较长，有的形成搓板（峰谷长度较短）。

（2）原因分析

①沥青混合料本身含油量过大。或因运油路程过远，油分沉淀，致使局部油量过大。或在底层上洒布的粘层油量过大，当气温升高时，粘层油泛至沥青混合料中

来。上述种种都是使沥青混合料中存有较多“自由沥青”，成为混合料中的润滑剂，便拥推成油包、波浪。②面层和基层局部结合不好，在气温较高时，经行车作用，产生顺行车方向或向弯道外侧推挤，造成壅包。③表面处治用层铺法施工，洒油不匀，沥青用量过大，或拌和法施工时，摊铺时细料集中，局部油量偏大。当路拱大或平整度差时，炎热季节沥青混料会向低处积聚，形成壅包。④处理泛油不当，养护矿料过细，撒布不均形成壅包。⑤沥青混合料级配欠合理，细料多，嵌挤能力低，高温稳定性差；或施工时摊铺不平，压路机未按操作规程碾压；或基层不平有波浪，铺筑面层不等厚等，均形成搓板。⑥土基不平整，或粉砂石灰土基层表面状况不良，如偏干、起皮，在铺筑路面通车后，均引起波浪（或搓板）。⑦基层水稳性不好，压实不足，强度不均匀，使路面发生变形产生波浪（搓板）。

（3）危害

①破坏了路面的平整度，降低了路面行车的舒适性、安全性。损伤车辆机件。②由于不平坦性，增加了车载的冲击力，更会加剧路面的破坏。

（4）治理方法

①沥青混合料进场要做外观检查，如有含油量过大的现象，则不应摊铺，对油分沉淀部分要清除。②对在旧路面上加铺沥青石屑，粘层油应控制在 0.5kg/m^2 左右，厚层沥青混合料也不应该超过 1kg/m^2。如属碎石灌入，应按规范规定的碎石不同厚度控制用油量。③沥青洒布车停车时和其他原因所形成的油堆油垅应清除。④沥青混合料应使用软化点不低于 45℃的石油沥青。⑤对于路面壅包采用如下处治方法：A. 属基层原因引起的，较严重的壅包，用挖补法先处理基层，然后再做面层。B. 由面层原因引起的较严重壅包，在气温较高时，可用加热罩（器）烘烤发软后铲除，而后找补平顺，夯实后用烙铁烙平。C. 轻微的壅包，已趋稳定，可在高温时直接铲平。⑥对路面波浪（搓板）的处理方法为：A. 如基层强度不足或稳定性差，应挖除面层作补强后，再补面层。B. 如面层和基层中间有夹层，应揭去面层，清除不稳定夹层，再将面层料掺加适当材料，炒拌后重铺面层。C. 小面积的面层（搓板）波浪，可在波谷内填补沥青混合料，找平处治。起伏较大者，铲除波峰部分进行重铺。⑦在停车站、红绿灯后、小半径弯道等停车启动行车变速的路段上，要选用热稳定性好的沥青混合料，如底面层选用中断级配，空隙大，颗粒间嵌锁能力强的沥青碎石（厂拌大料）；中面层选用粗集料的粗级配中粒式；表面层选用连续级配，石屑用量多的沥青石屑。

第二节　公路桥梁工程质量通病及防治

一、沉桩工程质量通病及防治

（一）锤击沉桩质量通病及防治

1. 常见问题和处理方法

沉桩施工中常见问题、原因和一般处理方法，参见表 4-1。

表 4-1　沉桩施工常见问题和处理方法

序	问题	原因	处理方法
1	桩贯入度突然减小	桩由软土进入硬土，桩遇石块	不要硬打，应查明原因，对症处理
2	桩贯入度突然加大，随着发生倾斜	桩身破断，接头断裂，桩尖劈裂	管桩用灌水法，铁钩、电钳、照明等方法探明，如探不明则应拔桩后处理
3	桩发生倾斜和位移	桩尖不对称，遇到障碍物，桩顶不平，桩接头错动	如为桩尖、接头，则拔出处理，如桩顶不平，则削平加固
4	桩不下沉，桩身颤动，锤回跳	桩尖遇障碍物，桩身弯曲	偏移桩位，加装铁靴，射水配合。桩身过长可加夹杠，桩身弯曲过大，需换桩
5	桩身涌起	软粘层中，先打入的桩随土的涌起而涌起	对涌起量过大的，作冲击试验，不合格的桩要求复打
6	桩顶破裂或桩身开裂	桩顶混凝土质量太差，桩顶面与桩轴线不垂直，未安桩顶帽或没有缓冲垫等	木桩可截桩顶重做。混凝土桩在法兰接触面处不牢，主筋与法兰、桩尖焊接不牢，吊点位置和码放支点不 正确等造成，则须分别预防 和纠正。特别是在施工前应预先采取有效措施，以防管桩的断裂

2. 断裂破损桩的加固处理

对于沉入后已经断裂破损的桩，较为严重的应拔出重打或另补新桩外，其他可根据具体情况，做如下修补加固处理：

河床以上部分，桩身露筋、混凝土脱落及裂纹较多的，可用薄钢板制成拼装式套筒，由潜水员安装于破损处桩的外围，套筒的长度应使套筒下端能放在河床上和视桩身破损部分的高度而定。将套筒内水抽干后灌筑混凝土或水抽不干时则可灌满水下混凝土。混凝土凝固后再拆除套筒。

在河床以下桩已断裂时，如仅管壁混凝土破损，而钢筋未变形时，可净混凝土灌筑至顶部。如钢筋已变形弯曲时，可用通桩器等工具，加置钢筋骨架后填充混凝土。通桩器应用直径大小不同的，由小至大逐步替换冲击，以扩大桩心通路。如锻筋弯曲均在上部，而桩的下端有足够锚固力时，可考虑用拔桩设备适当地将钢筋拉直，但应避免将桩的下段拨动，再进行填充加固处理。

加固处理后的基桩，应进行静载试验。经试验合格，方可使用，如不合格，则加打新桩。

（二）振动沉桩质量通病及防治

1. 桩身产生横向裂纹

振动沉桩由于振动时有上拔力，易使混凝土产生横向裂纹，桩的接头螺栓也容易震松。因此，施工中应合理选锤和控制振动时间，不可过长、过猛。

2. 桩机电机损坏

振动沉桩机上的电动机容易损坏，因此，施工中应注意合理使用，并且需有较熟练的电机修理技工，经常进行检修。

3. 桩下沉困难

当桩基土层含有大量卵石或碎石或破裂岩层时，如采用高压射水振动桩仍难下沉时，可将管桩锥形桩尖改为开口桩靴，并用振动吸泥下沉（桩内设吸泥机配合吸泥），注意要有足够的水压强度以破坏岩层（曾有例：水压达 4.5mPa，采用三部 1.5mPa 高压水泵串联使用）。

（三）静力压桩质量通病及防治

1. 桩尖走位和倾斜

插桩初压即遇有较大幅度的桩尖走位和倾斜，虽然采取强制固定措施，仍不见效时，说明桩尖下遇有障碍。须将桩拔出，清除障碍物后，回填土重新插桩。

2. 桩身倾斜或下沉突然加快

沉桩过程中，桩身倾斜或下沉速度突然加快时，多为接头失效或桩身破裂。处理方法同锤击沉桩，在原柱位附近补压新桩。如在压桩过程中因卷扬机不同步而引起的临时倾斜，可随时调整卷扬机速度予以纠正。

3. 压桩阻力突然增大

压桩过程中，当桩尖碰到夹砂层时，压桩阻力可能突然增大，甚至超过压桩能力，使压桩机上抬。此时可以最大的压桩力作用在桩顶后，采用停车"进一进"的方法，使桩缓慢穿过砂层。如果有少量桩确实不能沉达设计标高，如已接近，可以截除桩头，继续基础承台的施工。

4. 桩架倾斜

当压桩阻力超过压桩能力，或者由于平衡重来不及调整，而使压桩架发生较大倾斜时，应立即采取停压措施，以免造成断桩或倒架事故。

二、公路桥头及桥梁伸缩缝处的跳车

（一）产生原因

1. 桥头跳车

桥头跳车台阶的产生和形成是多方面的，包括地基地面条件、填料、施工材料以及设计、施工方面的诸多原因。

（1）桥台及台后填方地基的受力与沉降变形分析

我国地域辽阔，作为桥台及台后填方地基的地层岩性状况也千差万别，如基岩（岩浆岩、沉积岩、变质岩）地基、黄土地基、软土地基、冻土地基、盐渍土地基、膨胀土地基等等，除基岩（指次坚石以上的岩类）地基外，其他类型的地基一般情况在桥台及台后填方的作用下，均要发生不同程度的沉降或竖向固结变形，所以对地基必须进行加固处理设计，如采用扩大基础或桩基础等，以保证地基的稳定性。

桥台及台后填方的地基一般情况为同一性质或同一类型的地层，但从目前设计情况看，仅对桥台地基进行加固处理设计，而对台后填方路段下的地基一般不进行加固处理设计。桥台和台后填方是两个性质不同的结构体，虽然桥台作用在埤基上的压力大于台后填方，但由于桥台基础一般都进行了加固处理，所以它一般不发生竖向沉降变形。而台后填方的地基一般不进行加固，其竖向沉降变形都远大于桥台下的地基变形，由于地基的这种差异变形，反映到上部路面，就出现了桥台和台后填方段的差异沉降变形。

（2）台后填料受渗水侵蚀及变形分析

桥台一般由浆砌片石和钢筋混凝土砌筑，在桥台和台后填方之间或者锥坡部位，大气降水易沿路面或锥坡体（锥坡体的压实度较难达到要求）下渗，下渗水对桥台一般不产生破坏作用，但是对土类填料，易产生侵蚀和软化，特别对于填方体压实度不够，更易产生侵蚀和软化，降低强度，从而导致填方体变形。对砂砾石类填料，从填方横断面看一般填方体中部为砂砾石，两侧为土类，这种结构只利水的下渗，而不利水的横向排泄。对不加固的地基来讲，填方体中部压力大，向两侧边坡压力逐渐减小，从而使地基产生凹形沉降变形，当水 ^& 砂砾石下渗到地基后，下渗水不易快速排泄，从而软化地基，并加速地基的变形。

（3）台后填料压实分析

靠近桥台处填方体的压实度很难达到设计规范要求，这也是一直困扰设计和施工的难点。目前在设计上和施工中主要采用强夯、人工夯实、填筑砂料等方法和措施。对于轻型桥台，重型压路机靠近桥台进行压实，特别是振动压路机可能破坏桥台的结构；而对于“U”型桥台，重型压路机难以靠近，从而使靠近桥台部位的填方土体不易达到设计和压实度要求，造成桥台与台后填方差异沉降变形。

（4）桥头跳车台阶产生的主要原因

通过以上分析，可得出产生桥头跳车台阶的主要原因有：

①地基强度不同

桥涵、通道与路基大都是同年平行进行施工的，桥涵是刚性体，其地基强度一般都有较高的要求，并进行加固处理，沉降较小或不沉降（岩石地基）。而台后填方段地基未进行加固处理,从而使桥台和台后填方产生差异沉降变形,以致形成台阶。

②设计不周

设计人员有时对施工过程如何便于碾压考虑不周，对于填料的要求不严格，台背排水考虑欠佳。桥涵结构物两端的路堤，由于过水、跨线或通道的要求，一般填土都较高，低的3m左右，高的可达10m或更高，除了过水的桥涵两侧路堤往往受水浸淹，地基条件也较差，设计上对路基断面结构和边坡防护上有所考虑外，其他多数情况对高路堤设计上并无特别的要求，如压实度等指标均与一般路堤无异。但由于路堤较高，在填筑以后受到自重和行车荷载的作用，路堤填土必然要产生竖向变形值。

③台后填料不当

施工时对桥台台后的回填土未能慎重考虑，施工人员用料不当、控制不严，未能达到设计要求。但需特别指出，施工不良比材料不良更易造成构造物台后填料的下沉。

④台后压实不足

施工时工期工序安排不当，以致桥头填土处于工期末期，被迫赶工，不能很好地控制台背填土的压实度，致使填料压实度不满足设计和规范要求，使填方体产生竖向固结变形，形成较大的工后沉降，在台背与路基连接部造成沉陷形成台阶。

⑤地基浸水软化

软土地基、湿陷性黄土地基浸水等造成路基沉降。

⑥桥台伸缩缝的破损

据上分析，形成桥头台阶的原因是多方面的，结构的差异、设计的不周和施工控制的不严、综合因素的作用导致了差异沉降的发生和发展。

2．桥梁伸缩缝处跳车

桥梁伸缩缝处跳车台阶产生的主要原因是桥梁伸缩缝发生病害或损坏引起的。

（1）桥梁伸缩缝的作用

众所周知，在气温变化的影响下，桥梁梁体长度会发生变化，从而使梁端发生位移，为适应这种位移并保持行车平顺，就必须设置桥梁压缩装置。由此可见，桥梁伸缩缝的作用，在于调节由车辆荷载环境特征和桥梁建筑材料的物理性能所引起的上部结构之间的位移和上部结构之间的联结。桥梁伸缩缝装置是桥梁构造的一部分，如果设计不当、安装质量低劣、缺乏科学的和及时的养护，大部分桥梁会在桥梁伸缩缝处形成台阶，直接影响到桥梁的服务质量。

（2）桥梁伸缩缝的使用与发展

在橡胶伸缩缝出现以前，小位移桥梁一般采用锌铁皮伸缩缝，这种结构的装置在伸缩过程中会形成沟槽，使桥面失去平整，使用寿命缩短。大中位移的桥梁一般采用齿口钢板伸缩缝，车辆通过时受冲击振动大，缝体容易损坏，且不能防水，效果差。20 世纪 60 年代末期我国开始研制和试用橡胶伸缩缝产品，产品有空心板型，这种伸缩缝只能适应梁端位移量为 20mm ~ 60mm 的中小跨径桥梁，且容易发生胶条弹出现象而导致损坏。80 年代中末期我国开始生产使用板式橡胶伸缩装置，这种装置由氯丁橡胶和加劲钢板组合而成，是一种刚柔相结合的装置。其接缝平整，吸震性好，适应面加大，基本上能满足中小跨径桥梁的需要。90 年代，在板式橡胶伸缩装置的基础上生产了伸缩装置，其实质是橡胶板和钢梳齿组合成的伸缩装置，与板式橡胶缝装置相比合理性有所提高。

90 年代初，我国开始引进毛勒型钢伸缩缝装置，并进一步加以开发研究。到 90 年代中末期，开始大量生产和使用，此装置适用于所有大中桥梁的伸缩缝。毛勒型钢伸缩缝装置近几年来得到大范围推广使用，由于其结构形式和锚固形式大大改进，其合理性大大增强，普遍反映比其他类型装置先进、可靠。但发生病害损坏的现象却也不少。针对位移量小的中小跨径桥梁，近几年又引进了 TST 弹性与碎石填充型伸缩装置，虽大量推广，但仍存在一些问题。

（3）桥梁伸缩装置损坏原因分析

目前，工程上常常采用的伸缩装置有板式橡胶缝、BF 缝、毛勒型钢缝以及 TST 弹性体伸缩装置。

板式橡胶伸缩装置及 BF 缝装置是使用最多、最广泛的伸缩装置，但损坏也比较严重，这种损坏首先表现在过渡段的混凝土破坏，继而锚固系统破坏，最后整个伸缩装置破坏而无法使用。

对目前常用桥梁结构而言，伸缩装置的锚固系统很难准确地预埋在梁中，甚至不能预埋，大部分锚固在铺装层混凝土中。一般的桥梁铺装厚度为 8cm ~ 12cm，最厚也不超过 15cm。板式橡胶伸缩装置和 BF 缝装置锚固系统由于缝本身厚度的影响，锚固深度一般只有 5cm ~ 7cm，最多不过 10cm。伸缩装置一般设计要求过渡段混凝土采用 C28、C38 甚至更高的高标号混凝土，由于混凝土厚度太薄、体积太小，还加上预埋件的位置干扰，施工难度大，过渡段混凝土的锚固作用实际上大打折扣，预埋件的锚固质量也大受影响。桥面通常采用沥青，混凝土料铺装，往往伸缩装置安装在先，桥面铺装在后，沥青面层和过渡段混凝土之间很难铺平，加上刚柔相接，容易产生台阶。车辆通行振动产生冲击使伸缩装置锚固系统和过渡段混凝土受力瞬时加大，而由此产生的振动又是高频振动，在反复的车辆瞬时荷载作用下，伸缩装置锚固混凝土不能保持弹性而破坏，锚固装置在反复动载震动下产生变形并与混凝土剥离，最终全部破坏。

桥梁的设计施工质量也是影响伸缩装置的使用寿命的一个主要原因。从设计上看：设计工程师在伸缩缝设计过程中只注重计算桥梁的伸缩量，并以此进行选型，而往往对伸缩装置的性能了解不全面，忽视了产品的相应技术要求。从施工上看：伸缩装置安装是桥梁施工的最后几道工序之一，为了赶竣工通车，施工人员对这道细活难活易疏忽大意，施工马虎，不按安装程序及有关操作要求施工。另外，伸缩装置安装后混凝土没有达到强度就提前开放交通，致使过渡段的锚固混凝土产生早期损伤，从而导致伸缩缝营运环境下降。另外，伸缩装置的受力复杂，而与之密切相关起决定作用的锚固系统却不尽合理，锚固混凝土太薄，强度很难达到设计要求，极容易损坏。

（4）桥梁伸缩装置破损的原因

桥梁伸缩装置由于设置在梁端构造薄弱的部位，直接承受车辆荷载的反复作用，又多暴露于大自然中，受到各种自然因素的影响，因此，伸缩装置是易损坏、难修补的部位。伸缩装置产生破损的原因是多方面的，主要有：

①设计不周

设计时梁端部未能慎重考虑，在反复荷载作用下，梁端破损引起伸缩装置失灵。另外，有时变形量计算不恰当，采用了过大的伸缩间距，导致伸缩装置破损。

②伸缩装置自身问题

伸缩装置本身构造刚度不足，锚固的构件强度不足，在营运过程中产生不同程度的破坏。

③伸缩装置的后浇压填材料选择不当

对伸缩装置的后浇压填材料没有认真对待、精心选择，致使伸缩装置营运质量下降，产生不同程度的病害。

④施工不当

施工过程中，梁端伸缩缝间距没有按设计要求完成，人为地放大和缩小，定位角钢位置不正确，致使伸缩装置不能正常工作。这样会出现下列情况：由于缝距太小，橡胶伸缩缝因超限挤压凸起而产生跳车；由于缝距过大，荷载作用下的剪切力以及车辆行驶的惯性，会将松动的伸缩缝橡胶带出定位角钢，产生了另一类型的跳车。施工时伸缩装置的锚固钢筋焊接不够牢固，或产生遗漏预埋锚固钢筋的现象，给伸缩缝本身造成隐患；施工时伸缩装置安装的不好，桥面铺装后伸缩缝浇筑的不好，使用过程中，在反复荷载作用下致使伸缩缝损坏。

⑤连续缝设置不够完善

为了减少伸缩缝，现在大量采用连续梁或连续桥面。桥面连续就需设置连续缝，目前连续缝的设置不够完善，致使连续缝破损，而产生桥面跳车。桥面连续缝处，变形假缝的宽度和深度设置得不够规范，不够统一，这也不同程度地影响着连续缝的正常工作。

⑥养护不当

桥梁在营运过程中，后浇压填材料养护管理不善，桥面没有经常进行清扫，导致伸缩装置逐渐破损。

⑦桥面铺装的影响

接缝处桥面凹凸不平，桥面铺装层老化等均可引起伸缩装置破损。

⑧交通流量影响

桥梁在营运过程中，车流量大、车速快、载重车辆多，巨大的车轮冲击力造成板式伸缩缝、橡胶伸缩缝的某些伸缩装置的部件破损、脱落、松动，有的甚至引起桥面破坏，严重影响行车安全。

总之，形成桥梁伸缩缝处跳车的原因是多方面的，设计考虑不周、材料不足、营运条件恶劣、施工管理不善和养护不当等诸多原因都可导致桥梁伸缩装置不同程度的损坏。

（二）防治跳车的基本措施

根据目前我国公路修建中桥涵及桥涵两端路堤设计、施工的实际情况，以及桥梁伸缩装置设计选型和安装的具体情况，结合关于产生跳车原因的分析，跳车防治措施应该是综合的。

1. 桥头跳车防治措施

（1）地基加固处理

为消除桥台和台后填方段的差异沉降变形，需对地基进行加固，尤其是特殊地基，如软土地基、湿陷性黄土地基、河流相冲击洪积物地基等更需进行特殊处理。

台后填方段的地基压力，一般小于桥台的压力，其次台后填方的高度一般情况下沿纵向（远离桥台）不断降低，即压力不断减小，所以在进行地基加固处理时，首先应了解地基的地层岩性情况，并取样做土的含水量、密度和剪切试验，对特殊地层如黄土和膨胀土还需做湿陷性等试验，从而确定地基沉降变形特性（固结变形计算），其次分段计算填方自重压力，根据具体的地层情况设计地基加固方案，使台后填方路段的地基沉降变形与桥台地基沉降变形保持一致，对不同的地层采用不同方法和措施。

①软土地基

软土属高压缩、大变形地基，对该地基首先应采用插塑料板、袋装砂井等超载预压等方法进行排水固结，其次根据填方路堤的压力计算，采用喷粉桩、挤密桩等进行加固处理。

②河流相冲洪积物地基

该地层分布广、类型多、相变较大，地貌一般为河漫滩，或一、二级阶地，该地基无论地层岩性条件，还是固结变形情况都优于软土地基，但由于该地基岩性和固结情况变化较大，在地基加固设计前，应做地质勘察和土工实验，计算固结沉降量和填方压力，在此基础上进行地基渐变加固处理。

③黄土地基

黄土地基（除 Q_2 和 Q_1 老黄土外）主要特点是具有湿陷性。设计前应做地基土的湿陷性指标和压缩试验，在计算台后填方土体压力的基础上，采用同上的地基加固处理设计，但需注意防排水设计，防止地基产生湿陷。

（2）桥头设置过渡段

在路堤和桥涵结构物的连接段上，考虑结构的差异，设置一定长度的过渡段。根据具体情况和所采用的措施，过渡段可以分为两种，

①路面类型过渡

桥涵两端路堤的施工，在一定长度范围（该长度可以考虑与路堤高度成比例）内铺设过渡性路面，待路堤沉降基本完成以后改铺原设计的路面，这种措施对水泥混凝土路面比较适合。

②搭板过渡

设置搭板可以使在柔性结构路段产生的较大沉降通过搭板逐渐过渡至桥涵结构物上，车辆行驶就不致于产生跳跃。目前设计的搭板，长度从 3m ~ 8m 不等。搭板的使用，在一段时间内效果尚好，但是布路堤一侧搭板搁置在路面基层上或特制的枕梁上，基层或枕梁的沉陷可能在该处形成凹陷，还有导致搭板滑落的。鉴于此，施工时还需进行特别加固，在搭板的端部设置宽 0.4m、深达 1m 的水泥稳定砂砾大枕梁，这样使用效果很好。

此外，在路堤与桥涵接缝处设置排水槽，避免或减少对路基、路面材料的冲刷

和浸润，将会减少沉陷值和减弱冰冻的影响。

（3）台背填料的选择

设计及施工中，台背填料应在现场择优选用。采用粗颗粒材料填筑桥涵两端路堤，或者设置一定厚度的稳定土结构层。

用粗颗粒材料作为路基的填料不仅改善了压实性能，使其易达到要求的密实度，而且对北方地区特别有利于减缓冻融的危害。设置稳定土的改善层能够使路基、路面的整体刚度有所提高，从而减少沉陷。国外台后填方采用轻质填料，其目的也是减小填方容重，减轻填方土体对地基的压力，提高地基的承载力和抗变形的能力。

在挖方地段的台背回填部位，因场地特别窄小，应选用当地的石渣、砂砾等优质填料（在湿陷性黄土地区宜用水泥、白灰稳定土），填料的施工层厚度，以压实后小于 20cm 为宜。无论填方或挖方地段的台背填料，最好不要采用容易产生崩解的风化岩的碎屑，以免因填料风化崩解而产生下陷，这一点在土方调配时应予以重视。

在高填方的拱涵及涵洞与侧墙的相接部位，应尽量使用内摩擦角大的填料进行填筑，而且施工时应注意填料土压的平衡，不得发生偏压，以免造成工程事故。

（4）台背填方碾压方法

施工过程中尽可能扩大施工场地，以便充分发挥一般大型填方压实机械的使用，认真施工，给以充分压实。为了便利大型压实机械的使用，当受场地限制时，可采用横向碾压法，以能使压路机尽量靠近台背进行碾压。对于压路机不能靠近台背时，采用小型压路机配合人工夯实、碾压，最终压实度满足设计要求。

在涵洞的翼墙周围特别容易产生因压实不足而引起的沉陷，给养护工作带来麻烦，应注意压实。

扶壁式桥台在施工时很可能使用大型压实机械，这种情况下应与小型振动压路机配套使用，给以充分压实。

（5）设置完善排水设施

填方的排水措施对填方的稳定极为重要，特别是靠近构造物背后的填料，在施工中及施工后易积水下陷，因此，设计及施工时，应保证施工中的排水坡度，设置必要的地下排水设施。另外也可以在桥台与填方段结合处及过渡段的路面下设置垫层，防止路面下渗水进入填方体。对中间为砂砾石填料、两侧为土类填料的填方体与加固地基的连接处做 30m ~ 50m 纵向集水管和每 5m ~ 10m 的横向排水管，以排泄填方体与加固地基之间的下渗水。

（6）强化施工质量管理，提离桥涵两端路堤的施工质量

由于桥涵两端路堤所处的位置和特定条件使其有别于一般地段的路基质量要求，应采用相应的方法达到较高的质量。

桥涵端部路堤与桥涵是两种不同性质的结构物，都有各自的设计施工要求，为了使沉降差尽量小一些，应该将该处路堤的压实要求在现有基础上有所提高。除了路基顶部土层可提高至 98% 或更高外，整个路堤的压实度都应提高。

为了使桥台填方达到要求的密实度，必须完善施工工艺、方法和强化施工质量管理，比如压实土层厚可以适当减薄以及增加压实遍数。为适应桥涵端部路堤施工场地窄小，压实区域形状不规则而工期又紧迫的特点，应使用专用的小型压实机械。

（7）加强工程监理工作

监理应对台背填土施工的填料选择、压路机具的选择、填土厚度进行检查，分层验收，对排水情况应予以检查，严格执行工序验收制度。

为了防止形成桥涵端部路堤的沉降台阶，防止桥头跳车，除了对路堤的设计、施工予以改善以外，还要加强管理，提高路基碾压质量。

2．桥梁伸缩缝处跳车防治措施

（1）梁端特殊设计

梁端部要具有足够的刚度，以满足营运过程中反复荷载的作用。设计过程中要采用恰当的伸缩间距，以保证伸缩装置的正常营运使用。

（2）合理选用伸缩缝装置

选用伸缩缝装置最主要的是伸缩装置缝本身的刚度和质量。我们所理想的伸缩缝装置必须满足下列要求：

满足上部结构梁与梁之间和梁与台之间的位移；伸缩装置的锚固是牢固可靠、经久耐用的，能够抵抗机械磨损、碰撞；车辆行驶平稳、舒适；能防止雨水和垃圾渗入；安装方便、简单，易检查且便于养路工操作。

目前我国公路建设中采用的伸缩装置类型较多，常见的有板式橡胶缝、齿口钢板伸缩缝、西安 SD I–80 型伸缩缝、衡水 XF–80 仿毛勒伸缩缝、美国万宝伸缩缝、德国毛勒伸缩缝以及 TST 弹塑体与碎石填充型伸缩装置等。根据各种伸缩装置的使用状况及适应范围进行分析对比，选择采用最经济最合理的伸缩装置。

（3）伸缩装置的安装

①伸缩装置的锚固宽度

需要规范伸缩缝预埋钢筋在梁（板）端部和桥台的锚固宽度。考虑到施工工艺的协调，伸缩装置的锚固宽度按 50cm 进行设置为适宜，桥台上宜采用背墙的宽度

进行设置，这既方便了桥面板、现浇混凝土铺装层的施工，也使伸缩装置的稳定性得到了保障。

②伸缩装置的锚固钢筋

在预制梁（板）的端部和背墙内预埋伸缩装置锚固钢筋是在两种不同情况下进行的。一般设计给定的都是对称于桥宽中心，在梁（板）端部设置预埋钢筋，则钢筋在每片梁（板）内的预埋位置都会不一样，给施工增加了难度，因此锚固钢筋应以对称于每片梁（板）的中心进行设置，这点在设计中要充分考虑。

施工中要保证锚固钢筋的作用。仅在浇筑 8cm ~ 10cm 厚的桥面板混凝土时进行设置是不可取的，这实际上没有让伸缩装置的定位角钢牢固地与梁（板）和背墙混凝土联结成整体，形成不稳定隐患，需要施工中认真对待。

③伸缩装置的定位角钢

伸缩装置的定位角钢一定要依据安装时测定出的气温、计算伸缩缝的伸缩量来调整两块定位角钢之间的距离，并按桥面高度将定位角钢焊接到预埋钢筋上，这样严格控制了缝距。对于伸缩缝的间距，多持有宁小勿大的倾向，是万万要不得的。

定位角钢附近的混凝土，在施工中振捣比较困难，死角和钢筋密集的部位，应加强人工插捣。

（4）连续缝的设置

连续缝的宽度按桥的设计跨径和梁（板）的设计长度之差值进行设置，30m 组合 T 梁连续缝宽 6cm；各种板桥连续缝宽 4cm；弯道上的桥在盖梁上设置楔形块调整桥面曲线，楔形块部位的连续缝按两条缝进行设置，每条缝宽不宜小于 4cm，通常设计缝宽 2cm 偏小。

桥面连续缝外，变形假缝的宽度和深度必须规范、统一，缝的宽度和深度宜按 0.5cm × 2.5cm 的锯缝进行设置，这样方便施工。

（5）锚固区混凝土的浇筑

桥面行车道混凝土铺装应该同伸缩装置锚固区的混凝土同时进行浇筑，不允许在该部位及整个桥面上留有施工缝。

（6）加强伸缩缝的养护

伸缩装置在营运过程中必须加强养护，为伸缩装置创造良好的工作环境，使其正常工作。

（7）完善连续缝的设置

目前连续缝的设置不够完善，需从设计上进行改进。

①增设镀铲铁皮

连续缝处通常采用涂两层沥青，于中间铺设一层油毛毡（简称二油一毡）或涂两层乳化沥青，于中间铺设一层土工布（简称二油一布）。这样施工中就存在一些需要解决的问题：

在铺设桥面混凝土时，缝顶部位上的油毛毡、土工布容易下挠，甚至胀裂；混凝土在插捣中，油毡容易被戳破；混凝土会存在振捣不密实的问题。

为解决上述问题，需在二油一毡或二油一布底部增加设置一块宽度为 50cm 的镀锌铁皮。

②调整上部结构部分钢筋的设置

对预应力 T 梁封锚顶面部分钢筋需要适当调整，以不伸出顶面为原则。否则，伸露出的钢筋会妨碍连续缝上二油一毡或二油一布和镀锌铁皮的设置。

③二油一毡、二油一布的设置宽度

二油一毡、二油一布的设置宽度在设计中需要文字说明交待清楚，宽度宜控制在 50cm 左右。

④轻质包装材料不宜使用

连续缝内填塞轻质包装材料，主要是为了衬托油毛毡或土工布不下挠和不被胀裂（实际上难以达到预期的效果）。该材料种类繁多，且无桥梁专用的产品，施工中使用得很混乱，掩盖了梁（板）缝内的杂物，甚至是坚硬块件。由于接缝中增设了镀锌铁皮，优化了二油一毡或二油一布的使用效果，轻质包装材料可以不用。

（三）产生跳车台阶的补救措施

桥端头台阶已经产生，跳车现象随之发生，需要我们考虑的是，应该采取什么措施进行修复补救。

1. 桥头路车台阶的修复补救措施

当路面铺装以后产生沉降时，在桥涵构造物两端形成台阶，据调查所形成的台阶高度一般小于 20mm 时，对车速的影响不太严重，可以不予修复。当台阶高度逐步增大时对跳车的影响将大为加剧，应予修补。

（1）更换填料

个别桥台背部因场地狭小、赶工填筑，填料压实度不足，需对桥涵两端 10m 范围内的台背填料进行换填处理。采用抗水侵蚀性好的填料，如半刚性填料，砂石填料等，以改善填料的水稳性。

（2）采用半刚性基层

路基上部 0.5m ～ 0.8m 厚的路基土应用水泥或石灰稳定处理，也可采用二灰稳定碎石进行填筑，以期提高整体强度。

（3）加铺沥青混凝土

为使沉降后的路面与缓和路段端部衔接顺适，应对端部开挖处理，一般下挖

15mm ~ 20mm 为宜。错位沉降的修补可用热拌沥青混凝土加铺，以求增大与原路面的粘结能力，加铺层的强度也比较稳定。

无论采用何种措施，修补长度应视台阶高度、形状而异，一般为 10m ~ 15m 为宜，缓和段的坡度控制在 0.5% 以内。

2．桥梁伸缩缝的修复补救措施

桥梁在营运过程中，由于伸缩缝装置损坏至一定程度即会引起桥面跳车，因此对于损坏的伸缩缝装置应及时进行修复、更换，以免造成更大的损失。

（1）伸缩缝构件局部维修、更换

伸缩缝装置在损坏初期只是局部构件不能正常工作，虽对行车影响不大，但也应及时维修，更换个别已损坏的部件，以满足伸缩缝装置正常工作的要求。

（2）伸缩缝装置修复更换

伸缩缝装置破损已引起桥面跳车，局部维修更换个别部件已不可能时，即应更换伸缩缝装置。

根据我们对伸缩缝的要求，从当前可供使用的伸缩缝装置中科学地比较、选型，同时结合旧桥更换的特点，旧桥伸缩缝装置的类型、伸缩装置适用范围、以往的经验、使用的情况、伸缩缝装置损坏的程度以及施工条件能否阻车等多方面因素综合考虑，选出适合修复相称的伸缩缝装置进行修复更换。

对伸缩量小于 50mm 的大、中桥推荐使用 TST 弹塑体与碎石填充型伸缩装置或西安 SD I–80 型伸缩装置，对特大桥推荐使用德国毛勒缝装置（在能阻车的前提下）。

（3）修复更换伸缩缝装置的原则

修复更换伸缩缝装置应以经济合理为原则，即能利用的尽量利用，完全不能利用的彻底更换，以此达到我们修复更换的目的。

无论是桥头还是桥梁伸缩缝处跳车现象出现后都应及时采取补救措施，进行修复。保证公路畅通是我们的最终目的。

（四）桥头、桥梁伸缩缝处跳车台阶的修补标准

桥头、桥面跳车现象是世界各国公路都存在的问题。由于各种因素的影响和作用，公路在建成使用以后尚无法完全避免台阶的出现，因此必须加强定期维修养护。那么在台阶达到多大时修补是比较合适的呢？为此，必须确定一个标准。

1．桥头跳车台阶修补标准

国内外在研究高等级公路路堤沉降时，对软土地基上的公路提出容许工后沉降的标准，即指铺筑路面后至大修年限的容许剩余沉降值。对相邻人工构造物的路堤也提出了台阶标准，如重庆公路所提出 20 年的工后容许沉降值为 10cm ~ 20cm。显然，为了维持公路的良好使用质量，实际上，必定是在达到远小于上述数值的某一沉降值时就要进行多次的维修，因此，应该定出一个合适的维修标准。考虑到桥头台阶是间断非连续的，行车间隔距离又稍长的情况，以及修补的频率，尤其是维修费用问题，其标准亦在1cm以上。根据我们初步的测试分析，桥头台阶对车速的影响，一般在台阶高度为2cm时产生较为明显的突变。而当台阶高度达到4cm时车辆行驶明显减速，其减速幅度平均可达9km/h左右，对行车产生显著影响。因此，修补标准确定：在桥涵端部路堤的沉降台阶达到2cm ~ 4cm时即应进行修补养护。具体数量，对沥青路面可以考虑采用低限，对水泥混凝土路面可以略为放宽而采用高限数值。

2. 桥梁伸缩缝修补标准

桥梁伸缩缝装置的损坏导致桥面形成数个高低不一的台阶，此类台阶与桥头台阶还有差异。桥头台阶是单一的台阶，而桥面台阶在每一伸缩缝处是间距在20cm ~ 50cm的两个台阶，每座桥又有数条伸缩缝，因此桥面台阶的存在对行车速度的影响比桥头台阶影响更为显著。

由于诸多原因的存在，伸缩缝装置的损坏是难免的，桥面跳车现象也是客观存在的，那么，修复标准是什么呢？根据台阶对车速的影响，台阶达到2cm ~ 4cm时即应进行修补养护。对于桥梁来说，台阶达到1cm ~ 2cm时伸缩缝装置开始局部损坏，不能正常工作。台阶倘若达到2cm ~ 4cm时伸缩缝装置就基本全部损坏，不能工作。因此桥面跳车台阶修复标准确定：在桥面伸缩缝处桥面台阶达到1cm ~ 2cm，即伸缩缝装置开始局部损坏时即应进行修复。由此也可以看出伸缩缝装置的修复工作是经常性的、不间断的。这就需要我们加强日常维修养护工作，保证伸缩缝装置处于正常工作状态。

总之，桥头、桥梁伸缩缝处跳车台阶问题是个比较复杂的问题，牵连到设计、施工、养护各个方面，因而要解决这一问题也需要通过严密的设计、认真的施工才能解决或缓解这一病害。

三、桥面的质量通病及防治

（一）桥面水泥混凝土铺装层开裂

（1）现象

桥面防水层上的水泥混凝土铺装层，在通车后一至数月后，首先在车轮经常经过的板角产生裂缝，并很快发展为纵横交错裂缝，一至二年发生严重碎裂，以至脱落形成坑洼。

（2）危害

桥面水泥混凝土开裂，使水由裂缝浸入铺装层，甚至会浸入上部结构的梁板，当桥面及梁、板的钢筋受到裂缝侵入水作用而锈蚀；为碱骨料反应提供水源；铺装脱落出坑，造成车辆跳车，加速桥面的进一步破坏。

（3）原因分析

①桥面平整度不好或桥面伸缩缝附近不平整，使车辆行驶产生较大冲击。②桥面防水层，由于与主梁顶面和桥面水泥混凝土铺装层间连结不好，将铺装层与主梁分为两个独立体系，在车辆荷载作用下变形不一致，形成桥面铺装层与主梁顶面间的空隙；铺装层 10cm 厚，强度低，板角及桥缝处的应力集中形成板角裂缝。③主梁刚度小，变形大，加剧了裂缝发展的速度。

（4）治理方法

①设计变更

将桥面铺装水泥混凝层，按弹性地基上的水泥混凝土路面设计，双层配筋，并将铺装层由原 10cm 加厚至 18cm，如采用钢纤维混凝土，可减至 15cm 厚。将桥面铺装层改为沥青混凝土，可同时消除原水泥混凝土铺装的干缩及温度裂缝。但要解决好防水层与沥青混凝土磨耗层的连结。

②可采取下述施工措施，减轻或延缓开裂

变单层混凝土桥面铺装，为上层沥青混凝土，下层水泥混凝土的双层做法：下层水泥混凝土结构层厚 7cm，内设单层钢筋，且纵向分条，横向分块，每块尺寸 5.33m×6.10m，施工按水泥路面纵向分条施工，横向采用切缝。上层为 5cm 厚的沥青混凝土磨耗层。使用效果是出现局部裂缝，未发生破损。这是北京四环路健翔立交桥主桥桥面的施工经验，可供参考。

桥面防水层，由三油二布改为 GYL 涂膜防水新材料，即为改性阳离子乳化沥青胶乳涂膜防水新材料。GYL 涂膜防水材料是水乳性材料，施工工艺简单，对基层干燥程度要求低。是一种适于涂刷的质薄弹性好的材料，没有卷材防水材料的搭接问题。防水层采用加入橡胶沥青混合乳液防水剂的砂浆，且涂层薄而均匀，利于减少混凝土铺装层裂缝。在广渠门立交桥东转盘桥面，采用的水泥混凝土铺装层，由于使用 GYL 涂膜防水材料，和铺装层内加邦钢筋网的方法，使混凝土裂缝大大减少。

严把质量。确保桥面平整度和桥面伸缩缝与两侧桥面的平顺度，减少车辆冲击力。

（二）沥青混凝土铺装壅包

（1）现象

桥面沥青混凝土经过通车后一段时间，由于刹车或减速产生的水平力形成突起或波浪状的起伏。

（2）危害

使桥面的平整度变坏，车辆行驶舒畅性的恶化。

（3）原因分析

①沥青混凝土面层，由于局部与路面基层的粘结力削弱，造成结合不牢，或沥青混凝土的热稳定性差而形成的。②桥面板面铺筑沥青混凝土前潮湿或有水，桥面板（如钢梁时）变形大。

（4）预防措施

①严格控制沥青混合料的油石比和石料级配，确保其符合设计要求的马歇尔稳定度的流值。②做好桥面柔性防水层的施工，提高贴铺质量，并在铺筑沥青混凝土前，浇好粘层油，使其与桥面防水层牢固粘结。

（5）治理方法

①属于基层原因引起的壅包，可用挖补法先处量基层，然后再作面层。②由于面层沥青混凝土热稳性不好，或油石化不适，造成的壅包，可用挖补法修补，也可在高温季节，将壅包铲平。

（四）伸缩缝与两侧路面衔接不平顺

（1）现象

伸缩缝高于、或低于其两侧路面，超过 5mm，造成衔接不平顺现象或伸缩缝两侧不等高。

（2）危害

使车辆经过时发生跳车。

（3）原因分析

①钢板滑板伸缩缝上层钢板安装时标高不准，一般滑动端的钢板高于固定端钢板，造成高于或低于路面标高现象。②滑板伸缩缝的滑动板因车辆冲击产生变形或前缘上翘。③齿形钢板伸缩缝由于钢板与主筋相连焊缝脱裂，钢板变形或上翘。④伸缩缝的钢板连同角钢松脱，其所埋范围内的水泥混凝土桥面层破裂，造成了伸缩缝两侧出现凹坑，造成伸缩缝附近不平顺。

（4）预防措施

①伸缩缝下埋角钢要严格控制其符合设计标高；尽量缩小滑动伸缩缝滑动钢板的宽度，防止滑动钢板前缘的上翘。②加强上层钢板与其下主梁的连接，保证焊接处双侧焊以便增加焊缝长度。采用厚度在 30mm 以上的钢板，防止在车辆冲击下产生变形。③采用连续桥面新技术，减少桥面伸缩缝的个数，并采用新型大变形量防水伸缩缝，如 TS 伸缩缝（北京西厢工程桥梁采用），毛勒伸缩缝（京津塘高速路桥梁采用）。新型伸缩缝由工厂预制和组装的，可分段在现场连接安装。根据安装温度调整好安装尺寸，然后将调整好的伸缩缝吊装就位，再将伸缩缝的锚固筋，与桥面预留槽口内的预埋钢筋相焊接，采用高于桥面混凝土一级的钢纤维混凝土将伸缩

缝槽口浇注密实。④伸缩缝装置的安装采用后安装法。即铺路时，将伸缩缝装置位置按路面铺过去，碾压平整、密实。然后，按伸缩缝装置加混凝土保护带的宽度，将该部分路面结构切、挖去，再进行伸缩装置安装、焊接，浇注混凝土保护带，北京首都机场高速路的桥头伸缩缝，北京市西北三环路的立交桥梁的伸缩缝，均按后安装法安装的，使用效果表明，这种方法能够消除桥头跳车的现象。

第五章　建筑工程施工质量概况

建筑业作为我国国民经济五大产业部门的支柱产业之一，其工程的质量直接关系到国民经济发展和人民生命财产安全。建筑工程质量的优劣历来是人们十分关心的问题。早在20世纪50年代，我国就已提出工程建设“百年大计，质量第一”的基本方针，在这个方针的指导下，我国曾创出了一大批优质工程，取得了很大的成绩。进入20世纪90年代，我国国民经济持续快速增长，固定资产投资居高不下，建筑队伍疾速膨胀。然而，企业竞争日益激烈所引发的不正当竞争和行业整体素质，特别是一线操作层素质的偏低，使工程质量管理难以适应建筑事业的健康发展。重大工程事故时有发生，低劣的建筑工程质量不仅影响建筑工程的使用，还给国家和人民的生命财产造成重大损失，因此建筑行业急需加强工程质量管理，以适应我国经济发展的需要。而且我国已加入WTO，建筑市场的开发也愈益深入，在国内外激烈竞争状况下，建筑企业为了生存和发展，更需加快行业调整，改善经营机制，提高自身的产品品质，走出一条创造建筑精品工程的质量效益型道路。

第一节　建筑工程施工质量管理状况

一、建筑工程质量管理概述

（一）工程质量管理的基本概念

1. 工程质量

质量的概念可以分为广义和狭义两种。广义的定义是：质量是产品（劳务）或工作的优劣程度。狭义的质量则仅仅指产品（劳务）质量。国际标准ISO8402：2012对质量的定义：“反映实体满足明确和隐含需要的能力的特性总和。”质量的概念应包括三个方面的涵义：

（1）产品质量

即产品的使用价值，是指产品能够满足国家建设和人民需要所具备的自然属性，一般包括产品的适用性、可靠性、安全性、经济性和使用寿命等。建设产品质量（工程质量）的使用价值及其属性主要包括以下几项：

①适用性

产品为满足使用目的所具备的技术特性、外观特性以及适用范围。是指技术先进、布局合理、使用方便、功能适宜。

②可靠性

产品在规定的时间和使用条件下，达到和通过规定性能的能力；要坚固是指建筑应具有规定的强度、稳定性和抗震能力。耐久是指建筑能耐酸、耐碱、抗腐蚀，能达到规定的使用期限。

③经济性

产品从设计、制造到整个产品使用寿命周期的成本，是指工程造价合理、维修费少、施工周期短、使用费用低等，用来衡量产品的经济效果。

④安全性

产品在使用过程中对人、对环境的安全保证程度。

⑤先进、美观

先进是指技术先进、施工方便、工艺合理、功能适合；美观是指造型新颖、美观大方，与环境协调等。

对项目施工而言，产品质量是指施工质量，即项目施工结果符合设计文件规定和《建筑安装工程施工及验收规范》《建筑安装工程质量检验评定标准》的要求。

（2）工序质量

是指生产中人、机器、材料、方法和环境等因素综合起作用的施工过程的质量。在生产过程中自始至终在起作用的质量因素主要有以下几个方面：

①人

操作人员技术的熟练程度，对“质量第一”的认识，责任心以及生理状况等。

②机器设备

施工机械设备本身的精度，维修保养的好坏等。

③材料

材料的物理性能、化学性能和切削性能等。

④方法

施工工艺流程，操作规程，工装夹具的选用以及测试仪器的选用等。

⑤环境

温度、湿度、噪音、照明、色彩以及清洁卫生等。

工序质量就是上述质量因素好坏的综合反映。工序质量通常用工序能力指数来定量表示，工序能力指数是衡量工序能力对于技术满足程度的一种综合性指标。

（3）工作质量

是指企业为了达到工程（产品）质量标准所做的管理工作、组织工作和技术工作的效率和水平。它包括经营决策工作质量和现场执行工作质量。工作质量涉及企业所有部门的所有人员，体现在企业的一切生产经营活动之中，并通过经济效果、生产效率、工作效率和产品质量，集中地表现出来。

产品质量、工序质量和工作质量虽是不同的概念，但三者的联系非常紧密。产品质量是企业生产的最终成果，它取决于工序质量及工作质量。工作质量则是工序质量、产品质量和经济效率的保证和基础。提高产品质量，不能孤立地就产品质量抓产品质量，必须努力提高工作质量，以工作质量来保证和提高产品质量。

2. 质量管理

（1）质量管理是一个综合概念

我国《质量名词术语》对质量管理下的定义是：为保证和提高产品或工程质量进行的调查、计划、组织、协调、控制、检查、处理及信息反馈等各种活动的总称。国际标准 ISO8402 中对质量管理的定义是："确定质量方针、目标和职责并在质量体系中通过诸如质量策划、质量控制、质量保证和质量改进使其实施的全部管理职能的所有活动。"一个企业的质量管理应包括的内容是：制定质量标准；建立质量管理的组织系统；进行工序管理；质量问题的分析处理；制定质量保证目标等。

（2）质量管理的基本方法

常用的质量管理方法可分为三大类：用于寻找影响产品质量主要因素的方法，如排列图法、因果图法和统计调查分析法；用于找出数据分布状态，进行质量控制和预测的方法，如频数直方图法、控制图法；用于找出影响产品质量各种因素之间的内在联系和规律的方法，如相关图法在运用这些方法时，要注意根据对象的特点，结合实际情况，恰当地选择适用的方法灵活运用。还应指出，应用质量管理方法的性质，依靠管理技术或专业技术才能解决质量问题。

（3）建设单位（业主）的质量责任

业主的质量责任就是对建设实施全过程的质量控制。利用质量控制提高工程质量的意义：工程质量是建设产品使用价值的集中体现，工程质量越高，其使用价值也就越大。只有符合质量要求的工程，才能投入正常生产，才能取得投资收益。质量不合格，无疑等于人力、物力和财力的巨大浪费。因此，利用质量管理理论来控制工程质量具有重大的意义。

（4）建设企业要把质量管理教育当成企业管理的必要步骤来抓

企业的领导者要明确，对企业全体职工加强质量管理教育是保证和提高工程质量、工作质量的基础。培养质量管理人员是一种人力资源的开发，这对于企业来讲，用于这方面的投资是合算的。工程技术人员和专业管理人员也要认识到，了解和掌握质量管理知识是对专业技术的补充。尤其在科学技术日益发展的今天，搞技术工作和专业管理工作，单靠已有知识是不能适应国家现代化基础设施工程建设需要的，必须使自己不断了解和掌握新的科学知识和相应的管理技术。

（5）工程建设管理就是要使“百年大计，质量第一”的方针和全心全意为人民服务的思想结合在一起，把工程建设的全部工作都转到“质量第一”的轨道上来。

（6）全面质量管理的发展和延伸

一是致力于提高企业（单位）已有的各项经营活动的性能。目前大多数的建设企业实施的全面质量管理处在这个阶段；二是重视经营组织和运行过程的持续改进。目前国际上只有 10% 左右的大的建设公司进入这一步；三是不断“追求卓越”的全面质量管理，即对工作程序的优化管理。它是全面质量管理的成熟阶段。目前国际上达到成熟阶段的建设公司虽然不多，但却代表着全面质量管理的发展方向，这些企业（单位）通过国际标准 ISO9000 认证和全面执行国际通用合同条件（是指 FIDIC 合同条件，以下同），在国际建设市场中的占有率已超过 50%，并且在进一步改组，向产业化和集团化发展，以适应现代化、高科技项目的建设。

（二）质量保证与质量体系

1．质量保证

质量保证在国际标准 ISO8402 的定义是：“为了提供足够的信任表明实体能够满足质量要求，而在质量体系中实施并根据需要进行证实的全部有计划和有系统的活动。”在工程建设中质量保证是中标单位向用户保证其承建工程的质量能符合招标承包合同中的有关技术标准的规定并保证在规定期限内的正常使用。

2．质量体系

质量体系在国际标准 ISO8402 中的定义是：“为实施质量管理所需要的组织结构、程序、过程和资源。”质量体系又称质量保证网，是企业为了保证质量，运用业务系统的严格组织和科学制度，把企业各部门、各环节的质量管理职能组织起来而形成一个有明确任务、职责、权限，互相协调、互相促进的有机整体，使质量管理制度化、标准化，从而满足用户需要。

一个企业完整的质量体系只有一个。适宜的质量体系应能满足实现质量目标的需要，同时也是经济而有效的。质量体系应包括以下几方面的内容：

（1）明确的质量目标。（2）健全的各部门、各环节和各类人员的职责、权限以及协调制度。（3）完备的各项标准、工作程序。（4）适宜的工序能力，称职的操作人员，有效的质量检查机构和测试手段。（5）严格的考核和奖惩制度。

（6）有效的信息传递、处理和反馈系统。

全面质量管理中的质量体系是按程序运转的，运转的基本方式是 PDCA 循环。

PDCA 循环是一种科学的质量管理方法与工作程序。是由美国著名数理统计学家戴明根据管理工作的客观规律总结出来的。它通过计划（Plan）、实施（Do）、检查（Check）和处理（Action）四个阶段把经营与生产过程的质量管理有机地联系起来。

第一阶段是计划阶段（即 P 阶段）。这一阶段的主要内容是分析现状，找出存在的质量问题，找出其主要的原因和因素，并针对主要原因，拟订对策和措施，提出计划，预计效果。

第二阶段是实施阶段（即 D 阶段）。这阶段工作内容主要是按计划去实施、执行。

第三阶段是检查阶段（即 C 阶段）。这是对执行结果进行必要检查和测试的阶段。将执行的实际结果与预定目标对比，检查执行情况，找出存在的问题。

第四阶段是处理阶段（即 A 阶段）。对检查出来的各种问题进行处理，正确的加以肯定，总结成文，编制标准；提出不能解决的问题，移到下一循环作进一步研究。

质量管理活动的全部过程就是反复地按照 PDCA 的管理循环不停地、周而复始地运转。这个管理循环每运转一次，质量就提高一次，管理循环不停地运转，质量水平也就随之不断地提高建设企业建立质量体系是向招标单位提供质量保证的基础。企业没有完整的质量体系，建设项目的质量就无法保证。

（三）建设项目的质量工作

1. 具体工作

（1）建设项目的质量工作

可以分为两大部分，首先是做好工程设计，以确保结构安全和使用功能；其次是必须做好项目施工质量管理的基础工作，然后在此基础上建立一个建设项目完善的质量体系。

（2）工程施工质量管理的基础工作

①学习掌握施工及验收规范、规程；②推行施工作业的标准化；③严格试验、检验制度；④建立各个环节的质量管理责任制。

（3）建设项目的质量体系在施工阶段的重点

①施工准备阶段的质量管理

在施工准备阶段，应着重做好下述质量管理工作：按规定做好工程招标，签订招标承包合同；组织学习图纸，领会设计意图，确定质量标准；编制好施工组织设计；施工机械设备的检修，确保其能正常工作。

②施工过程中的质量管理

分两方面进行，一是检验承包单位质量保证和落实有关管理人员的技术责任制；二是完善直接操作人员的工序管理办法，防止不符合规定的专业操作人员上岗。

③工程质量的动态控制

任何质量体系，不可能一建立就达到尽善尽美的地步，它必然有一个逐步完善的过程，工程质量的动态控制就是为了实现这一过程而进行的。

进行质量动态管理，目前较有成效的做法是：质量体系的运行和经理责任制、经济责任制以及质量经营、技术进步、职工培训等工作结合进行。针对建设项目特点，实行动态管理，可以将质量信息按区域分点传递、反馈和按各项质量保证分口纵横传递相结合，通过信息传递卡，及时分级分片分类进行处理，加强预见、预防和预控性；同时严格按照工作质量标准和工程质量标准进行考核，真正体现以工作质量保证工序质量，以工序质量保证工程质量。

（4）质量预控与质量改进

质量预防与质量改进是建设项目全面质量管理的基本观点。预防为主要求质量管理不仅严格地去检验成品，更重要的是分析在施工全过程中可能出现质量问题的环节。对产品（工程）形成全过程进行严格的控制，在可能出现质量问题的环节采取分析预防措施，尽可能把质量问题消除在出现之前，以保证施工质量。质量改进是项目管理的长期和坚持不懈的目标，质量改进的基本目的在于提高建设“活动和过程的效益和效率”。

质量控制是强调严格把关和早期预防结合起来，变最后把关为层层设防，使质量管理工作从对质量的消极的事后检验转到积极事先预防。从管理生产质量问题的结果，发展到管理产生质量问题的因素上来。过去施工中开展的防治质量“通病”措施以及“三检制”（自检、互检、专业检）都是行之有效的预防事故手段和防止事故的重复再发生的措施。

2. 处理好质量、产量和成本三者的关系

（1）对于任何产品（工程）质量都有个衡量标准问题

标准通常是以数值表示的，达到标准要求的产品（工程）才能计算产量，才能算为合格品。凡不合格的工程都要进行返修甚至要推倒重建，不合格的产品和工程越多，其成本也一定越高。所以，成本的高低，或者叫作成本质量的好坏，是企业经营效果的综合反映。因此，我们搞项目管理、质量管理，必须讲求经济效果，切实重视成本质量。同时，也不能因为强调质量管理就无限度的提高标准，应当在一定的成本条件下，求得工程质量的越高越好，而不能不顾经济条件去要求“尽善尽美”。

（2）合乎标准的工程质量

现在我国质量管理部门已明确规定采用国际通用质量管理与质量保证系列标准（GB/T1900–ISO9000）作为质量检验的依据。国际通用合同条件（FIDIC）中对质量标准也做出明确规定，只有“合格品”与“不合格品”之分。

（四）质量管理学科的发展

1. 21 世纪质量管理科学的展望

质量管理科学的发展。美国著名质量管理专家朱兰指出：“21 世纪是生产率的世纪，下个世纪将是质量的世纪。”这意味着 21 世纪将是高质量（经营的高质量，产品和服务的高质量）的世纪，质量管理科学将有更蓬勃的发展。我们知道，全面质量管理阶段的突出特点就是强调全局观点、系统观点。现在已进入 21 世纪，不仅质量管理的规模扩大，更重要的是，质量将作为政治、经济、科技、文化、质量、自然环境等社会诸要素中的一个重要要素来发展。这意味着：（1）质量将受到政治、经济、科技、文化、自然环境的制约而同步发展。（2）质量系统将作为一个子系统而在更大的社会系统中发展。因此，在 21 世纪，质量管理将进入一个新的发展阶段，即第四阶段，称之为社会质量管理（Social Qualitymanagement，简称 SQM）阶段，再进一步，则将向全球质量管理（Global Qualitymanagement，简称 GQM）阶段发展。（3）落实质量管理措施。为了提高我国建设工程质量和开拓国际建设市场，广大工程建设者及建设企业（包括工程设计与施工、工程咨询与监理单位）应认真开展全面质量管理工作及落实我国政府颁发的《质量振兴纲要》的基础上做好贯彻执行国际标准（ISO9000 系列标准）工作，使我国建设工程质量跨上一个新台阶，并使其达到国际水平。

2. ISO9000 系列标准的构成

ISO9000 系列标准是提出的新概念，它是指由 ISO/TC176 技术委员会制定的所有国际标准。包括基础标准：ISO8402 及 ISO9000–1–ISO9000–4；核心标准：ISO9001–ISO9004 标准及其分标准；支持性标准：ISO10001–ISO10020 标准及其分标准。

《质量管理和质量保证 – 术语》定义了与质量概念有关的术语共 67 个，其中基本术语 13 个，如实体、产品、过程、程序等；与质量有关的术语 19 个，如质量、不合格等；与质量体系有关的术语 16 个，如质量方针、质量控制、质量保证、质量管理、质量体系等；与工具和技术有关的术语 19 个，如质量环、质量成本、质量审核等。

ISO9000 核心标准，即质量保证和质量管理标准。ISO9000 标准之所以成为核心，不仅是其本身功能集中反映了它的目标，而且如果没有这两类标准，基础标准及支持性标准将失去存在的价值。

ISO9000-1-1509000-4 提供了 ISO9000 系列标准的选择和使用指南。

ISO9001-ISO9003 标准是需方为让供方证实其质量保证能力时可供选择的三种质量保证模式。

ISO9004-1 是质量管理标准为供方建立内部质量管理提供标准模式。该标准全面阐述了产品寿命周期内所有环节和活动所涉及的质量体系要素，为供方选用适合其需要的质量体系要素提出具体的指南。

ISO10000 系列标准是对 ISO9000 系列标准中的某一专项标准的实施方法提供指南。

3．ISO9000 标准的深化

国际标准化组织（ISO）发行了 ISO9000 标准版取代实施了六年的 94 年版，2000 年版是在继承旧版的基础上发展起来的，既保留了旧版的精华，又增加了许多新的质量管理需要解决的问题，特别是考虑了所有利益相关各方的需要。如何协调好顾客、企业管理者、职工、分供方、协作方等各方的利益和需求，2000 年版较好的解决了这方面的问题。因此，认真分析 2000 年版与旧版的区别对应用和认证的企业具有现实意义。据有关专家分析对比后认为 2000 年版主要有以下特点：

强调了 ISO9001 与 ISO9004 的协调一致性，有利于企业的质量改进。

能适用于各种组织的管理运作。旧版标准以制造业为主要对象，因此标准的语言以制造业为语言对象，其他行业使用起来较为困难。2000 年版以适用一般性行业为对象，从思想和语言上均做了重大改进，既便于各行业的管理运作，也便于各行业对 ISO9000 标准的落实。同时，较好的解决了各行业对标准的需求和利益。因旧版以制造业为主要对象，从标准结构上不能满足其他行业的客观需求，也不能保证相应的行业特点和利益。

易于使用和理解。旧版的理论比较深奥，使用时相对烦琐。

（五）ISO 标准的发展（质量、环境与安全）

1．质量环境与安全管理体系的发展与联系

（1）环境与安全需要标准化

随着 GB/T19000-ISO9000 贯标认证的广泛开展，管理体系的概念已深入人心，然而按 GB/T19000-ISO9000 系列标准建立的质量管理体系无法涵盖工程管理的每个方面，如何处理现场环境管理、文明施工管理和安全管理等与质量管理的关系，对工程建设的系统管理时有困扰。

随着全面质量管理的发展和现代化科学技术的进步，国际标准化组织推进管理体系标准化的发展趋势和生产建设的特点，提出建立质量、环境、安全一体化综合管理体系的观点，而且开始了质量、环境与安全标准的制定与认证。

（2）ISO9000 系列标准的颁布和实施

打破了 ISO 以往单一制定技术标准的格局。ISO 不仅把标准化活动同国际贸易紧密地结合起来，引起产业界乃至政府对标准的重视，而且把系统管理的理论引进了标准化，提出了建立文件化管理体系和管理体系认证等一系列概念。这不仅是标准化发展史上的一个创举，而且在管理科学领域也引起了极大反响。

除已颁布的 ISO9000 和 ISO14000 系列标准外，ISO 还要制定和颁布一套职业安全与卫生管理体系标准（暂称为 13015000），该标准参照英国的职业安全与卫生管理体系标准 BBS98800，要求企业建立职业安全与卫生管理体系（OHSMS），改善生产条件，加强安全管理，保证职工健康和安全。

质量、环境和安全三种管理体系标准的产生，是为了适应世界经济市场一体化的格局，强调了企业组织生产的社会责任。质量管理体系（QMS）保证生产产品合格，使顾客满意；环境管理体系（EMS）保证在生产过程中节约资源，保护环境，使社会满意；职业安全和卫生管理体系（OHSMS）保证文明组织生产，加强安全保障，使员工满意。

（3）三种管理体系的对象不同，但目标一致

三种体系均作用于组织生产与建设的全过程，存在密不可分的内在联系。

（4）在指导思想上，三种管理体系都遵循相同的管理思想

①从注重技术解决发展到从组织上和管理职责上解决产品质量问题；②从注重终端控制发展到全过程控制；③要求制定管理方针，针对管理体系的总目标做出承诺；④要求建立并保持分层次的文件化体系；⑤强调记录和可追溯性；⑥强调“预防为主，不断改进的思想”；⑦要求采用适当的管理技术；⑧体系的实用性和有效性原则；⑨自愿性接受统一系列标准申请认证的原则。

在体系运行方式上，三种管理体系都按照：制定方针目标、计划、实施和运行、检查和纠正措施、审核及管理评价，即全面质量管理理论的模式（PDCA 循环）来实现管理体系的持续改进。

2. 工程建设管理与三种管理体系

（1）工程建设中的质量管理。工程建设的生产特点和质量管理现状使得 ISO9000 系列标准的作用在建设企业中得到更加突出的体现。ISO9000 系列标准被我国等同采用后，立即得到我国建设企业的积极响应。如今，越来越多的建设企业已通过 GB/T19000–ISO9000 系列标准认证，这是企业提高质量管理水平和保证工程质量的现实需要。（2）工程建设与环境管理体系。与 ISO9000 系列标准相比，建设企业对悄然兴起的 ISO14000 系列标准现象则表现出认识不足和热情不够。工程建设管

理中则应该认识到：①环境保护涉及每个建设项目。当今环境保护已成为全球的主题，环境保护不只是意味着控制污染，而与节约资源和可持续发展联系起来。因此，环境保护涉及所有行业，ISO14000 系列标准认证并不只是电子、化工、造纸等排污企业的事，可是面向所有企业和组织，特别是工程建设要重视，建设企业更要重视。②工程建设从开始施工到竣工面临越来越大的环境压力。随着公众环保意识的提高，建设企业也面临来自环保团体、业主、居民、社区和政府部门各方面的压力。建设"污染"已是人们关注的话题。事实上，目前在国际建设工程的招标投标中，标书已明确要求承包商的标书中包含环境保护的内容。③防止环境认证成为新的"绿色贸易壁垒"。早在 ISO14000 系列标准颁布之初，ISO 就宣布对这一新的认证标准只给予 2 ~ 3 年的缓冲期。缓冲期过后国际市场就可能会对未获认证企业和产品作出若干限制，发达国家就可能借此对第三世界国家构筑"绿色贸易壁垒"。那时，国内的建设企业要在国际市场上通行无阻，除要持有 ISO9000 的通行证外，可能还需要持有 ISO14000 的绿卡。④从事工程建设的企业同样可以享受 ISO14000 系列标准的成果。在当前形势下，按 ISO14000 系列标准建立 EMS，对建设企业同样具有重要的意义：树立"绿色企业"形象，扩大 CIS 成果，增加无形资产；帮助建设企业树立质量经营和可持续发展战略；促使企业节约资源，降低成本，增加效益；促进企业进行技术创新，加快科技进步；规范程序，强化管理，提高企业管理整体水平；为工程建设创造良好的外部社会环境是很重要的。⑤工程建设的系统管理中也应该研究和关注 ISO14000 系列标准，甚至考虑建立环境管理体系，这不只是解决现场文明施工问题，而且有可能给企业带来巨大的市场机会和"绿色效益"。（3）建设企业与职业安全管理体系。对于建设企业，安全管理与质量管理具有同等重要的地位，安全保证甚至是企业进入市场的一项强制性条件，安全管理的复杂性和系统性决不亚于质量管理，已有一些建设企业曾尝试按照质量管理模式建立企业安全管理体系。因此，OHSMS 标准一旦经 ISO 颁布，必将立即被多数国家的政府和企业所采用。各国的大型建设企业为了扩大国际建设市场占有率，会以更积极的态度接受 OHSMS 标准。

3. 建立一体化综合管理体系的必要性

质量、环境、安全是企业管理不可分割的三个方面，都有必要建立系统化、文件化和按照全面质量管理理论持续改进的 PDCA 循环模式运行的管理体系来支持。然而，这并不意味企业要分别建立多套独立的管理体系来平行运行。从 ISO9000 和 ISO14000 贯标认证的实践和管理体系标准的发展趋势看，建设企业建立一体化的管理体系是可行和必要的。

（1）一体化可避免工作重复和效率低下

按三套标准建立三套管理体系，意味着企业要设置三套组织机构，编制三套体系文件，势必造成职责和权限的交叉和混淆，使得工作重复，资源浪费，不利于文件的控制和管理。这样增大了企业管理系统的复杂性和无序性，降低了系统功能和管理效率。

（2）一体化是管理的系统原理的要求

企业存在三个平行的相互独立的管理体系，违背了管理的系统原理。根据系统原理的观点，为达到组织的管理效果最佳，其所有管理活动必须纳入一个整体考虑，这就意味着任何管理子系统都应该成为组织管理系统的一部分运作，从而达到节约管理资源，提高整体效益的目的。

（3）一体化反映了三种管理体系的内在联系

质量、环境、安全三种管理体系具有相同的管理学原理。三套管理体系同时作用于产品的生产过程，三者相辅相成，相互促进，密不可分。

（4）一体化也是管理体系协准的发展趋势

ISO 已认识到建立多种管理体系和实行多重认证会给企业和生产建设管理带来不必要的负担和横向管理与签订合同的困难，如果不是为了认证，完全可以把 ISO9000 和 ISO14000 系列标准结合起来实行，这样可以统一考虑质量管理和环境管理体系的一致性和完整性。所以有些学者提出制定综合管理标准体系（CMS）。目前，ISO 正积极为管理体系一体化创造条件。在 ISO9001：2000 新版的说明中也强调了与 K014000 的相融性。在今后将颁发的其他管理体系标准，ISO 也将使它们的结构、术语、技术和运作上都尽可能的接近，以形成一致使共有的结构方式来实现不同标准要求的要求，从而为各国企业最终实现管理体系一体化创造条件。

我国质量管理部门决定等同采用国际标准，即 GB/T19000–ISO9000。用国际标准和国内创造优质工程的经验以及总结国内外出现劣质工程的教训，使我们进一步认识到要完善我国建设工程质量管理办法必须有计划、有步骤的采用国际质量标准，应用国际通用的管理方法，如 FIDIC 合同条款，才能把我国建设项目管理做到纵向指挥有力，横向协调有序，把我国建设工程质量提高到一个新水平。

（六）推行全面质量管理

1. 建筑标准化和质量管理的关系

建筑标准化工作和质量管理有着密不可分的关系。标准化是质量管理的基础，质量管理是贯彻执行标准化的保证。要提高建筑产品质量，满足国家建设和人民生活的需要。使我们的施工能力和设计水平在国内外建设市场上具有竞争能力，首先就要保证工程质量稳定可靠，在各个方面都要有个标准尺度。用这个标准去衡量每个建设项目的工程质量，把住质量关。所谓标准，一方面是衡量工程质量及各项工作质量的尺度；另一方面，它又是进行设计与施工管理、技术管理、质量管理工作的依据。也就是将建筑产品生产过程的各个方面，包括技术要求、生产活动以及经营管理方法，都纳入规范，形成制度，根据这个标准去组织、指挥全体建设职工的行动，处处按标准要求办事。

推行全面质量管理必须以各种质量评定标准为依据，反过来各种标准的贯彻执行，又要以全面质量管理中的 PDCA 工作方法做保证。所以，推行标准化同全面质量管理有密切的关系。这一点在建设企业的实际工作中是十分明显的。但是，工程项目的质量管理仅依靠推行全面质量管理还不能满足标准化工作，还需要统一标准。根据国家有关规定建设项目也应实行 GB/T19000–ISO9000 系列标准。

（1）贯彻 GB/T19000–ISO9000 系列标准有利于提高专业化施工程度。比如钢筋工程、抹灰工程、混凝土工程、木作工程、油漆粉刷工程、砌筑工程、水暖工程、电气工程等等都可以成立专业化施工队。由于专业化程度的提高，有利于提高机械化程度，进而在企业（集团）中组建专业化分公司，进行工厂化加工。（2）贯彻 GB/T19000–ISO9000 系列标准后，建筑标准化可以大大的简化生产组织工作，有利于采用流水生产线和自动生产线等先进的生产组织形式，有利于日常性的工程管理工作，使更多的技术人员和管理人员把精力集中到抓施工准备、改善施工秩序、组织均衡施工、保证工程质量等工作上来。（3）实行建筑标准化，可以减少设计工作量，使设计人员能够集中力量和加强对建设项目质量体系的研究工作。同时，由于实行标准化，对于工程维修以及为社会服务等方面，也带来有利影响。

2．建立全面质量管理和 GB/T19000–ISO9000 标准认证推行机构

（1）建立与健全质量管理机构。全面质量管理和 GB/T19000–K09000 标准认证工作，是全面的、综合的、科学的系统管理，需要动员和组织企业各部门全体人员参加，并把职能部门有机地联系起来，形成一个运转灵活、效率高、协同工作的整体。因此，必须建立起相应的质量管理机构，以便推进全面质量管理和 GB/T19000–ISO9000 标准认证活动。

质量管理机构，应建立在企业各业务部门认真执行岗位责任制的基础上，由企业的主要领导直接负责，做到每个部门、每个人都有职、有权，各负其责，上下贯通，使整个企业的生产指挥系统步调一致，指挥灵活。明确以下几个原则，才能以全员工作质量保工程质量。

①质量管理活动本身是企业的业务工作，它不是企业管理的额外负担，各部门必须与本职工作紧密结合，把质量管理工作融汇到日常业务活动中去。②各部门的职能工作人员，要不断地提高和加强质量管理的自觉性，把“质量第一”的思想树立起来，学会运用《质量管理和质量保证系列标准》去布置、检查、总结工作。③推行全面质量管理和 GB/T19000–ISO9000 标准认证的组织形式，不强求一致，也

没有一个统一的模式。各施工企业，可根据自己的条件和可能进行设置。其设置原则应当是要有专职人员负责这项工作，在企业中是独立的综合职能部门，并同原有的质量检验部门合并办公。不论机构设置如何，前提是有利于组织、协调企业各部门质量体系运行的反馈与管理工作。

（2）质量管理机构的职责。这个部门的主要职责有以下几个方面

①综合管理方面

一是在建工程和已完工工程质量状况的调查、综合统计和分析；二是制定质量方针和质量目标计划，检查考核计划的执行情况；三是中标承包合同规定的有关确保工程质量的工作，如：参加会审设计图纸、制定施工组织设计和质量保证；四是组织和协调各部门的质量管理；五是配合政府和教育部门组织各种质量教育和培训 i 六是系统地搜集整理汇编和交流质量情报。

②技术指导方面

一要对企业所属各部门进行质量管理与业务方面的指导；二要定期或不定期地检验与核查材料、半成品和成品及分部、分项工程质量，检查质量检验工作；三要研究和应用全面质量管理和贯彻 GB/T19000–ISO9000 标准的方法和经验；四要开展质量管理方面的技术革新和试验研究工作。

③为用户服务方面

一是组织工程回访，进行已交工的工程项目使用效果的调查研究；二是组织开展对用户的技术服务工作；三是处理用户意见和有关工程质量的来信和来访事宜；四是配合工程监理单位和地区质量检查站（中心）的质量监管工作。

3. 开展质量管理小组（简称 QC 小组）活动

（1）开展质量管理小组活动的作用

一个现代化的建设企业，就一个承包工程项目而言，可能有几百人，有几十个专业工种，几十道工序同时施工。要想仅仅依靠专职质量管理机构和少数质量检查人员搞好质量管理工作是不可能的，一定要广泛发动群众参加质量管理。实行专业管理和群众管理相结合，使“专管成线，群管成网”，只有这样才能做好质量管理工作。国外推行全面质量管理的经验证明，开展群众性的质量管理小组活动，是一项十分有效的好形式。

质量管理小组就是在同一项目经理部或同一工程项目工作的人（一般不超过 10 人），自愿组成相互协作的质量管理组织。每个小组都可以针对自己工作范围（包括管理层与作业层）中的质量问题，进行调查研究、分析，提出具体措施，并加以改进。质量管理小组在生产第一线开展质量管理活动，对保证和提高工程质量，提高工作效率，节约资源，具有十分重要的意义。但是，现在特别应当强调的是管理层应围

绕工程项目的质量体系的运行开展质量管理小组活动。

（2）质量管理小组活动的特点

①广泛发动群众，依靠群众，走群众路线；②自愿结合，坚持不懈；③结合实际工作，选择课题，争取每个月或每季度的时间内，通过一、两次 PDCA 循环，解决一个重点问题；④质量管理小组活动要订出规划，纳入项目经理部的工作计划；⑤定期举行质量管理小组成果交流会，以利相互促进质量管理活动的开展。

（3）质量管理小组的活动步骤

开展质量管理小组活动，不但是推行全面质量管理的重要手段，也是加强施工队伍建设的好形式。认真做好组织发动工作，借助质量管理小组活动，来激发广大职工学文化、学技术的热情，对提高企业在建设市场的竞争能力有一定作用。对于开展质量管理小组活动积极并有成果者，要及时给予表扬和奖励。企业各级组织和质量管理部门、技术部门和教育部门，要大力协同，并在实际工作中注意总结交流经验，使质量管理小组的活动开展起来，迅速提高职工文化技术素质，对提高工作质量和保证工程质量将会取得良好效果。

4. 计划工作的质量管理

（1）做好计划管理的协调工作

在工程中标签订承包合同后，除对规划设计工作不可忽视外，要计划协调和其他辅助工作。如建筑材料的采购，建筑机械和设备配套，建筑构件、配件、配套物资的供应等，都是十分重要的。为了保证工程建设的质量，抓好计划和辅助过程的质量管理是迫切需要的。这个过程应包括：计划平衡，物资调度，机械配套，设备维修等方面工作。工程施工中的许多工程质量问题，都直接同这些部门的工作质量和产品质量有关。因此，在质量管理中，计划和辅助过程的工作质量是关系全局、影响工程质量结果的重要过程。

（2）计划管理协调工作的任务

计划管理和辅助过程质量管理的基本任务有两条：第一，要从本企业全面出发进行可行性研究，使计划工作建立在切实可行和有的放矢的基础上，防止和减少工程在施工过程中任意变更计划现象的发生；第二，计划协调除了计划部门之外，为工程施工过程服务的业务和生产部门，必须为施工服务，注意本身工作质量，要保证不合格的产品（材料、构件、配件、设备等）不供给施工工程，树立“一切为用户服务”和“下道工序就是用户”的质量管理思想。计划协调和辅助过程的工作质量应抓好综合平衡和均衡施工。

5. 搞好计划协调，确保质量进度

（1）搞好计划平衡，统筹工程施工

为了确保施工过程完全符合招标承包合同规定的内容与工程质量标准，必须抓好计划协调工作，以确保质量进度和均衡施工的实现。工程施工计划协调工作，就是通过计划的制订、组织执行和检查分析，把整个工程施工各方面的工作按系统工程学组织起来，充分挖掘利用本企业各方面的潜力，搞好综合平衡，使工程施工全过程的各项经营活动都在统一的协调指挥下向前发展，以保证全面地完成工程承包合同规定的各项任务，力争达到合同预定的经济效果。

①在工程施工过程中，施工企业和有关单位（包括规划设计，物资供应，建材生产，建筑机械制造，工程监理，以及勘察测量等）的生产计划必须相衔接

工程建设过程中的有关企业都是整个工程建设的有机组成部分。因此，在工程施工的全过程中，按建设市场的要求和承包合同规定条款，结合本身的生产条件，合理、全面地编制企业的计划，防止“各自为政”的现象发生。只有使各单位的计划与建设项目承包合同规定内容相衔接，都如期实现，才能保证整个建设项目计划的如期完成。承包单位必须都明确自己同整个建设项目的质量体系的依存关系，才能保证建设项目的整体质量。

②搞好综合平衡，保持各个方面、各个环节之间的协调

在整个工程施工中包括多方面和多环节，这些方面和环节之间又存在着不可分割的相互联系，相互制约关系。这些关系，在一定的组织技术条件下，在数量、质量、时间、速度等方面都存在一定的比例关系和客观规律。在工程施工过程中，只有遵循这些比例关系和规律性，才能保持各方面和各环节之间的平衡。这里所说的比例，除了要保持各方面、各环节之间相应平衡以外，还要最大限度地满足所承包建设项目的需要，使各个企业之间在保持平衡的前提下，互为促进和推动。比如，建筑材料的平衡供应要与建设市场的运行相协调，只有这样，才能在计划协调工作上充分发挥市场经济的优越性。

③充分挖掘和利用工程建设系统的潜力

工程建设系统中每个企业的生产（施工）潜力都是客观存在的。计划协调工作的任务，是把这种客观存在的生产潜力通过建设市场竞争变为现实的生产能力，以便建设更多更好的工程项目，满足国民经济和人民生活的迫切需要。

（2）加强建材市场调查，保证优质物资供应

①建设项目确定招标承包合同签订之后，物资是重要的保证

加强建筑材料的调查工作，保证工程施工物资供应，是确保工程建设顺利进行的重要环节。“巧媳妇难做无米之炊”“没有好铁炼不出优质钢”。施工企业拿不到或者不能及时拿到足够数量的优质建筑材料以及各种构配件和设备，就不可能按中标后的承包合同有计划的组织正常施工。因此，也就谈不上“优质、高效、低成本”

地完成工程施工任务。

②保证工程施工的物资供应是一项比较复杂的工作

建筑安装工程需用的材料不同于一般工业产品需用的原材料，它具有一定的特点。首先是品种多、重量大；其次是用量大，有的大宗材料常以万吨计量，而且体积松散；三是资金占用量大；四是质量要求高，建设工程是“百年大计、质量第一”，工程质量在很大程度上取决于材料质量；五是建筑材料生产的季节性和施工需要的时间性必须相互协调；六是工程需要的设备，几乎涉及各生产部门，有的需由国外引进。建设市场的发展与建材市场的供应能力从宏观调控上的平衡与工程施工需要有时不是一致的，工程承包合同签订后，搞好建材市场信息管理及品质（质量）管理，保证施工物资供应，不仅是一项十分复杂而艰巨的任务，而且是能否保证工程项目在保质的前提下按承包合同建成投产的关键。

二、项目经理质量管理责任制

（一）有明确的质量目标和质量体系

保证建设产品达到国家技术规范确定的质量标准和使用功能，是质量管理和质量保证的中心目标。中标单位应根据自己拟定的投标承包任务，并向招标单位提出协作要求，以确保工程项目的总目标。具体目标应包括工程质量目标、工期目标、成本（价格）目标。项目经理对如何建成整体工程也应有一个明确目标，以保证建设项目质量目标得以实现。

项目经理在制定每个承包项目工程质量目标和质量体系时，应当做到“三个坚持”与“三个易于”，文字要简练，内容要全面。“三个坚持”：一是坚持要符合国家技术标准，大中型建设项目应坚持采用 GB/T19000-ISO9000 系列标准；二是要坚持与本公司（单位）的质量体系同步运作；三是要坚持落实投标时向建设单位（业主）提出的质量保证条件。“三个易于”：一是易于操作，班组能够执行；二是易于建设单位（业主）的检查监督；三是易于工程监理人员的控制，以确保质量目标的实现和系统管理的有效运行。

（二）建立专职质量管理部门及质量责任制

1．项目经理部专职质量管理部门的任务

（1）提高质量管理活动的计划性，把项目经理部的全部工作计划纳入质量管理的轨道。（2）组织、协调、综合、统计等部门的质量保证活动。（3）检查、监督及督促各部门的质量管理职能的落实。（4）组织形成和健全质量反馈系统，保证给指挥系统反馈信息。（5）研究和制定保证质量和提高质量体系的效率和效能。（6）开展全员培训，负责质量教育，组织群众性的质量活动（开展质量管理小组活动）。（7）掌握和分析质量体系运行动态，组织新的协调和平衡，不断完善项目经理部的质量体系。

2．建立项目经理部专职质量管理部门的原则

（1）建立由项目经理直接领导和指挥的专职质量管理部门。（2）建立项目经理部各职能部门与企业各有关职能机构共同质量管理制度。（3）建立项目经理部内各职能部门与专职质量管理部门的横向协作网络和制度。（4）建立项目经理部的专职质量管理机构必须“精兵简政”，保证工作效率和工作质量。（5）建立项目经理部的专职质量管理机构与建设项目法人驻工地代表和工程监理机构的相互配合协作与检查验收制度。

3．建立质量责任制

（1）建立和健全保证工程质量的各项管理制度，使项目经理部各业务部门，各道环节从上到下都担负起质量管理的职能。（2）建立项目经理部全体人员（包括项目经理及技术经济工作人员和操作者）的质量岗位责任制，用提高工作质量保证工程质量。（3）推进质量标准化，保证各项质量管理基础工作的巩固与发展。（4）建立与健全奖惩制度，重奖优质工程，严肃处理违章作业和劣质产品，清除质量“通病”。（5）建立项目经理部的自检、交接检查及专职检查制度的实施细则，及时分析工程质量存在的问题和改进质量工作的措施。（6）建立追查质量事故制度，对事故原因一追到底，对事故责任者进行教育和处理，及时提出预防措施，（7）建立严格的分部分项及单位工程交工回访制度，做好工程保修工作，搞好信息反馈。（8）制定接受地区质量监督机构及监理工程师的检查和监督工作条例，保证质量检验证书的可靠性和完整性。

（三）项目经理部对施工图设计深度的基本要求

1．项目经理部对收到的施工图设计深度的基本要求

施工图设计是根据批准的(扩大)初步设计的内容和要求,对建设项目所有的主、辅厂房建筑，附属设施及主要关键部位的土木建筑及设备安装工程绘出正确、完整的尽可能详细的施工图纸,对其深度要求:（1)能保证设备、材料采购、运输的需要。（2）能保证各种非标准设备、工具加工制作，采购和运输。（3）能正确计算建筑安装工程量和材料用量。（4）施工预算的编制。（5）建筑安装工程的施工组织设计（措施）的编制。（6）便于选用合理施工工艺，保证工程质量和安全作业。（7）建筑安装工程的实施操作。（8）能确保施工作业的环境标准。

2．对施工图审查内容的基本要求

建设项目是根据工程设计来实施的，施工图纸是施工的依据。施工图应能便于施工人员了解图纸的内容、要求和特点，以及是否符合现场实际条件，解决工程设

计与实际、建筑与安装及各工程之间的矛盾，以便正确无误地进行施工，是项目经理对施工图审核上的基本要求。在施工图符合要求的前提下，项目经理应做好下列四项工作：

（1）学习

项目经理部及专业队的技术人员在施工前必须认真熟悉和掌握施工图，了解设计要求施工达到的技术标准，明确工艺流程设计建设规模等。

（2）初审

由项目经理组织有关施工人员，对工程图纸的审查，在熟悉和掌握图纸的基础上核对工程图纸的详细情节。

（3）专业会审

施工图纸的会审是由承包单位（企业）的技术负责人负责。在承包单位技术负责人向项目经理进行技术交底的基础上，项目经理组织土建与水、暖、电及设备安装等专业共同会审并核对图纸，消除差错，协商施工交叉作业等事宜。

（4）综合会审

土建人员与其他专业在内部专业会审基础上与建设单位、设计单位及工程监理单位等共同审核图纸、解决图纸中存在的问题，研究各专业之间配合和有关施工工艺。

3. 熟悉图纸的方法

（1）先粗后细

就是先看平面、立面、剖面，再看细部结构与交叉作业工序。

（2）先小后大

就是先看小样，后看大样，做到由浅到深。

（3）先建筑后结构

一般先看建筑图，后看结构图。要核对建筑图和结构图的轴线位置是否相符，有无矛盾。

（4）先一般后特殊

先看一般的部位和要求，再看特殊的部位和要求。

（5）图纸和说明结合

图纸要和设计总说明及图中的细部说明结合起来看，注意图纸和说明有无矛盾，规定是否明确，要求是否可行。

（6）土建工程和设备安装结合

看土建图要参看安装图，目的是对照土建工程和设备安装图纸有无矛盾，有时安装图上有的，土建图上没有，如土建施工人员不去看安装图，往往造成遗漏。另外，预埋件，预留洞的位置、尺寸要核对清楚，明确安装对土建有哪些要求后才能施工。

如发现有矛盾，应及时解决。核对无误后才能施工，如发现有矛盾应及时提出，否则会造成错误。

（7）看图要和实际情况相结合

在熟悉图纸的同时，要考虑施工条件采用拟选择的施工工艺能否满足设计图规定的要求；设计图和现场情况是否吻合等。

4. 审查图纸要点

（1）研究各单位审查中提出的问题，检查图纸及说明是否齐全，是否清楚明确。（2）审查建筑、结构、水、暖、电、卫、地下管道及设备安装等图纸是否相符，内部结构与工艺管线、工艺设备有无矛盾。（3）审查设计计算假定和采用的处理方法是否符合实际情况，施工时工程结构是否有足够的稳定性，对安全施工有无影响。（4）建筑与地下工程、地下管线之间有无矛盾，地基处理和基础设计有无问题。（5）设计中要求采用的新技术、新工艺、新材料、新结构和技术复杂的特殊工程，在施工工艺上实现的可能性和必要性，与施工操作规程是否符合等。（6）审查设计变更资料，均需有文字记录，并纳入工程档案，作为施工及竣工结算的依据。重要的施工图变更应按照竣工图的有关规定进行修订后方能存档。

（四）项目经理与施工方案制定和技术交底制度

1. 施工方案制定

在工程承包合同签订后，中标单位最好能在设计阶段参与制定施工图设计的方案讨论。这样，施工单位可提前了解设计意图，反馈施工信息，使设计能适应施工过程的技术、设备和物资供应条件，确保设计和工程质量，避免设计返工或不必要的修正。这样，施工单位可根据设计图纸作施工准备，制定施工方案，提前确定项目经理和组成项目经理部，对有关人员进行技术交底。因此，有些建设项目的招标应当在初步设计完成后，在进行施工图设计前进行，或者采取国际通用 FIDIC“桔皮书”规定的工程承包方式，这样对确保工程质量和质量进度至关重要。

2. 技术交底

技术交底是参与施工的人员在施工前了解设计和施工的技术要求，以便科学地组织施工，按合理的工序、工艺进行作业的重要制度。在单位工程、分部工程、分项工程正式施工前，项目经理部的技术负责人必须认真做好技术交底工作。

技术交底的内容根据不同层次有所不同，主要包括施工图纸、施工组织设计、施工工艺、技术安全措施、规范要求、操作规程、质量标准要求等。对于重点工程、特殊工程、采用新结构、新工艺、新材料、新技术的特殊要求，更需详细地交代清楚。技术交底分工和主要内容，应根据工程项目的简繁程度来划分阶段和层次。技术交底工作必须有工程监理单位人员参加，并听取监理人员意见。单位工程（分项工程）

技术交底后，一般应填写施工技术交底记录，其格式可与业主及工程监理人员共同商定。

（五）项目经理部的工程质量检查制度和方法

项目经理部的“四检制”是确保工程质量的最基础工作，也是当前工程质量管理最薄弱的环节。要搞好“四检制”，项目经理必须根据每个工程项目的具体情况，按工种、工序制定实施细则，并在技术交底时纳入交底文件中，由专人组织实施。

1．自检制度

即班组及操作者的自我把关，保证向下道工序交付合格产品（工程）的制度。自检必须建立在认真进行技术交底，班组充分了解本工种工序的操作规程和技术要领上。技术交底资料要完整，并真正发动群众和依靠群众，班组要有一套完整的管理办法，包括建立质量管理小组实行持证上岗和严格的质量控制。

2．互检制度

即操作者之间互相进行质量检查。其形式有班组互检，上下道工序的互检，同工序互检等。互检工作开展的好坏是班组管理水平的重要标志，也是操作质量能否持续提高的关键。互检制度可在一个工程项目内，或扩大到单位工程之间的互检。

3．交接检查制度

指前后工序或作业班之间进行的交接检查，一般应由工长或施工队长组织进行。这就是要求操作者和作业班树立整体观念和为下道工序（或作业班）服务的思想，既要保证本工序（或本班）的操作的质量，又要为下道工序（或作业班）创造条件，而下道工序（或作业班）亦复如此，形成环环相扣，班班把关的局面。在实行单位工程承包的项目，项目经理必须坚持交接检查制，并做详细记录，以便明确质量责任。

4．分部、分项工程检查制度

由签订招标承包合同的企业的质量检查部门和有关职能部门负责进行，对每个分部、分项工程的测量定位、放线、翻样、施工质量以及所用的材料、半成品、成品的加工质量，进行逐项的检验，及时纠正偏差，解决问题。项目经理部的有关人员要做好检验的原始记录。

要实现“四检制”必须建立严格的技术工作（包括选择的施工工艺和操作规程以及工艺流程等）复核制。技术工作复核制度是指项目经理部在各个分部（分项）工程施工前，组织有关部门对各项技术工作进行严格的复核，发现问题，及时纠正。保证技术措施的合理准确，消除技术指导和施工图上可能出现的问题。

第二节　建筑工程施工质量监督及其完善

一、建筑工程的质量监督状况

（一）工程质量监督机构的主要职能

1．工程质量宏观管理职能

一是协助建设行政主管部门做好对参与工程建设各方主体的质量保证能力和质量行为的控制管理。如受托进行资质审查以及监督各方质保体系的运转情况；二是宏观质量统计、分析及参与质量政策制订；三是对辖区内的建材检测业务。无损检测业务的管理职能或者说督察职能；四是事故调查鉴定职能。即一旦发生工程质量事故，监督机构应参与事故原因调查；进行事故等级鉴定；向建设行政主管部门提出事故处理的意见；做出工程返工或整改处理的意见、经济处罚标准，并对整改结果进行验收。

2．工程实体质量的监督评价职能

对工程实体质量监督包括对受监工程在施工过程中的质量状况进行现场检测检查，对材料及建筑工程用品、设备质量检查，隐蔽工程检查和工程质保资料的同步检查等等。最后，对工程的质量状况作出全面的评价。当然，新条例提出监督站在工程竣工后要撰写的监督报告，不仅要对工程实体的质量作出全面科学的评价，而且要对各方主体的质量行为作出评价。其目的在于消除目前质量等级评定中存在的弊端，提高监督的科学性和权威性，提高工程质量监督管理的效力。因此，加强对工程质量监督评价方法的研究也应是专职工程质量监督机构的一项重要基础工作。

3．工程质量技术服务职能

（1）危旧房屋、超期服役的设备装置的质量状况（包括安全性、可靠性）鉴定职能；以及对其进行改造、大修的可行性论证（从保证质量和安全的角度讲）。以便充分发挥工程质量监督站在工程质量检测技术和对工程质量整体状况进行评价判断所具有的独特能力方面的优势。（2）建材和无损检测服务职能。这是各个监督站从开始成立以来就有的重要职能之。（3）建筑工程用品（如钢、铝合金门窗；水暖管阀件；导线、开关插座及电器元件等等）的质量检测鉴定及认证职能（重点是本企业服务公司和小型乡镇企业的产品）。这些产品的质量虽然有各地的产品质量检验所把关，但从实际情况来看，产品质量形势不容乐观。在工程现场加强对工程用品的监督抽查检验很有必要。（4）预制构件和预制产品（如各种楼板、砼电杆，防腐管线）的质量检测及相应生产企业的认证管理职能。对这方面的管理也是建设行政主管部门宏观质量控制的重要职责之一，但作为建设行政主管部门，虽然有这个职责，但缺乏手段和人员，而专业工程质量监督机构正好具有这个能力，并且由于它事实上所处的类似于中介机构地位的性质，使其成为这项职能的最佳“人选”。（5）组织工程施工及验收规范、工程质量标准及质量管理培训学习职能，以及新标准宣贯职能。工程质量监督站作为专门从事工程质量监督管理的机构，从事这方面的工作具有独特的优势。（6）承担起设备监造职能。从最近几年工程质量的整体情况特别是从工业建设项目来看，设备质量状况是制约工程质量整体水平提高的一个重要因素。工程质量监督工作向设备监造方向延伸是工程质量管理工作发展的必然趋势。

（二）工程质量监督与监理

1. 工程监理与施工管理的异同

（1）工程监理的基本模式。我国工程监理是一种纵横交叉的形式，它包含政府的监督检查（纵向监理）与社会监理（横向监理）。施工管理是按工程设计对工程项目实施的组织与管理。（2）工程监理的服务对象是为聘用的“业主”。施工管理的服务对象除聘用的“业主”外，还包括勘察设计单位。（3）工程监理的服务范围，可包括建设项目勘察设计工作监理。施工管理只限于建设项目实施阶段的管理。（4）工程监理与施工管理是矛盾与合作的关系。矛盾是各自的企业利益不同，工作内容不同，工作方法不同。合作是必须的，双方都要为建设项目的目标共同努力，均需按国家的法规及相应的技术标准和规程进行工作。

2. 工程质量监督与建设监理的关系

工程质量监督和建设监理都是我国为确保工程建设的质量、提高工程建设水平而先后推行的制度。但是由于人们对这两种制度的实施（作用）存在某些不同的看法，在具体操作上存在角色不到位或职责不明晰的问题，常常使人们对两者产生一些模糊不清的认识。

（1）存在的问题及模糊认识。

①认为工程质量监督和建设监理都对工程质量直接进行管理，质量验收、质量监督和建设监理都是工程建设的直接参与方，而且工程质量监督站有对工程核验等级的职能，所以，监督站应比建设监理承担更大的质量责任。②由于我国目前大环境的制约，不少监理单位目前的监理工作重点在质量控制上，所以，有些人认为工程质量监督与工程建设监理是重复设置的两个管理机构，只要委托其中一个就行。③认为建设监理对工程建设的全过程监控，道道工序检查，层层把关签字，比质量监督机构全面、严格，因此有了监理就可以不要监督或者认为监理迟早会完全取代

质量监督而独自存在。④认为质量监督和建设监理都是接受委托对工程质量实施监督和控制，各有各的运作方式，所以，质量监督与监理可以各行其是，互不相干，质量监督不宜指导建设监理，而且，由于不少地方，的监理机构行政级别比质量监督机构高，所以监督机构根本没有资格对监理机构进行监督。⑤由于工程建设监理推行时间不长，监理管理机制尚不健全，从业人员素质参差不齐，监理对工程质量的控制能力和水平不一，且监理单位受建设单位的委托，在一定程度上不得不听从建设单位的指令，而部分建设单位行为的不规范，更影响了建设监理对工程质量的控制力度。从而，产生以下认识：推行建设监理制后，工程质量监督站对工程质量的直接监督仍然应该继续，特别是工程质量的等级核验章不能丢。放弃工程质量等级核验权，就等于放弃政府对工程质量的监督管理。

（2）工程质量监督与工程建设监理的区别。

①性质不同

工程质量监督机构是代表政府对工程质量实施监督检查，其性质是执法检查，宗旨是保证工程质量，维护社会公共利益，保障公共安全。

工程建设监理是监理单位受建设单位的委托，依据工程建设的法律、法规、监理合同等要求，对工程建设项目实施的监理管理，其性质是代表建设单位对工程进行管理，是一种社会化的企业行为。

②职责和工作方式不同

质量监督的职责，主要是接受监督委托；制订工程质量监督计划和确定质量控制监督程序；对工程前期各方责任主体行为是否遵守国家有关建设管理规定的执法检查；在施工过程中对主要质量环节的质量抽查；对四大责任主体行为质量的检查监督；质量事故的调查处理及质量纠纷的仲裁；根据有关方面的委托，对有关责任各方违反《建设工程质量管理条例》行为的调查和处罚；质量认可；竣工验收环节的监督检查；建设工程备案；编写工程质量监督报告。

而工程建设监理的工作职责是以合同约定为基础，代表建设单位对工程质量实施全过程的监督控制和管理。主要工作是审查工程中使用的原材料、半成品、设备的质量；监督施工单位按规范、标准和设计要求进行施工，控制工程质量；抽查工程施工质量，对工程质量提出评估意见；协助建设单位组织竣工验收等。工作方式以现场巡视、检查、工程质量评估等形式实施动态控制，侧重的是实物质量是否达到预期质量目标的控制。

③质量责任不同

工程质量监督行使的是政府对工程质量的监督管理职能，质量监督机构不是工程建设的参与主体，不承担直接的责任，一般来讲只承担“监察督促”的责任，发生监督失职时，将受到行政处分。

而工程建设监理单位是受建设单位的委托实施对工程的具体管理控制，是工程建设的参与主体之一，应承担起工程质量管理的直接责任。

（3）工程质量监督与工程建设监理的联系

建设监理对工程质量的直接监督管理工作需要接受政府的监督检查；工程质量监督机构实施对建设工程质量的宏观控制有赖于建设监理的日常检查等微观控制。《建设工程质量管理条例》实施后，建设监理在工程建设中的地位、作用和权力、义务将进一步加强，承担的工程质量管理责任也将更重。质量监督机构在行为质量的督察和竣工验收等环节中的执法地位将更加突出。因此，监督和监理只要严格执业，各行其职，才能使工程质量和建设水平得到切实的保证和提高。

（三）监督站对建设、施工、设计单位的要求

为了使工程质量监督机构顺利开展工作，各单位必须对监督机构开展工作提供必要的便利条件。监督机构一般也要对建设、施工、设计等有关单位提出一些基本的要求。

1. 对建设单位的要求

（1）建设单位必须遵守《建设工程质量管理条例》的规定，遵守基本建设管理程序，对工程勘察、设计、施工及设备材料供应按要求进行招标，支持监理和监督行使质量管理职权。（2）给工程质量监督机构履行职责提供便利条件。（3）对监督站监督人员提出有关工程质量的意见，如有不同看法，及时向监督人员或监督站提出以求得统一意见。如发现监督人员有不廉洁奉公、忠于职守的现象和徇私舞弊、弄虚作假、滥用职权的行为应及时向监督站提出。（4）建设单位提出修改意见时，必须经过设计及施工单位同意并提出设计变更或工程联络单方可作为施工的依据，否则，不得要求施工单位不按施工图施工。凡涉及建设规模、施工工艺、工程投资等重大设计变更，必须由原设计单位报请原审批单位批准后，方可办理。

2. 对施工单位的要求

（1）施工单位在工程开工前应将工程项目技术负责人和质保体系中的各级质量检查人员名单以书面形式报监督站；同时应将施工组织设计报监督站审查。（2）对监督站监督人员提出有关工程质量的意见，如有不同看法，及时向监督人员或监督站提出以求得统一意见。如发现监督人员有不廉洁奉公、忠于职守的现象和徇私舞弊、弄虚作假、滥用职权的行为应及时向监督站提出。（3）凡监督站必须到位验收的部位应在验收前提前 1 ~ 2 天通过监理单位（或业主单位）通知监督站，以保证监督站监督人员能准时参加验收。（4）对监督站提出的整改意见应认真落实，只有整个合格后，方可进行下道工序的施工，重大的质量整改应向监督站写出书面报告。

(5)隐蔽工程只有经过甲方代表验收合格后方可隐蔽,并应做好隐蔽工程检查记录,以备监管站检查。

3. 对设计单位的要求

对监督站监督人员提出有关工程质量的意见，如有不同看法，及时向监督人员或监督站提出以求得统一意见。如发现监督人员有不廉洁奉公、忠于职守的现象和徇私舞弊、弄虚作假、滥用职权的行为应及时向监督站提出。

由于设计单位的计算错误、做法改变、尺寸矛盾、结构变更、设计的生产工艺和流程变化等问题引起的变更，必须由设计单位提出设计变更或设计变更图纸，并由施工单位根据施工准备和工程进展情况，做出能否变更的决定后，才能执行。

（四）政府对建筑工程的质量监督

1. 政府的监管与质量监督检查

(1)政府的监管

政府对建设项目监管除强化建设市场的有关法律、法规建设外，其监管范围包括建设项目的各方。但重点有四个方面：一是项目法人负责制；二是实行建设项目招标、投标制；三是工程项目监理制；四是招标承包合同的签订与落实。为了确保四项基本制度的落实，各级政府各有关部门应严把市场准入关，大力加强建设市场的监管力度。

在国务院颁发的《建设工程质量管理条例》中确立了工程竣工备案制度，由建设单位履行工程验收职责，政府通过验收文件备案手续，对各方主体遵守建设工程质量法律、法规,遵守建设程序,履行质量责任的状况进行监督,发现有违法违规行为,即可停止工程使用，为政府提供了有力的质量监督手段。

(2)工程质量监督

工程质量监督是建设工程质量监管的组成部分，与质量管理不同，它是由政府授权的专门机构对建设工程质量实施的监督。质量监督机构（监督站）是在各级政府建设主管部门领导下,具有权威性的管理机构。质量监督站对质量监督的内容包括:①工程开工前,对受监工程的勘察、设计和施工单位的资质等级及营业范围进行核查,凡不符合规定要求的不得开工；②工程施工中，按计划对工程质量进行抽查。房屋建筑和结构物工程的抽查重点是地基基础、主体结构和决定使用功能、安全性能的重要部位；其他工程的监督重点视工程性质确定。建筑构件质量监督，重点是核查生产许可证、检测手段和构件质量；③工程完工后，监督站在施工单位验收的基础上对工程质量等级进行核验。

从广泛涵义看，质量监督还包括对设计单位和建设单位（或其委托受权单位）的监督，但从目前讲，主要是根据工程设计要求对项目施工的质量进行监督。

2. 政府对建筑工程质量监督的具体内容

建设工程质量法规可分为行政法规和工程技术法规两大类。

（1）行政法规

行政法规是为工程质量管理活动提供管理基础，确保其规范化运作。如我国的《建筑法》《招投标法》《建设工程质量管理条例》等。根据我国行政法规的层次和立法机关的地位，可以将行政法规划分为法律如《建筑法》、行政法规如《建设工程质量管理条例》、部门规章如《建筑业企业资质管理规定》、地方法规和地方规章五个层次。分别由全国人民代表大会、国务院、建设部及国务院相关部门，省、自治区和直辖市人民代表大会及地方人民政府按规定的立法程序制定发布。下层法规以上层法规为依据，与上层法规相抵触的下层法规一律无效。

（2）工程技术规范

为了促进技术进步、保证工程质量、保障人身和财产安全，以及产品标准化的要求，还需要制定一系列的工程技术规范、操作工艺规程、验收标准等技术文件。如设计规范、工程施工及验收规范、工程质量检验评定标准等，这些技术文件由各级建设行政主管部门或有关专业部门组织制定和修订，由各级政府质量技术监督部门批准，统一编号、发布实施，其中强制性标准具有法律效力。

二、工程质监机构及其管理改革

《建设工程质量管理条例》（以下简称《条例》）发布后，拉开了建设工程质量监督改革的序幕。在全国工程质量监督座谈会上，建设部司有关领导也提出：工程质量监督工作是整个建设事业的重要组成部分，质监系统要就工程质量监督工作有关问题多作理论研究，多发表文章，提出工作思路，让社会对工程质量监督工作有更多的了解。

（一）工程质量监督与工程质监机构的设立

1. 政府工程质量监督

《条例》第 43 条规定：国家实行建设工程质量监督制度，确立了工程质量监督工作依法行政的法律地位。

工程质量监督同其他质量监督一样属国民经济管理范畴。监督是市场经济环境下政府非常重要的一项管理职能，通过该职能的实施以保障国家法律、政府法规、技术标准公正执行，维护社会经济秩序。国内外的工程建设实践证明，要监控工程质量，没有“标准”不行，有了“标准”而没有监督也不行。为了保证建设工程的使用安全和环境质量，保障人民的生命财产安全，实施工程质量监督制度，是党和国家对人民高度负责的表现。

2. 工程质量监督制度及其机构的历史沿革

建国初期，当时实行高度集权的计划经济体制，工程建设参与者的各方利益视为一致，国家对工程质量的控制实行单一的施工单位内部质量检查制度。第二个五年计划期间，经原建工部向中央建议决定，实施第二方建设单位验收制度，即：施工单位建立独立的质量检查管理机构作质量自控，同时建设单位负责以隐蔽工程验收为主作质量监督检查。在20世纪80年代初期，工程建设领域发生了许多重大变化，迅速扩大的建筑市场存在诸多问题，在建筑市场宏观管理上存在真空，工程质量隐患严重，坍塌事故频频发生。这样，全国各地各部门相继成立了建设工程质量监督站，初步确立了现行政府建设工程质量监督制度。

这种工程质量政府第三方监督制度建立后，政府通过质监站对工程质量的监管，建设工程质量得到了有效的控制，迅速遏制了全国建设工程质量的滑坡，工程质量明显上升，一般民用建筑工程合格率逐年提高，工程质量监督工作得到了社会的认可。

（二）《条例》有关工程质量监督方面的规定

《建设工程质量管理条例》国务院279号令发布实施，是新中国成立以来就工程质量管理最高级别的专门规定，是一部行政法规。其中就有关工程质量监督的规定如下：

第3条：“建设单位、勘察单位、设计单位、施工单位、工程监理单位依法对建设工程质量负责”。该条规定了工程建设中有关建设工程质量的五方责任主体。应该注意到，在工程建设的过程中，政府建设行政主管部门或者其委托代行质量监管职能的质监机构不是工程质量的责任主体，其角色定位应为：在市场经济中，是建设工程质量的监督主体。

第13条：“建设单位在领取施工许可证或者开工报告前，应当按照国家有关规定办理工程质量监督手续，本条规定了办理质量监督手续是法定的工程建设程序。

第43条：“国家实行建设工程质量监督管理制度”。本条确立了依法进行工程质量监督的法律地位。

第46条：“建设工程质量监督管理，可以由建设行政主管部门或者其他有关部门委托的建设工程质量监督机构具体实施”。由于工程质量监督是一项要求从业人员政策性强、专业性强的工作，并且该项工作周期长、事务繁重。当前，政府部门难以有庞大的编制亲自进行日常工作。于是，本条规定了政府部门可以委托具有相应资格的独立法人的质监机构来代行工程质量监督职能。从行政执法委托的法律原理可以明确，质监机构一经受其委托机关委托，就可以在委托的职责范围内以委托机关的名义履行职能、实施相应行政执法。

（三）建设工程质量监督的改革、目前的工作机制

1. 改革的背景

过去10多年，工程质量监督机构为提高建设工程质量发挥了重要的作用，但随着社会主义市场经济体制的建立和完善，政府建设工程质量监督体制的某些方面需要进行改革和调整。

2. 工程质检机构深化改革，形成当前的工作机制

各地质监机构工作的改革是按照建设部和省建设厅的有关文件的原则执行的。

（1）政府建设工程质量监督的目的、依据、方式、内容、手段

政府建设工程质量监督的主要目的是保证建设工程使用安全和环境质量，主要依据是法律法规和工程建设强制标准，主要方式是政府认可的第三方强制监督，主要内容是地基基础、主体结构、环境质量和与此相关的工程建设各方主体的质量行为，主要手段是施工许可制度和竣工验收备案制度。

（2）建设工程质监机构的主要职责

深化改革的质监机构的职责初步定为：受理建设工程项目的质量监督，制定监督工作方案，检查施工现场工程建设各方主体的质量行为，核查施工现场工程建设各方主体及有关人员的资质或资格，检查建设工程的实体质量，监督工程竣工验收，报送工程质量监督报告，实施建设工程竣工验收备案工作。另外，经相应行政有权机关委托，建设工程质量监督机构可以对建设各方在工程建设过程中就违规的工程质量行为依法进行行政处罚。关于质监机构受有权机关委托实施行政处罚工作，建设部也做了规定："县级以上人民政府建设行政主管部门也可将建设工程质量行政处罚的具体组织实施工作委托建设工程质量监督机构。"同时，在实施以上职能时，建设工程质量监督机构及其质量监督工程师对监督的工程质量承担监督责任。

（四）工程质量监督机构实际工程中面临的问题探讨

从管理学的原理来分析，政府的任何一项管理职能，或者说社会职责都应由某一机构来履行实施，不论这一承担职能的机构在整个国家的行政层级上是如何划分和定性的，是法律或者人大直接授权的、还是经法律授权的行政职能机关按照行政委托执法原则委托授权的，该机构客观上都在承担着相应的社会职责、实施着相应的政府管理职能。这一机构内部和外部诸多方面的因素，都将影响着相应政府职能和社会职责的实施效率。建设工程质量监督也不例外。

1. 工程质量监督机构性质、定位及市场竞争

由于过去工程质量监督机制在计划经济的环境下，工程质量监督工作的行为往往有政府行为和企业行为并存的情况存在。工程质量监督站是建设工程质量标准监督核查者，是工程质量等级标准的核验评定者，同时，工程质量监督机构又代行了

一部分本应由建设单位、监理单位履行的工程质量检查工作，客观上也承担了本应由建设单位和监理单位承担的质量责任。曾经流行一种提法：“监帮结合”，工程质量监督机构帮助施工单位搞施工。

这种观点从表面上看，政府工程质监机构出于一片好心，对本地施工企业“恨铁不成钢，意在提高建设工程质量。实质上，工程质监站和施工企业是不同的角色主体，在社会主义经济建设中所承担的任务不同，“监帮结合”容易导致政企不分、角色混乱，在市场经济环境下可能会“越帮越乱”。各个角色做各个角色的事情，有关机构或人才不会“越位”或“错位”。更何况，关于工程技术、施工工艺有专门的专家和咨询机构。质监站里有工程质量监管的专家，而真正的施工方面的专家在施工企业内部，国家有国家标准、企业有标准，现在的技术标准都是角色明晰的。

正是由于以往的监督机制和工作方式的影响，社会上往往对工程质量监督和工程监理认识模糊，将工程质量监督机构履行的政府管理行为和市场经济产生经营主体如施工、监理等企业单位的企业竞争行为归为一类。所以，有一种观点这样认为：目前工程质量监督工作已发生改革，部分工程质监机构感到无所适从，工作举步维艰，国务院的法规、建设部的规章难以得到理想的执行，究其原因是工程质监机构因循守旧、工作效率不高、工作局面打不开，于是认为解决这一症结的钥匙是市场竞争，希望把工程质量监督机构完全纳入市场竞争的轨道，以为这样就能激活机制，提高效率，使质监工作变得生动活泼。其实，市场经济中，企业的生产、经营竞争行为和政府的监督行为都是社会客观存在和需要的，是社会生活中两种不同类型的活动。工程质量监督站是政府认可的、具备相应资格的、受政府委托代行建设工程质量监督职能的机构。从行政法原理来看问题，目前工程质监机构属于受行政委托执法，在委托的职能范围内，应该以委托机关的名义实施行政执法。工程质量监督是由法律授权、政府强制履行的一项社会管理职能，受委托的工程质监机构是这一职能的实施者。工程质监机构实施的质量监督行为是政府行为，在工程建设中的角色是工程质量的监督主体。市场经济中，生产经营竞争的主体是以盈利为最终目的企业法人或者个体工商户。关于这一问题，建设部有关领导也曾指出：“工程质监机构不是中介组织，更不是市场竞争的主体”。可见，政府工程质量监督机构的角色不能错位。

2．工程质量监督机构的运转经费问题

全国不同城市工程质量监督机构的运转经费来源有多种模式，有地方财政全额拨款的，也有全部依靠工程质量监督费、工程质量检测费来维持运转的。在现实中，特别是在一些不发达地区，单靠两费的收取已到了难以维持监督机构正常运转的地步了。另一方面，现在认为质监机构中的检测试验室是向社会提供公正数据的中介组织，因质量监督站是代行政工程质量监督职能的机构，所以有关规定要求把检测机构从质量监督站中剥离出来，于是工程质量监督站又将失去技术检测性的收费。在一些地方，工程质监机构运转举步维艰，难以履行政府工程质量监督职能。

工程质量监督是政府的社会责任，既然把这一工作委托给工程质监机构来履行，就应保证工程质监机构的正常运转。一个地方少到只有一个建设项目，政府工程质量监督也不能缺少。长远来看，是否可采取如下工作思路：取消质监站对具体受监建设项目的监督费的收取，工程质监机构的运转经费列入地方政府财政预算。这样做，从经费上保证了机构的正常运转，可以减少同一城市不同的质监站为生存争夺监督业务获取监督经费带来的竞争。

建设单位（业主）是法定的建设工程质量责任主体之一。但长期以来，部分业主有这样一种认识：业主可以选择不同的质监机构因监督业务而向业主收取监督费，把政府工程质量监督的关系类似于业主与监理单位的关系，甚至从劳务合同的角度来理解这一关系，业务是聘方，质监站是被聘方。从法规的规定上，建设单位的质量行为也是要受到工程质监机构的监督的，于是业主心情总觉得不舒畅，认为：我是出钱请你来帮我管质量的，不是出钱请你来监督我的。实际上，业主的想法也有合乎情理之处。在一个效率和公平兼顾的社会，工程建设涉及质量的责任主体是法定的五方，既然某一机构要对这五方的质量行为进行监督检查，为什么只向其中一方收取监督费？监督是政府的基本社会责任，工程建设质量的管理须列支监理费，尚还要交纳质量监督费，合理吗？因此，停止对工程质量监督费的收取，可以消除以上争议。

（五）加强工程质量宏观控制和管理具体措施

1. 强化质量意识，坚持政府职能的宏观管理

一个建设工程项目的本身效益是由造价、质量和工期三个因素决定的，三者必须同时兼顾，其中质量是核心，是决定工程建设成败的关键。一个质量低劣的工程，即使造价再低，工期再短，也不能发挥应有的作用。从这一意义上来说，工程质量不好，就是效益不高，就是最大的浪费。由此可见，质量问题的重要性，我们从社会主义市场经济、商品经济的观点来认识质量问题的话，这就是说我们的工程质量要得到社会的认可，就要满足用户的要求。政府职能部门应本着“严格执法与文明服务”这一宗旨，按照“监、管、促”并重的原则，一方面加强工程实体质量管理；另一方面强化参与工程建设各方责任主体的质量行为监督，使各方质量监督形成统一协调的网络体系。

2. 加强建筑市场管理，规范其行为

建筑市场经过几年的治理整顿，其市场行为大有好转，但是仍存在一些问题，

并未得到根本解决，严重影响工程质量的提高，如无照施工、越级承包、肢解分包等现象时有发生，特别是一些素质差的企业以兼并联营为名，进行挂靠，行工程承包之实。因此，要加强建筑市场管理，规范其行为是非常必要的。

3. 加大工程招投标管理力度，强化政府质量监督

（1）加强对建设单位管理，严禁私招乱雇施工队伍

当前有些地方建设单位利用工程发包权，把工程发包给一些资质低或不具备相应资质的施工企业，对施工质量好、资质高的企业拒之门外，还有存在“明招暗定”的现象，导致工程质量差。鉴于此情况，建设行政主管部门必须依据《中华人民共和国建筑法》《中华人民共和国招标法》，加大工程招投标管理力度，规范建设单位的招标行为，确保工程质量。

（2）在招标中，严禁业主任意压价，保护施工企业的合法权益

少数建设单位利用“僧多粥少”的机会，在招标投标中附加一些不合理的条件，如“带资、垫资”或任意压价等违法行为，侵犯施工企业合法利益，也是导致工程质量低劣的一个不可忽视的因素。

（3）强化监督管理，严把质量监督关

取得质量监督执法资格的监督部门是工程质量实行强制性监督的执法机构，受建设行政主管部门的委托，具体实施质量监督管理，在把好工程质量方面起着重要作用。监督部门应依据国家建设方面法律、法规的规定要求，强化监督工作程序，对责任主体行为进行严格管理。随着市场经济制度改革不断深入，在建筑市场进一步开放的今天，管好工程质量，政府的质量监督职能只能加强，不能削弱，否则工程质量就失去了宏观控制。

4. 全面提高施工企业素质是加强质量管理的前提

企业的发展主要工作一是市场，二是质量，三是素质。全面提高施工素质，应从三个方面抓起。

（1）提高领导素质是工程质量的关键

一个企业领导素质对企业起着至关重要的作用，施工队伍素质的提高关键是提高领导素质，一个好的领导就能带出一支好的队伍。领导素质既包括领导成员本身的素质，也包括领导班子集体素质，两者都不可偏废。领导本身素质要好，作为领导班子的整体要团结配合，相互支持，形成企业的领导核心来管理工程质量。

（2）提高职工素质是搞好工程质量的基础

职工在第一线施工，工程质量好坏与职工素质高低关系很大，搞好技工人员的施工知识和操作技能培训是非常必要的，既要对他们进行应知培训，来提高理论知识，又要对他们进行应会培训，来提高操作技能，还要抓好专业管理人员岗位培训工作，

确保工程质量。

（3）健全企业内部质量保证体系

公司内部应设有工程技术质检科，项目部要有专职质检员，班组要有兼职质检员，形成质量检查网络，保证质检工作有专人抓。分项工程、分部工程质量要按照《建筑工程施工质量验收统一标准》和相关《质量验收规范》，由专职检查员核定、评定。做到施工过程严格控制，强化工序验收，把质量问题消除在萌芽状态。

5. 依靠科技进步

积极推广应用新材料、新工艺、新技术也是提高质量的重要手段科学技术是第一生产力，是提高工程质量的重要手段和前提，由于目前建材质量不高，材料性能不好，耐久性差，尤其是防水材料质量低劣，影响屋面防水工程质量。另外，机械化施工质量还不发达，大量的靠手工操作，人为因素影响较大，质量控制较难。因而提高工程质量，从提高建筑材料质量入手，研究开发性能好的新型建筑材料和积极引进推广使用先进施工设备、施工技术都是非常重要的措施。

加强社会的舆论监督来提高工程质受工程质量的好坏，用户评价的满意程度是一个非常好的标尺。因此，提高工程质量很有必要利用社会舆论的力量，促进工程质量的提高。为了便于用户对工程监督，可以设立投诉箱，公布投诉电话，利用宣传工具在公开栏目向社会公开宣传。对于质量特别低劣的工程将通过新闻媒介向社会曝光，以提高相关部门和单位来抓好工程质量的自觉性。

三、建立国家级工程质量监督监测信息体系

近年来，我国建筑工程质量监督管理体制发生了重大变革，政府监督职能发生了转变，工程质量监督已经从单一责任主体向建设参与各方质量行为的监督延伸；同时，建筑工程验收备案制度也已在全国实行，质量管理工作逐渐步入科学化轨道。但应该看到，我国的建筑工程质量监督体制目前还处在转型和完善时期，还存在诸多问题和不完善之处。因此，有必要继续创新工作机制，完善监督模式，深化监督体制改革，充分利用现代信息技术建立健全国家级质量监督监测信息体系，切实提高工程质量监督水平，健全完善监督管理体制，确保建筑工程质量。

（一）解决工程质量管理工作中现存问题的方法和途径

毋庸置疑，我国现行的工程质量监督体系还不够完善，因而，改进和加强现有的工程质量监督体系，加大工程质量监督工作的力度，已成为各级政府建设行政主管部门当务之急的问题。国家的法律强调建设工程质量必须实行政府监督管理。国家对工程质量监督管理以保证建筑工程使用安全和环境质量为主要目的，以法律、法规和强制性的技术标准为依据，以地基基础、主体结构、环境质量和与此相关的

工程建设各方主体行为为主要内容。随着政府职能的转移，监督管理的职能和方式方法有了进一步转变。由监督施工企业转向监督参建各方，包括建设、勘查、设计、施工、监理等单位；由监督工程实体到监督建设工程参建各方的质量行为和对工程实体的监督抽查；由监督工程地基、主体结构、装饰装修转向重点监督地基基础、主体结构和使用功能；由以工地质量检查员的微观检查形式转向政府委托的质量监督机构对工程质量的宏观控制；由眼看、手摸、尺量等一般检查手段转变为采用先进的仪器、设备，以数据采集、数理分析为依据的科学的检查手段；由建设、施工、勘查、设计、监理单位竣工验收后，监督机构进行质量核定，向建设、施工单位发放《建设工程质量合格证》或《建设工程质量核定证书》，转向质量监督机构向建设行政主管部门出具《建设工程质量监督报告》，由建设行政主管部门备案。而改革现有建设工程质量监督体制的目的就是使基层工程质量监督部门的工作高效、认真、负责、科学、实事求是；上级建设主管部门对基层的工作监管有力，能及时、全面的了解辖区内建筑工程质量的真实情况，并制定针对性措施和政策及时指导基层工作。这就需要建立一种系统工作机制，信息快速传递机制，日常工作快速反应机制，内部监督制约机制。利用现代信息技术，以网络为支撑，实施政府建设管理信息化。建立国家级建筑工程质量监督监测信息体系将发挥这些作用。

（二）国家级建筑工程质量监督监测体系的模式

国家级建筑工程质量监督监测信息体系是一种计算机信息网络系统，建设部及各省、市、县(区)的建设行政主管部门的质量监督机构相互联网，建立电子政务平台，形成国家级的信息传递网络系统（可借助中国建设工程信息网）。但它并不是单纯的信息传递系统，与之相配套的还有相应的信息管理办法和应用软件，它们相互配套才能发挥作用。质量信息监督管理办法将对有关部门的职责范围、工作内容、工作方式及奖惩措施等作出定性规定。而系统软件则依据有关法律、法规规范和技术标准、验收备案制严格要求进行研制开发。利用该系统，基层工程质量监督机构按照有关规定将监督工程项目的质量状况、抽查数据及各责任主体的质量行为等相关信息输入网络系统，并从网络上得到上级主管部门针对性的指示和政策；上级工程质量监督管理部门从网络中检索、调阅基层情况，根据具体情况随时发出指令，随机派人实地进行抽查核实，并从中了解基层监督机构全面真实的工作情况，有利于及时、准确的采取针对性的措施指导全面工作。由于该系统是电子政务平台，是对社会公开的，各质量责任主体可进行网上报监，网上查阅有关质量法律、法规及政策信息。从而做到下情上达、上令下达、政令畅通、反应快捷、监管高效，大大提高质量监管的力度、广度和深度，彻底改革监管模式，从而建立起现代监督管理体系。其具体运作程序如下：

1．建立监测信息网络的编码体系

采用数字编码对每一项受监建筑工程的身份进行确认，以供计算机储存和检索，方便数据库的建立。工程的数字编码要根据工程所处的地域及办证日期、当日办理监督手续的次序及工程结构类别进行。编码如同居民身份证号码，利用十八位编码。例如：山东省济宁市市中区建设局的质监机构于 2017 年 5 月 9 日受理的第 6 项工程为辖区内刘庄小区 11 号居民楼工程，工程结构为砖混结构。该工程的身份数字编码为 370802201705090601，前 6 位同该区域居民身份证号码，37 为山东省代码，08 为济宁市代码，02 为市中区代码，2017 为年份，05 为月份，09 为日期，06 为当日报监次序，01 为该工程结构类别。该工程的编号是全国唯一的，不会发生重复现象，这对建立国家级大型数据是非常重要的。

2．信息的收集和加工处理

建筑工程确定了身份编码后，该基层质量监督机构就利用这个编号为它建立质量监督管理档案。按照有关规定和技术规范、标准的要求，将该工程的有关质量信息（工程质量抽查情况，建设、施工、勘查、设计、监理等各质量责任主体的情况及质量行为，强制性标准的执行情况等等）进行收集。信息的收集一定要注意及时性、准确性、完整性和连续性。基层监督机构的质量监督工程师，要及时、准确地将收集的质量信息按系统软件设立的常规内容进行输入和存储（系统软件根据国家现行的法律、法规和行业规范、标准编制）。对质量信息还要按一定的程序和方法进行审查、筛选、分类、统计、计算和分析，以便得到更系统的资料，为各管理层提供决策的依据，为提高工程质量提供技术、管理资料。同时建立工程备案所需质量监督的电子档案。

3．信息的利用和监管方式的改革

建设部及省、市、各级建设行政主管部门和质量监督机构，应充分利用建立起的质量监督监测体系，充分利用所收集的信息资源，彻底改变工作方式，一方面利用信息监测体系全面监督监测辖区内工程的质量状况和各参建主体的质量行为；另一方面，要建立内部监督制约机制，利用信息监测体系监督下级监督机构的工作，促使下级监督机构的监督工作规范化、科学化。上级质量监督机构要设专人负责对辖区内的建筑工程进行检索查阅，并按一定比例，随机性地进行复查，核实工程质量状况及监督情况的真实性（特别是对质量状况有疑问的工程更应及时复核）。这就是一种快速反映机制，快速出击，主动控制，彻底改变质量监督的被动局面。各级质监机构要定期写出全面性的工程质量情况及质量信息管理情况的通报，根据实际情况及时调查，制定针对性的措施和政策。

（三）建立国家级质量监督监测信息体系需要解决的几个问题

1．建立健全质量监督监测信息体系所需的相配套的规章、制度体系

信息技术在建筑工程质量监督管理工作中运用，需要相应配套的国家规章、制度的支持，需要统一的国家技术标准，只有这样才能保障信息的共享，互联互通、政令畅通、保证监督管理的措施到位，体现质量管理的科学性，特别是要体现政府监督工作的强制性、严肃性。

2．加快国家级质量监督监测信息体系管理软件的开发

软件开发是信息技术应用到建筑工程质量监督工作的关键因素，也是运用信息技术进行质量监督方式改革的重要环节。目前，我国的一些地方工程质量监督机构自行开发应用了一些管理软件，在工作中取得了一定效果，但这些软件注重于监督档案的记录，分析处理能力较差，并且软件差异较大，缺少统一的标准，不能大区域的互联互通，不能适应国家级大型信息系统的应用，相关软件产品急待开发。有关部门应及时制定统一的技术标准，积极引导，走市场开发道路，统一招标采购，促进优秀软件产品的脱颖而出。

3．提高认识，加大投入

科学技术是第一生产力，计算机技术、网络技术是当代最先进的科学技术之一。有关部门应充分认识到信息技术在建筑工程质量监督工作中应用的重要性，应该认识到只有运用信息技术，才能对陈旧落后的监管观念、僵化臃肿的组织体制、粗放迟钝的管理流程等各个方面进行深刻的变革。应当作为改革监督体制，改进监管模式的大事来抓，要加大资金投入，加快人员的培训和技术设备的采购与改造，保障同家级质量监督监测信息体系的建立。

（四）国家级建筑工程质量监督监测体系建立的作用和意义

1．彻底变革建筑工程质量的监督管理模式，建立起快速反缺一运作机制

国家级建筑工程质量监督监测体系的建立，将彻底改变质量监督机构过去那种看报告、听汇报、跑跑转转、走走看看的工作方法，从那种无序的、烦琐的工作状态转变为有序的、简明的工作状态；从被施工、监理、勘查、设计单位牵着鼻子走的被动局面转变到主动控制全面质量状况的局面；从对工程质量及各责任主体质量行为的事后控制转变为事前、事中控制。将快速反映－运作机制作为一种新的监督工作模式固定下来，全面提升监督管理工作的质量和水平，建立起现代化的监管模式。

2．加强内部监督、制约机制，规范基层质量监督机构的工作

国家级建筑工程质量监督监测体系的建立，上级主管部门可随时检索、查阅下级机关的工作情况。而随时的抽查、核实，增加了对基层质监机构的压力、动力和监督力度，促使他们建立较为规范、系统的工作体系和较为真实、完整的工程监督

档案。促使基层质监机构勤政、廉政；促进他们提高人员素质，完善制度和设备建设。人情网、关系网是基层工作最大的障碍，工作制度的规范化、系统化，将使基层质监人员排除障碍，勤奋工作；同时，监督档案一直是基层质监工作的薄弱环节，该系统内硬性的量化规定和指标，能促使基层质监机构建立规范、完整、真实的监督档案，保证工程竣工备案档案的真实性和备案制度的落实。

3. 改进上级主管部门的工作方式，增强监管职能，增加决策的科学性

国家级建筑工程质量监督监测体系的建立，有利于上级主管部门全面、准确、及时获得建筑工程的质量信息；有利于及时采取相应措施，为决策者提供真实、科学的依据，增强全面监管工作的力度和准确性。及时、准确的信息是上级机关和领导作出科学决策最重要的依据，而随机性的抽查复核和严格的奖惩措施将大大增强上级主管部门的监督力度和权威性。

4. 建立质量管理电子政务平台，增加质监工作的透明度

国家级建筑工程质量监督监测信息体系是一项开放的网络系统，社会公众和有关单位既可以上信息网查阅有关的工程质量信息，相关的法律、法规等政策信息，也可以在网上办理各项业务，应把它作为电子政务平台，为社会及公众提供方便。

总之，国家级建筑工程质量监督监测体系的建立，能大大改进和增强现有工程质量监督体系的职能和活力，促使建筑工程验收备案各项制度的落实，彻底变革政府的监管模式，使之最大限度发挥作用。政府的强制监督管理有力了，弄虚作假、徇私枉法的现象就会大大减少，建筑工程的质量将大大提高，消费者的投诉也将大大减少。

第三节　创建筑精品工程的意义

一、目前我国建筑工程的特点

建筑行业同时也是一个多门类、多学科、非常复杂的特殊行业。目前，我国的建筑工程具有如下特点：

（1）单体性、固定性、永久性，规模大，造型多变，结构复杂。（2）构成材料包括多种产业的技术产品，科技含量高。（3）工程质量涉及勘察、设计、建材、施工及监理等多种因素的影响。（4）工程施工复杂，场地分散，生产周期长，劳动密集，多工种、多专业交织作业，队伍流动，操作层文化素质低，受季节性影响大等。（5）工程质量管理难度大，组织管理体系随工程特点变化，工艺工序环节多，过程

控制复杂。（6）建筑工程具有很强的社会性，工程质量直接影响各相关方的利益，同时有的质量问题短期内不易暴露，安全风险和社会风险都很大。

二、靠精品工程创建筑企业的品牌

（一）品牌获得认同的五大要求

品牌的最高战略，就是创造强势品牌，只有强势品牌才能使企业长盛不衰。要想使建筑企业的强势品牌得到顾客的高度认同，必须达到以下五大要求：

（1）顾客对品牌印象具有完整性、丰满性。（2）顾客对品牌具有优先提及性。（3）顾客对品牌印象具有良好的感情。（4）品牌印象与顾客的关键选择动机建立排他性。（5）顾客对品牌形成定向购买的信念与价值观。

（二）从创精品工程到塑造企业品牌

1．精品工程的内涵

精品，简单地说，就是精致的成品。从广义角度讲，精品工程即是通过有效的管理，创造出完美的建筑物。从狭义的角度讲，精品工程即是以现行有效的规范、标准和工艺设计为依据，通过全员参与的管理方式，对工序全过程进行精心操作、严格控制和周密组织，最终达到优良的内在品质和精致的外观效果。

2．塑造企业品牌

品牌是企业的无形资产。现代企划的鼻祖史蒂芬金说：产品是工厂所生产的东西，品牌是消费者所购买的东西。产品可以被竞争者模仿，品牌却是独一无二的。产品极易过时落伍，但成功的品牌却能持久不坠。每个企业都要以自身的特色来塑造企业品牌，或以产品质量，或以特色服务，或以特殊的营销方式等。建筑业塑造自己的品牌必须把工程质量放在第一位，因为工程质量的好坏直接关系到人民生命财产的安全，也是社会广泛关注的一个问题。优质的建筑产品质量是建筑企业品牌拓展的基础，品牌资产的观念现在已为房地产界所接受。好的品牌资产为公司提供了竞争优势。建筑市场竞争的最终格局必定是品牌瓜分市场，谁拥有品牌，谁就拥有市场空间，品牌效应已日渐显示出强大的威力。招投标之间的竞争逐渐演变成品牌之间的竞争。一个建筑商承建的楼盘具有较好的质量和具有较高的品牌知晓度，则在招投标时一定会具有竞争力。又因其承建的楼盘具有极高的信誉，自然可以比竞争者卖出更高的价格，房地产营销成本减少，更利于其品牌的拓展。近几年我国发生的一系列质量事故，不仅引起政府部门的高度重视，房屋的使用者特别是住宅工程的住户也越来越注意工程的质量。良好的工程质量不仅使住户放心，而且促进了楼盘的销售。建筑企业要将工程创优行为转化为企业创品牌行为，从单纯追求质量目标的实现向注重项目综合效益的转变，从项目创精品工程向企业创品牌的转变。

建筑企业的品牌经营从无到有并不断走向成熟的过程，实际也是品牌经营成功的企业从市场获得回报的过程。建筑行业也能依靠自身的品牌，不仅能有效地挡住国外建筑业在我国的抢滩登陆，而且还能乘胜出击，成功打入海外建筑市场。

三、创精品工程的目的与意义

（一）创精品工程的目的

自 20 世纪 90 年代以来，人们在住房消费上的观念有了很大的改变，已开始由量到质的追求。近几年人们对住房的需求从追求空间的数量，转向对住房总体水平的严格要求。在这种情况下，建筑工程的建造者与商品房的生产者也发生了观念的转变，即从注重“量”转向注重“质”，涌现出很多精品工程。

所谓精品工程，即是优良工程中的代表作，也是某一企业在某一时代的标志性工程，但其核心仍然离不开质量。产品质量是企业生存的保证。如果我们把建筑产品按用户对象分，一般来说可分两大类，一类是工业建筑，主要是土木建筑和设备安装，例如：冶金、有色、石化、化工、电力、铁道、机电、轻纺等项目，这一类建筑产品的用户是某一个工业生产企业，这个企业利用我们的建筑产品进行生产或服务，于是建筑产品就成为这些生产企业的产品和服务质量的硬件基础，而与大众生活的关系比较间接；另一类是民用建筑，如各类公共建筑、住宅、学校及医院等，这一类建筑产品尤其是量大面广的民用住宅，其用户是人民大众，因此它与大众生活息息相关。前一类建筑产品，因为用户是企业，一旦质量出了问题可根据合同进行调解，是企业与企业之间的事；而后一类建筑产品因为用户是人民大众，没有合同进行调解，质量出了问题只有投诉。所以建筑产品受到投诉的大多是民用建筑，而受到投诉就会造成社会影响。近几年来创精品工程得到了广泛的开展。从创精品工程的实践来看，精品工程深受社会欢迎，同时也为企业自身的发展奠定了坚实的基础。

创精品工程可带动工程质量水平的整体提高，一个精品工程，往往可以推动一个企业或一个地区工程质量水平的提高。为获得上乘的质量必须以技术来保证，以技术来治理质量通病。在落实各项技术措施的基础上，管理工作也必须相应地跟上去。创精品工程就需要企业健全质量体系，提高技术管理水平，同时还要提高操作层的技术水平。

精品工程由于质量佳，因此不仅美观适用，而且还耐用，一个工程提高其使用年限和减少维修费具有很大的经济效益。

（二）创精品工程的积极意义

1．树立企业优良的施工作风

在优质工程的检查中，检查组针对工程的实体质量和内业资料提出的问题和建议，企业施工技术人员特别是工程直接参与人员能及时逐项进行研究分析，追根溯源，分析问题，制订纠正措施，确定整改责任人和完成时间，按时跟踪复查整改结果，并形成文字记录，使之将问题消项、消化，从而使施工管理人员水平得以提高，并养成良好的解决问题的习惯和方法。

优质工程的检查从一定程度上能促使项目建立较为完善的自查制度并严格落实。如拆模后，及时组织检查结构的节点、阴阳角、洞口等处结构面层有无漏浆、蜂窝、气泡、跑模、错台和冷缝等质量问题，发现问题，及时分析原因，改进模板和混凝土浇筑振捣操作质量。

各施工企业通过检查小组的讲评传播和报刊信息，特别注意收集其他单位的好经验、好做法，并及时主动组织观摩学习。企业施工管理人员应通过参观学习取长补短，并结合自己工程的情况不断创新。

2．有效地培养施工管理人才

针对施工管理和工程质量存在的问题，结合管理要求和规范、标准讲解分析，提出改进措施和建议，交流其他工程好经验、好做法，及时地传播一些工程成功的管理经验和革新手段，这样不仅促进了各项目、各公司之间学习和交流，同时也给现场管理人员提供了一次难得的学习机会，促进了大家结合工程实际学习规范的自觉性和主动性，也使各项目开阔了视野，拓宽了思路。精品工程的实施给企业领导层、管理层和操作层熟悉管理规定、运用规范和标准带来一个机遇，从而提高一批人的能力素质，这些以后必然也会把这种思想带到其他工程项目，必然影响更多的人和工程，起到撒种子的作用，带动优质工程向满园争春发展。

3．增强建筑企业的市场竞争力

当前建筑市场价格已明朗化，单纯的价格竞争必将导致施工单位偷工减料、无证施工或不按资质施工、施工管理落后等影响工程质量的因素产生。最近国家出台了《建设工程质量管理条例》，表明了国家对工程质量的重视和治理工程质量事故的决心。目前，业主尤其是住宅工程的住户特别关注工程结构的质量，不少房地产商在楼盘的前期市场策划中，将建筑质量列为楼盘的热卖点，因此前期就要选择可信赖的建筑商。可见建筑质量的好坏将成为竞争的主流，这就要求建筑企业改变游戏规则，杜绝不正当竞争，抓好工程质量，掌握市场竞争的主动权，赢得自己的品牌和良好的信誉。

4．创精品工程所带来的社会效益、经济效益及环境效益

创优质精品工程虽然会增加投入，成本状况可能会变差。这种压力迫使项目寻找质量标准与成本的最佳结合点，也就是确定最佳技术成本（或称质量成本），使项目对施工组织设计和方案进行多轮的会审工作，对有关厂家进行多次的考察。实

践证明，创精品工程的压力使项目对成本管理工作从核算型转变成研讨型，从低投入型转变成最佳成本型，实践了从低水平到较高水平的转变，达到了经济效益、环保效益、社会效益的统一。

（1）经济效益

创优加大了投入，但在高质量的前提下得到了可观的节约回报，总体收益并未降低反而有所提高。例如：采用先进的模板体系，墙面达到清水混凝土的效果，墙面不用抹灰，减少了抹灰空鼓、开裂的质量通病，减少了工程的后期维护费用，增大了房间的使用面积，减少了混凝土的剔凿和工程装饰阶段的湿作业量，降低了能源消耗，从而缩短工期等等。

（2）环保效益

精品工程施工严格的施工管理，必然涉及对施工现场的环境管理，采取一系列措施力求对工程所处社区环境影响最小。有的建筑施工企业已通过 ISO14001 国际环境管理体系的认证，目的就是规范自身的行为，保护我们共同的生存空间。如制订严格的施工管理制度，降低了施工噪声，加强了项目排污控制，减少了运输遗洒，加强了废弃物特别是有毒有害废弃物的管理，减少对工程所处的社区环境治理的庞大投资。另外，精品工程经常采用的 & 进的施工工艺、新型材料等也对环境保护作出了贡献。

（3）社会效益

①业主的全面认可

以北京市某大型工程为例，承建该工程的建筑公司在投标一开始就将它定位为创“北京市长城杯”的工程。在工程的施工伊始，便以高质量的管理要求定位，得到了业主领导的认可。业主方的领导多次到工地视察，均对该项目的现场管理以及质量体系、施工组织管理表示赞赏，并多次推荐其内部各施工单位到该工地参观学习，业主方领导均表示在后续项目施工中将优先推荐并让该公司参与竞争。

②施工同行的认可与对施工业的影响

有些建筑公司近几年积极抓好工程质量，获奖工程层出不穷，其承建的有代表性的大型工程经常吸引不少公司内外部单位来参观，这样，该工程的创优经验、制订的管理措施及质量控制要点、资料的编制收集方法等都毫无保留地进行交流沟通。这样一来不但结识许多同行朋友，同样也对自己的管理与施工水平取长补短，起到促进作用。这种互进互助的学习交流不但使这些建筑公司在社会上创造了良好的声誉，也对建筑施工行业的积极发展起到了较大影响。

③促进房地产商的楼盘销售

优质工程的评比影响已不仅仅局限于施工行业，成为开发商和客户共同关心的主题，也成为开发商给客户提供的最有说服力的质量承诺，优秀的结构质量也减少了业主和住户的装修和维修费用。优质工程的评比，也为施工企业开拓和占领市场提供了有说服力的佐证。

四、创精品工程与贯彻 ISO9000 族标准相辅相成

建立以 ISO9000 为核心的质量管理和质量保证体系，是建筑企业提高管理水平和进行品牌经营的必经之路。北京市建筑业自贯彻 ISO9000 族标准以来，一级资质施工企业均已通过质量体系认证，二级企业已认证30%，三级企业有条件者也在贯标，质量体系已在项目经理部普遍运行。随着创优活动的深入开展，施工企业在工程中不断地积累经验，以创北京市“结构长城杯”为例，其涉及的范围覆盖了工程施工的全过程，不但对工程的施工管理、实体质量进行检查，对工程资料的重视程度和检查力度也使施工单位受益匪浅，强调过程控制和可追溯性，强调质量记录，创“过程精品”，这与贯彻 ISO9000 族标准的思想是统一的。我们要将这一思想推而广之，把创“过程精品”作为创精品工程的实施手段。将工程实体质量的控制与 ISO9000 质量体系运行有机地结合。在创优的准备及实施过程中，针对优质工程评比的各项要求，根据自己的实际情况，订制度、找规矩，形成了从严、从精、从细的管理作风，促使在过程质量控制中，从严把关，真正做到了施工过程有人负责、有人监督、有人记录，使 ISO9002–4.9 过程控制要素落到实处，从而增强现场过程控制的可追溯性，提高施工管理人员创“过程精品”、创企业品牌的意识，促进现场管理水平的提高。

第四节　劣质工程的成因及解决措施

一、劣质工程的成因

（一）违法违纪与建设市场规范问题

1．建设市场不规范，工程招标投标存在问题

全国建筑业和基本建设管理体制改革以后，国家有关部门曾颁发一个建设工程的“招标投标暂行办法”，但法规未及时配套，影响了全国建设项目招标投标的开展。《中华人民共和国招标投标法》刚公布，具体实施还需有一个过程，细则尚需制定。据有关部门调查和统计，工程总承包单位尚在组建过程，建设项目全过程的工程总承包招标投标尚未推广；工程勘察设计招标投标推广面还较低。工程施工招标投标不规范，有不符合资质的企业中标承包，建设市场存在着不少不健康因素，直接影

响工程质量。

如近些年来，各地区都称工程项目招标率很高，有些地区声称本地区招标率已达 100%。但在国家《招标投标法》颁发后，国家权威部门对 78 项国家投资项目进行检查发现，其中真正进行工程招标投标的只有 4%，96% 的项目招标失灵。据分析工程项目招标投标大量失灵，首先是招标投标还没有走上法制轨道，缺乏有效的制约机制，现行制度不健全，有漏洞可钻；二是运作不规范，不能严格按程序办事，对违章操作人员惩处不力，对招标监督不严，招标投标舞弊行为不能及时发现；三是少数人借机捞取个人利益，一边举行招标投标，一边进行幕后交易。建设市场中的不健康活动，是造成劣质工程的重要原因。

当前的招标承包合同不规范，层层转包，投资被截留，有一种标价愈低愈好，工期愈短愈好的倾向。必须提倡合理的造价，科学的工期，不然对提高工程质量是没有好处的。倒塌事故大部分是资质不合格的工程设计和施工单位发生的。其中属于新组建的非国有建筑业企业设计和施工的占大多数。

2. 违法违纪问题长期以来，由于各种错谈思想的影响，建设主管部门挪用投资

建设单位（项目法人或业主）不能“严于律己”，任意加大建设单位管理费。设计单位不认真执行咨询评估立项投资估算，使投资概算加大，造成“水涨船高”。监理单位人员不到位，工作“缺斤短两”。建设企业只顾经济效益，不顾工程质量。甚至有个别企业领导明知工程质量不符合国家标准，还确定为优良品或合格品，使工程质量在评定中存在着“水分”。事故责任发生后企业主管部门和企业领导缺乏严肃认真的态度，使事故得不到及时处理，事故责任者未受到必要的教育。据某省审计部门分析：违法违纪主要表现有项目超规模、超标准、超概算；财务管理不严，截留、挪用、挤占、转移建设资金严重；工程决算高估冒算突出，材料价格高估，综合费用高的现象普遍存在；工程监理普遍未通过招标，个别领导干部利用手中权力，弄虚作假，收取回扣等，是造成工程质量低劣的重要原因。

3. 技术立法不健全

健全技术立法是加强建设工程质量管理的重要基础工作，但我国技术立法工作薄弱。目前国家施工验收规范（包括正在修、编本）及质量评定标准，与工业先进国家比有明显差距，数量少、质量也差。对已采用的新工艺、新技术、新设备和新材料的施工及验收规范修编迟缓。尤其是构成工程主体结构及屋面（包括楼、地面）工程的大宗材料（砖、瓦、石灰、沙、石）占建筑物及构筑物用料总量的 60% 左右，由生产、销售、检验到包装的质量标准和规范均需制定或修订，需纳入国家生产系列产品。目前，多数地区把白灰、砂、石料（包括碎石、片石、料石）称为“土产”材料，不建生产基地，边采边用，质量不稳定，规格不统一，受季节影响，材质难控制，

也未纳入《中华人民共和国质量产品法》的管理范畴，给工程留下不少质量隐患。

招标承包合同也不规范，与国际通用的 FIDIC 合同条件有明显差距。对建设工程中发生的质量事故在人身伤亡及经济补偿方面也没有和国际建设市场接轨，也应参照工业发达国家的法律和国际惯例进行补充和修订，以确保工程质量，消除劣质工程。

（二）工程勘察设计与科研问题

1. 工程地质勘察问题

（1）有些单位不认真进行地质勘察，随便估计地基的容许承载力，造成建筑结构产生过大的不均匀沉降，导致结构裂缝，甚至坍塌。（2）地质勘察时，钻孔间距太大，不能全面准确地反映地基的实际情况。在丘陵地区的建筑中，由于这个原因造成的事故实例尤多。（3）地质勘察时，钻孔深度不够。有的工程仅根据地基表面或基础面以下深度不大范围内的地基情况来进行基础设计，没有查清在较深范围内地基中有无软弱层、墓穴、孔洞。因而造成明显的不均匀沉降，导致建筑结构裂缝，有的甚至不能投产使用。（4）地质勘察报告不详细、不准确，导致采用错误的基础构造方案。

2. 设计计算问题

（1）结构方案不正确

有些建筑结构跨度较大，层高较高，没有间隔墙或间隔相距甚远，形成很大空间，又缺少抵抗水平力的建筑结构措施，因而在某些外力作用下（如基础下沉，大风或某一结构部位过于薄弱首先破坏时产生的冲击力等）发生倒塌。

（2）结构设计简图与实际受力情况不符

例如在砖混结构中，大梁支承在窗间墙上，一般可按简支梁进行内力分析。但是，当梁垫做成与窗间墙同宽、同厚，与梁等高时，梁与墙的连接接近刚性节点。因为窗间墙中产生了较大的弯矩，在与轴向荷载共同作用下，砖墙承载能力不足而出事故。

（3）作用在建筑结构上的荷载取值不正确

例如砖混结构建筑，两跨大梁传给墙或柱的荷重，没有考虑梁的连续性，中间支座处的荷载少算 25%；又如砖混结构用木屋盖时，当屋架跨度大于 11 米时，屋架受荷后，下弦拉伸，屋架下垂，对外墙将产生水平推力；如用钢筋混凝土挑檐时，对砖墙将产生弯矩等。

（4）建筑构造不合理

如沉降缝、伸缩缝设置不当，新旧建筑连接结构不良，圈梁和地梁设置不当等都可能造成墙体裂缝。

（5）设计计算错误

有些建筑中砖柱、砖垛、窗间墙结构计算错误，截面承载能力严重不足而破坏，造成建筑结构整体倒塌。阳台、雨罩、遮阳板等悬挑结构，由于未做抗倾覆力矩验算，造成结构倾覆倒塌。一些构筑物（如钢料斗、筒仓、水池、挡上墙等）因设计计算错误或施工质量不好而造成倒塌。

3．科研成果与新工艺应用问题

（1）有些预应力钢筋混凝土构件的生产，对放张应力和固定胎模的约束力等，造成构件端部裂缝等类问题，需要探讨。（2）对国外进口钢筋的化学物理性能还未完全搞清，就使用到工程上，而造成事故。（3）对钢结构的某些性能研究不够而造成事故。（4）对结构受力分析研究不够而造成的事故。（5）当前工程建设科研工作落后于工程设计和施工，无损探伤检测技术亟待开发，移动式现场检测仪器具配套问题也应引起重视。

（三）建筑材料及建筑制品质量问题

1．建筑材料质量不良

（1）承重结构材料质量不合格，而导致结构承载能力下降，造成结构裂缝，甚至倒塌。（2）水泥受潮过期，结块；砂、石有害物质含量及含泥量太大，都降低混凝土和砂浆的强度。（3）油毡柔性和韧性差，而使卷材裂缝，导致渗漏；油毡纸没有渗透沥青，导致渗水，耐久性差。（4）保温隔热材料质量不良。常见的有容重、导热系数达不到设计要求，湿度太大，影响建筑物理性能；有时甚至造成结构超载，影响结构安全使用。（5）装饰（修）材料质量不良。最常见的有：石灰膏熟化不透，使抹灰层产生鼓泡；水泥地面中，砂子太细，砂含泥量太大，级配不好，水泥质量太低，这些都会造成地面起灰；漆料太稀，含重质颜料过多，涂漆附着力差，使漆面流坠以及有毒有害的装饰（修）材料用于公共工程及居室内，影响使用功能等。

2．建筑制品质量问题

（1）钢筋混凝土制品质量不良

板厚、构件重量超过设计，不仅浪费材料，而且造成承受这些构件的结构超载而发生事故。预应力冷拔丝空心楼板中，底面蜂窝、露筋，使预应力值降低，影响钢丝与混凝土共同作用，降低了构件的承载能力，甚至引起构件突然断裂等。

（2）材料及构件制品保管不良。

3．卫生陶瓷质量差，严重地影响了建筑的使用功能

从国产洁具与国外产品比价格相差很大，但国外产品造型美观，配件齐全，绝不漏水。我国建筑陶瓷与国外质量比有明显差距。

4. 伪劣建材及构件生产问题

当前采用的伪劣建材制造建筑构件（包括半成品、成品）的问题，也时有发生，应引起重视。建材市场要整顿，建筑构件生产厂同样需要整顿，要加强监督检测，确实做到不合格产品不出厂。

（四）工程施工方面的问题

1. 对施工结构理论认识不足造成事故

（1）由于对土压力的作用缺少认识，采用不适当的回填基坑方法，而造成基础移位或基础裂缝或基础下沉破坏。（2）对简支梁和连续梁的基本概念模糊。（3）对预制构件使用和施工时的受力区别认识不清。（4）对砖砌体在施工阶段中的稳定性考虑不周。（5）对装配式结构施工中的强度、刚度和稳定性重视不够。（6）对悬挑结构的倾覆或折断问题缺乏认识。有的是由于施工中钢筋错放或漏放，有的是浇混凝土时将上面的钢筋踩下，还有的是拆模过早而造成事故。（7）模板及支架设计错误和安装不当。由于模板工程结构方案不合理，强度不够，支架构件稳定性和模板系统整体稳定性不好，而造成楼板、顶板、大梁倒塌。（8）施工中楼面超载堆放构件、材料等造成楼板断裂倒塌。目前我国居住建筑的楼面设计活荷载取值，按交付使用时活荷载值计算，施工中稍不注意就易造成超载而出事故。（9）脚手架或井架设置不当。有的外脚手和井架失稳倒塌，砸坏建筑物；有的脚手的构造和布置不合理，造成楼板出现过大的变形和裂缝。（10）在已有建筑附近施工时缺少保护性措施。有的在基坑开挖时，破坏了已有建筑的地基；有的采用人工降低地下水位方法，造成已有建筑地基下沉加大；有的开挖时出现流沙，不采取有效措施而影响已有建筑的地基。这些都将造成已有建筑物裂缝或倾斜。（11）对大跨度钢结构屋架的受力状况认识不清，采用现场焊接加工，单榀吊装，安装后无法控制桁架变形，而为工程留下隐患。

2. 施工技术管理问题

（1）不认真学习图纸，不熟悉图纸，盲目施工。（2）图纸未经会审，仓促施工。（3）未经设计人员同意，乱改设计。（4）不按有关规程和施工及验收规范施工。（5）不按有关的操作规程施工。很多的砖柱、砖垛破坏的主要原因之一就是砌筑质量不好，上下通缝，包心砌筑，砂浆强度不够。检查中发现破坏面都在通缝和内外包心处。（6）没按规定对进场材料和制品进行检查验收。（7）缺乏熟练称职的施工技术人员，技术人员更换频繁。实行单位工程分包后，技术指导跟不上。特别是县以下建筑队有些工长或施工员不知道应该做哪些主要施工技术工作，更不知道应该怎样做好这些工作。第一线技术人员对操作规程不清也会酿成事故。（8）施工顺序错误。如靠得较近的相邻基础，不是先做深基础，而造成开挖深基础时破坏浅基础的地基；结构吊装中，没有校正，即进行最后固定；再如装饰工程中，不具备保证质量的条件（如封顶、防止漏水等）就进行抹灰等。（9）项目经理部，把工程分包后，没有建立各级技术责任制，技术工作没有实行统一领导和分级管理，造成一些工作重复劳动，更严重的出现一些无人管的真空地带，而造成事故。（10）施工方案考虑不周。如大体积混凝土浇灌方案不当，造成蜂窝孔洞；浇筑强度考虑不周，造成不容许的施工缝；温度控制和管理方案不完善，造成因温度而裂缝等。（11）技术组织措施不当。（12）季节性问题。如基坑开挖中，雨季施工截水、排水措施，放坡的坡度系数等，如考虑不周就会造成事故；又如基坑开挖后，基础不能及时施工，应预留保护层；再如冬季施工中不采取适当的防冻措施等。（13）技术交底不认真或交底不清。如对设计和施工比较复杂或有特殊要求的部位交底不清，容易造成事故；又如在采用新结构、新材料、新技术和新工法时，不进行必要的技术交底，也易造成事故。（14）没有认真进行质量检查验收工作。（15）土建与各专业施工队之间配合协作不好。如装配式建筑施工，只考虑预制方便，使运输、安装困难，而造成事故；如水电设备安装与土建施工配合不好，在已施工的结构上任意凿洞而造成事故。（16）发生质量事故后，不认真调查事故的全部情况，没有认真分析事故产生的原因，就匆忙处理，往往是治标不治本。（17）出了事故后，不按照“三不放过”（事故原因不清不放过，事故责任者和群众没有受到教育不放过，没有防范措施不放过）的原则总结经验教训，而是事过境迁，无案可查，使类似事故重复发生。

（五）操作人员素质及建筑使用问题

1. 建筑队的人员操作水平问题

近几年来，我国施工队伍结构发生了变化，城市、县镇集体所有制工程设计与施工和农村建筑队等民营企业发展迅速，已超过正在进入现代企业制度改革的国营建设企业职工人数，并用多种办法承包建设任务，他们缺乏必要的施工管理和技术管理干部，普遍未接受必要的专业技术培训和操作规程教育。据调查，全国发生的各类房屋建筑和构筑物的倒塌事故中，属城市、县镇集体所有制等非国有工程设计企业和农村建筑队设计与施工的工程质量事故率比已完成现代企业制度改制的单位要高几倍，而且建筑的使用功能及工程质量“通病”更为严重。

2. 建筑结构使用不当问题

（1）在原有建筑物上任意加层，下层结构未经核算，原有建筑承受不了新增加的荷重而造成整体倒塌的也有不少。（2）设备荷载加大，使结构及构件内产生超应力而造成事故。如安装了原设计未考虑的额外设备；用动力荷载较大的设备代替原设计的设备；设备的震动太大对结构产生有害影响而造成事故。（3）在建筑主体结构上任意增凿各种孔洞、沟槽，削弱了结构断面而造成事故。（4）水泥厂等粉尘较大的车间，常因屋面积聚大量灰尘，使用中又未及时清除，使屋盖超载，造成屋盖局部损坏或坍塌。

二、解决劣质工程的有效措施

（一）强化建设市场管理

1. 建立“契约型商品”的理论基础

自20世纪80年代中期我国推广“鲁布革经验”全国开放建设市场以来，各部门及所属建设、设计、施工等单位，努力创造条件，积极开展建设市场交易，推行以法人负责制为中心的建设项目招标承包。经建设市场招标投标选择项目承包单位进行工程建设其产品为“契约型商品”。“契约型商品”与“市场型商品”不同。“市场型商品”的质量可以在商品交换中经受检验，购物者可以自由选择，其制造（生产）周期与购物者无直接关系；“契约型商品”在签订契约时，买方（投资者或招标单位）仅对建设项目有关技术标准，经济指标和交货期限（工期）提出要求，实物能否达到预期目的需在产品（工程）完成后方能知晓。要使建设项目在建造过程中达到契约规定的各项技术经济条款，买方须要学习和掌握建设市场动态，按价值规律编造招标文件，有正确选择卖方（投标者）的方法和程序；同时，卖方（承包单位）要在激烈的建设市场竞争中获取较高的经济效益，则需依靠科技进步，重视技术开发，能把国内外先进的科技成果转化为现实的生产力，以“技术优势”取胜和“质量优良”树立企业信誉。强化项目管理和按价值规律组织工程建设的重要措施。目前，国内开放建设市场时间不长，法律、法规正在建立，但已有些建设、设计、施工和器材供应以及工程咨询、工程监理等单位积累了不少宝贵经验，取得了可喜成果。

2. 树立市场经济观点

市场经济是商品经济发展的产物。无论私有制条件下的市场经济还是公有制条件下的市场经济，其运行的基本要求和方式都有以下特征，进行项目管理必须有市场经济观点。

（1）凡是商品，不论是消费资料还是生产资料，不论是产品还是生产要素，其交换和流通，都必须通过市场。（2）市场在资源配置中起基本作用，建设项目招标投标主要靠市场调节，全部活动必须符合市场供需规律。（3）市场经济中建设项目实施运行的基本原则是等价交换，建设承包要按等价交换原则交换自己的商品。（4）竞争机制在市场经济中发挥“优胜劣汰”的作用，“刺激效率、鞭策落后”的竞争激励方式得到广泛的应用。（5）在市场中的交易和竞争是公平、公正和公开的、统一的、开放的。全国是一个统一的市场，经济活动对外开放，也就是说市场中的商品竞争具有平等性、公开性、开放性和规范性，不允许进行任何形式的封锁和垄断。

（6）市场受价值规律支配，商品价格能灵活反映资源的供求状况，即它们相对富余稀缺的程度。（7）企业是市场的主体，自主经营，自我约束，自负盈亏，自我发展。

3. 严厉打击招标投标中的弄虚作假和行贿受贿等行为

（1）强化招标投标过程监理

在招标投标过程中，弄虚作假等不正之风和行贿受贿等违法行为不仅给国家经济造成损失，也腐蚀了干部。目前，党和国家已开始注意解决行业不正之风，但仍有一些地区和企业没能引起重视，使问题未能根除，因此，工程质量无法保证。

还有不少企业和行政领导者对建设市场的交易与经营工作不太熟悉；有些行政部门还没有从过去把建设项目当成产品，单靠行政分配任务的老习惯中转变过来；有的用行政手段搞建设项目“招标投标”忽视了建设市场受价值规律分配的原则等。

这些问题，确实影响了建设商品的质量与经营工作的正常进行，若将建设项目从“产品”转成“商品”，必须参照国际建设市场经验进一步加强法制建设，从政策上保证全面开放建设市场，克服一切不良倾向，才能保证“契约型商品”的质量与经营走向正常轨道，真正的实现建设项目“高质量”的目的。

（2）强化建设市场监理

建设业是独立的物质生产部门，建筑安装产品实际是“契约型商品”这个理论现在已被人们接受了。一般讲，建筑商品应具有三个条件：一是使用价值；二是可行使价值交换；三是可在市场流通。在建设市场上投标方实际是卖方，招标方实际是买方。只是这种交易是以“契约型商品”实现成交。因此，建设项目的招标与投标是双方经营工程生意的一种方式，在经营中不加强监管力度易于产生不正之风。

4. 培育和完善建设市场体系，发挥建设市场调节作用

《中华人民共和国招标投标法》已经公布，地方政府应采取措施，培育和完善市场体系，发挥市场调节作用，对有关部门和人员的违法行为进行处理。问题是要切实更新观念，改进市场管理和运用经济手段，使之合乎实际需要，使建设市场能有计划指导和集中调控。培育和完善市场体系，发挥市场机制的作用，要坚持不懈的进行努力，要抓住时机，迈开步伐，打好基础，采取措施。按照国际建设市场规则建立和规划完善平等竞争的全国统一的建设市场。在建设市场交易中锻炼队伍，提高企业管理水平，为我国建设企业打入国际建设市场创造条件。招标承包合同应有计划地采用 FIDIC 合同条件。

按照国民经济发展总体规划和布局，统筹规划、协调和建立生产资料市场、劳务市场、技术市场、信息市场等，促进建设市场体系的发展和完善。

在当今新技术革命兴起，以科学技术为先导的社会大生产跨越国界，生产向国际化发展，国与国之间经济交流和科技不断拓宽和深化的背景下，有关部门应发布

市场信息、加强管理、制止违法经营和不正当竞争。国际上很多学者认为，服务业的增长和转化，将使信息产业分化成为第四产业。要通过发布建设市场信息，推进完善建设市场，搞好建设市场交易。

为企业提供社会服务。发展和完善与企业有关的公共设施和公共事业，减轻企业负担；建立和发展会计事务所、审计事务所、职业介绍所、咨询服务机构等社会服务组织；协调企业与其他单位的关系，保证建设市场的正常经营（设计、施工及制造）与交易（招标投标）秩序。

5．强化政府对建设市场的管理与监督

在以公有制经济为主体的国家，每个基础设施及工、矿企业建设项目都涉及国家经济发展的各个领域，直接关系国计民生，影响到国家（或地区）的经济发展和社会效益，因此，建设工程必须置于国家政府法律监督之下。国务院颁发的《建设工程质量管理条例》明确了政府对建设工程质量监督的职责，以法规的形式肯定了政府对建设工程质量监督的制度，地方建设主管部门应当落实。

（1）各地区应当进一步落实建设工程招标投标和确保工程质量方面的法规，以保证工程项目招标投标工作开展。（2）对招标单位的建设前期准备工作，例如资金、征（购）地、资源使用、环境保护等方面的落实情况进行审查，具备条件时，各级主管部门方能批准其招标。（3）对投标单位进行甄别，各级建设主管部门要从严审查建设企业的资格、等级是否符合国家规定的资质条件，不允许越级承包。（4）对涉及法律的一些违法行为（如行贿受贿等案件）进行调查，依据法律追究责任。

（二）推进社会监督和技术检测

1．建立社会监督机构

（1）健全银行资信监督

建设项目招标投标是市场交易行为，这种交易不是立即兑现，需要较长时间的履约过程，故需要履约担保，一般需银行出具保函，受项目法人委托开户银行开具保函时，对具保单位（企业）必须先进行资信评估。对要投标的建设企业（单位）的贷款支付能力、还贷能力及偿还债务能力和企业经营管理水平，特别是发生工程质量事故后，有无补偿能力等，按照规定标准进行评价和估测，以作为出具保函的依据。资信评估的目的是维护债权人的利益。因此，健全银行资信评估制度是加强建设市场交易，即建设项目招标投标管理与监督的重要环节之一。

银行进行资信评估的标准主要有以下四个方面：

①企业资金、信用情况：包括贷款还贷率、合同履约率、自有流动资金占全部流动资金的比例等。②企业经济效益，不仅包括资金周转率及资金利税率等情况，而且应对企业的工程设计与施工、工程咨询与监理信誉情况进行评价，对发生质量

事故的赔偿能力进行评估。③经营管理水平，包括资金周转加速率及增收节支挖潜能力等进行评估。④企业发展前景，包括企业规模及工程建设任务后继能力，设备更新状况以及企业人员技术素质和领导者业务水平等进行评估。

被评估优级信用的企业，才能享受银行的担保，办理招标投标信用登记。

（2）按照《建设工程质量管理条例》建立健全工程监理制

建设商品交易过程中需要一批熟练的有经验的工程技术和经济管理人员协助项目法人（建设单位或业主）对建设项目实施全过程进行工程监理（或施工监理），避免和克服中标承包单位在履行合同时的随意性。工程监理的任务是从组织和管理的角度采取措施，以确保建设项目招标承包合同的总目标，即费用（资金）目标、工期目标和质量目标的合理实现。

应当按照国际通用合同条件（FIDIC）建立工程监理制，在建设项目招标承包合同签订后，由具有法人资格、独立开业的监理组织受项目法人（建设单位或业主）委托对建设项目进行监理活动。

国外业主认为，一项工程的成败，很大程度上取决于能否聘请到高水平的工程监理（或工程咨询）单位。因此，业主在招聘工程监理单位时，先以书面形式邀请几个单位，分别进行协商，然后评审择优确定。建立工程监理制度是一项比较复杂、难度很大的工作。根据我国特点，应先将工程监理工作的基本方针、政策、法规和监理单位健全起来。然后根据 FIDIC 合同条件规定全面培训我国工程监理（或工程咨询）专业技术人员，建立和完善国家和地区的工程监理管理体制，与建设市场配套发展，逐步实施“业主—工程师—承包商”模式的工程监理体制，使工程管理工作向定型化、制度化、科学化和专业化方向发展。

（3）建立社会审计组织

在继续加强政府审计部门对建设项目审计的同时，要加快发展社会审计组织。社会审计组织（如审计事务所等）主要是受项目法人委托对工程投标单位的决算进行审计验证，以帮助项目法人控制投资和成本。社会审计组织（审计事务所）还可以对项目法人的资金进行验资查证，以保证项目建设单位决策者谨慎决策，合理使用资金和建设项目资金的落实，这样才能保证投资用于工程，工程是否实现了合理价格。审计失误的也要承担经济的和法律的责任。

2．推进技术进步，改进检测工艺

现代化基础设施及工业与民用建设项目，特别是大型高新技术建设工程结构复杂，必需依靠科学管理和先进的检测技术。工程建设质量的高低与对工程结构的工序质量检测水平密切相关。从某种意义上讲，保证工程质量检测技术要先行。因此，指定与装备工程质量技术检测中心，形成地区工程质量技术检测网是很重要的。建立技术检测中心（站）的目的是使工程质量的监督检测建立在可靠的科学技术数据基础上，将现行的目测、手量改为用物理的、化学的分析方法，测得工程需要的计量值数据和计数值数据，实现用现代化的检测技术、器械、仪表对施工全过程的质量进行控制。技术检测中心（站）可根据国家施工验收规范进行指令性检验和复测。技术检测能开展质量反馈活动，积累、核实施工中各项技术数据，帮助分析施工中发生和出现的问题，对工程质量做出正确判断和评价，及时采取合格可靠的补救措施。

工程质量检测包括多种专业技术，量大面广，建立工程质量技术检测中心（站），为节省国家资金，不能按部门建立"小洋全"的试验室。应打破部门界线，以大、中城市或工矿区为主，充分利用中央或地方在各地的现有科研、教学、勘探设计、施工等单位的试验室，选择技术力量强，检测仪表、器械先进的单位，在现有的基础上加以充实、完善和提高，避免重复。同时，要争取利用军工技术为工程建设质量检测工作服务，实现平战结合，节省国家资金，扩大技术交流，帮助地方企业提高技术水平，推动施工技术进步。

3. 依靠科学技术进步，提高建设工程质量

"经济建设必须依靠科学技术进步，科学技术必须面向经济建设，现代化建设项目要确保工程质量，缩短建设周期，合理使用投资，控制工程造价，必须依靠科学技术进步。要想在投标竞争中取胜，中标后达到预期目标，中标承包单位必须不断优化设计，选择先进工艺和设备、应用新型建筑材料、采用新工艺、新结构和推进工程技术进步，将科学技术迅速的转化为生产力。但是，现在建设招标投标选择施工工艺中没有及时将国内外先进科技成果转化为生产力。要想降低建设商品的价格，确保建设商品质量，缩短建设商品生产周期，建设项目的工程设计和工程施工单位必须依靠技术进步，迅速将国内外已有的先进科技成果转化到现实生产力上。

现场浇注（钢筋）混凝土生产长期处于手工操作和小型分散的半机械化作业，由企业自行生产，是开发建设市场的主要薄弱环节。全国（钢筋）混凝土集中生产、商品化经营的比例还较低，有些地区还是空白。发展混凝土集中生产、商品化经营是实现施工机械化，搞活建设市场的重要环节之一。以中心城市（工矿区）为主体有计划的改革混凝土生产工艺，推进"双掺技术"（以减水剂为主体的外加剂和以粉煤灰为主体的掺合料用于混凝土生产的技术）为主的混凝土生产工艺是开发建设市场和推进技术进步的需要，应引起必要的重视。商品混凝土是保证工程质量的重要环节。

研发工程用建筑材料市场。建立工程用建材经营企业，实行建筑材料标准化，统一经营，为大宗建材（地方生产的砖、瓦、砂、石等）及地产建材进入建设市场参与竞争创造条件。逐步形成建筑材料供应专业化，统一经营。使中标单位能在市

场上选择所需材料，不仅对提高材料质量、降低材料价格和保证工程质量有利，同时也为地区经济发展创造了条件。

实行施工设备及暂设器材租赁制是进行工程管理改革的关键问题之一。以行业为主体建立专用设备租赁中心（站）和以地区为主体建立通用设备及暂设器材的租赁中心（站），是发展建设市场，挖掘设备潜力，降低工程成本的重要环节。主要专用设备（如水电、煤炭专用设备）应面向行业建立租赁中心（站），通用设备（如提升机、大型运输设备）以及暂设器材（如脚手杆、脚手板、模板等）应面向地区建立租赁中心（站），通过招标投标方式进入市场。按招标承包合同进行专业化经营，不仅可以改善经营管理、降低成本，保证工程质量。而且能形成自我发展机制，解决施工设备和暂设器材购置资金，为更新专用设备与器材和发展地区经济创造条件。

4. 学习国外先进技术，为国家重点建设服务

发展中国家科学技术水平较低，生产力薄弱。为了加强经济建设，发展生产力，须要学习国外先进技术和购买国外一些必要的技术装备、生产线以及一些元件和材料。其目的是发展生产，实现现代化，增强国家经济综合实力，提高本国的科学技术水平，使本国的产品和服务在国际市场上有竞争能力。为此，择优选择本国一些重点项目引进国外的先进技术和装备，以提高本国的竞争力，是当前工程建设中需要解决的问题。有些建设项目引进的一些技术装备、生产线以及一些元件和材料不合格，造成工程质量低劣的问题应引以为鉴。

（三）综合治理，提高建设工程质量

1. 建设工程质量存在的问题

（1）建设工程质量包含的内容

国家建设部颁发的第二十九号令规定“建设工程质量是指在国家现行的有关法律、法规、技术标准、设计文件和合同中，对工程的安全、适用、经济、美观等特性的综合要求”。要提高和确保建设工程质量，还应综合治理，进一步整顿建设市场，要全面落实《建设工程质量管理条例》的各项规定。

（2）建设工程质量存在的问题

目前国家基础设施及大型工、矿企业建设项目工程质量状况，总的来看是好的，但存在的问题不少，有的还相当严重。最近出现的桥梁垮坍、路基沉陷、房屋倒塌及堤坝决口等恶性事故，不能不引起高度重视。工程质量问题已成为实施扩大内需、加大基础设施建设和发展国民经济等重大决策成败的关键。

工程质量问题，主要是由于有些建设项目表现在前期工作差，基础资料不完善；工程设计不合理，违反科学；工程材料假冒伪劣，以次充好；施工质量粗制滥造，偷工减料等。出现这些问题，有着复杂的经济和社会原因，一是领导缺乏质量意识，

措施不力；二是项目管理混乱，违反建设程序；三是招标投标法规不健全，动作不规范；四是工程监理制度形同虚设，监理问题突出；五是腐败现象严重，资金大量流失。涉及建设市场管理的各个方面。

2．提高建设项目工程质量的途径

（1）质量责任，重如泰山

确保工程质量，必须建立层层负责的质量责任制。这是工程质量的组织保证。《建设工程质量管理条例》规定：工程质量必须由有关行业主管部门和有关地区政府指定专人负责，对工程质量负监督责任。项目法人代表投资者的利益，对工程质量管理负全责。凡是没有建立项目法人责任制的，必须建立起来。勘察、设计、施工、材料设备供应、监理单位，按照业务分工，对工程质量涉及的各个环节负责，并将责任分解落实到具体个人身上。国家已明确规定：所有领导责任人、项目法人代表、勘察设计、施工、材料设备供应、监理等单位负责人，按照职责对经手的工程质量负终身责任，如果出现质量问题，不管调到哪里，都要追究责任。要确保建设项目的质量应逐步与国际建设市场接轨，做好建设企业的 GB/T1900–ISO9000 标准的贯彻与认证，以规范建设企业的质量管理工作。

（2）强化质量管理

严格执行基本建设程序。严格审查和把握项目建议书、可行性研究报告、初步设计、开工报告和竣工验收等环节。违背这个程序、搞“三边”工程，必然出问题。项目可行性研究必须经过有资质、有权威的机构和专家咨询评估。要按合理工期组织均衡施工，不能违背科学，盲目赶工期。要建立健全招标投标制度，运用市场竞争机制保证工程质量和效益。国家投资的建设项目选择施工、供应单位，要进行公开招标投标。对勘察、设计、监理单位，要通过竞争，择优录用。招标投标工作必须体现公开、公平、公正原则，不得在同一管理单位内搞设计、施工、监理“一条龙”作业。投标单位必须具备相应的资质等级和业绩。严禁中标单位转包和违法分包。招标代理机构要成为真正的市场中介组织。一些地区的招标投标合一的办事机构应当分解。要严格工程监理制度，工程监理是受项目法人委托，对施工进行全过程、全方位监督，确保工程质量的重要制度。要通过竞争，选择合格的监理队伍担当监理任务，对重大工程的重点部位，可在全国范围内聘请知名度高、有信誉、有经验的工程项目总监参与工程监理。工程监理单位派出的工程总监业务水平及职业道德必须符合规定的条件，工程监理应有计划的采用 FIDIC 合同文本规定的职责。加强政府对工程质量的监管，要继续发挥各行业主管部门和地方政府质量监督机构的作用。

3．把科学技术落到实处，确保工程质量

确保工程质量，要依靠科学技术和高素质的队伍。要积极推广使用新技术、新材料和新工艺，依靠科技进步，预防与消除质量隐患，解决工程质量“通病”。要掌握国内外工程建设方面的科学技术发展动态，充分了解工程技术推广应用或淘汰的技术、工艺、设备、材料状况。及时修改质量评定验收和设计标准规范。组织对工程质量关键技术的科研攻关。加强工程建设队伍的教育和培训，不断提高职工队伍的技术素质和职业道德水平。特别要重视对项目经理和工程监理人员的培养和培训。逐步推行技术操作持证上岗制度，做到先培训，后上岗。

第六章　建筑工程施工质量检测

第一节　建筑工程施工质量控制体系

建筑工程项目质量控制系统服务于建筑工程项目管理的目标控制，因此，其质量控制的系统职能应贯穿于项目的勘察、设计、采购、施工和竣工验收等各个实施环节，即建筑工程项目全过程质量控制的任务或若干阶段承包的质量控制任务。建筑工程项目质量控制系统所涉及的质量责任自控主体和监控主体，通常情况下包括建设单位、设计单位、工程总承包企北、施工企业、建设工程监理机构、材料设备供应厂商等。这些质量责任和控制主体，在质量控制系统中的地位与作用不同。承担建设工程项目设计、施工或材料设备供货的单位，负有直接的产品质量责任，属质量控制系统中的自控主体；在建设工程项目实施过程中，对各质量责任主体的质量活动行为和活动结果实施监督控制的组织，称为质量监控主体，如业主、项目监理机构等。

一、全面质量管理思想和方法的应用

1. 全面质量管理（TQC）思想

TQC（Total Quality Control）即全面质量管理，是 20 世纪中期开始在欧美和日本广泛应用的质量管理理念和方法。我国从 20 世纪 80 年代开始引进并推广全面质量管理.其基本原理就是强调在企业或组织最高管理者的质量方针指引下,实行全面、全过程和全员参与的质量管理。

TQC 的主要特点是：以顾客满意为宗旨；领导参与质量方针和目标的制定；提倡以预防为主、科学管理、用数据说话等。在当今世界标准化组织颁布的 ISO 9000：2015 质量管理体系标准中，处处都体现了这些重要特点和思想。建设工程项目的质量管理，同样应贯彻“三全”管理的思想和方法。

（1）全面质量管理

建筑工程项目的全面质量管理，是指项目参与各方所进行的工程项目质量管理

的总称，其中包括工程（产品）质量和工作质量的全面管理。工作质量是产品质量的保证，工作质量直接影响产品质量的形成。建设单位、监理单位、勘察单位、设计单位、施工总承包单位、施工分包单位、材料设备供应商等，任何一方、任何环节的怠慢疏忽或质量责任不落实都会造成对建设工程质量的不利影响。

（2）全过程质量管理

全过程质量管理，是指根据工程质量的形成规律，从源头抓起，全过程推进。《质量管理体系基础和术语》（GB/T 19000—2015/ISO 9000：2015）强调质量管理的“过程方法”管理原则，要求应用“过程方法”进行全过程质量控制。要控制的主要过程有：项目策划与决策过程、勘察设计过程、设备材料采购过程、施工组织与实施过程、检测设施控制与计量过程、施工生产的检验试验过程、工程质量的评定过程、工程竣工验收与交付过程、工程回访维修服务过程等。

（3）全员参与质量管理

按照全面质量管理的思想，组织内部的每个部门和工作岗位都承担着相应的质量职能，组织的最高管理者确定了质量方针和目标，就应组织和动员全体员工参与到实施质量方针的系统活动中去，发挥自己的角色作用。开展全员参与质量管理的重要手段就是运用目标管理方法，将组织的质量总目标逐级进行分解，使之形成自上而下的质量目标分解体系和自下而上的质量目标保证体系，发挥组织系统内部每个工作岗位、部门或团队在实现质量总目标过程中的作用。

2. 质量管理的 PDCA 循环

在长期的生产实践和理论研究中形成的 PDCA 循环，是建立质量管理体系和进行质量管理的基本方法。PDCA 循环如图 6–1 所示。

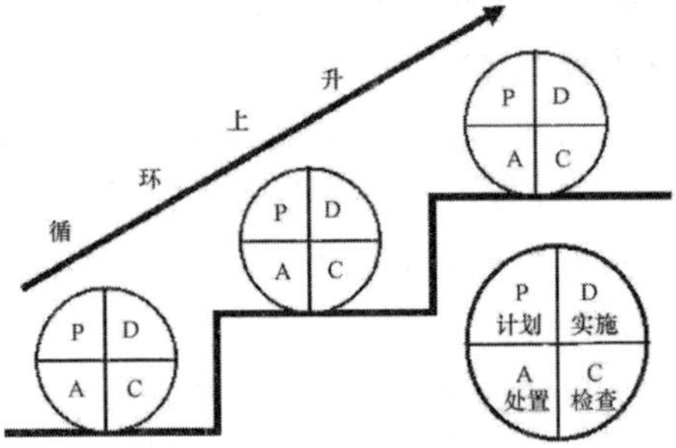

图 6–1　PDCA 循环示意

从某种意义上说，管理就是确定任务目标，并通过 PDCA 循环来实现预期目标。每一循环都围绕着实现预期的目标，进行计划、实施、检查和处置活动，随着对存在问题的解决与改进，在一次一次的滚动循环中不断上升，不断增强质量管理能力，不断增强质量水平。每一个循环的四大职能活动相互联系，共同构成了质量管理的系统过程。

（1）计划 P（Plan）

计划由目标和实现目标的手段组成，所以说计划是一条“目标 - 手段链”。质量管理的计划职能，包括确定质量目标和制定实现质量目标的行动方案两方面。实践表明，质量计划的严谨周密、经济合理和切实可行，是保证工作质量、产品质量和服务质量的前提条件。

建设工程项目的质量计划，是由项目参与各方根据其在项目实施中所承担的任务、责任范围和质量目标，分别制订质量计划而形成的质量计划体系。其中，建设单位的工程项目质量计划，包括确定和论证项目总体的质量目标，制订项目质量管理的组织、制度、工作程序、方法和要求。项目其他各参与方，则根据国家法律法规和工程合同规定的质量责任和义务，在明确各自质量目标的基础上，制订实施相应范围质量管理的行动方案，包括技术方法、业务流程、资源配置、检验试验要求、质量记录方式、不合格处理及相应管理措施等具体内容和做法的质量管理文件，同时也需对其实现预期目标的可行性、有效性、经济合理性进行分析论证，并按照规定的程序与权限，经过审批后执行。

（2）实施 D（Do）

实施职能在于将质量的目标值，通过生产要素的投入、作业技术活动和产出过程，转换为质量的实际值。为保证工程质量的产出或形成过程能够达到预期的结果，在各项质量活动实施前，要根据质量管理计划进行行动方案的部署和交底；交底的目的在于使具体的作业者和管理者明确计划的意图和要求，掌握质量标准及其实现的程序与方法。在质量活动的实施过程中，则要求严格执行计划的行动方案，规范行为，把质量管理计划的各项规定和安排落实到具体的资源配置和作业技术活动中去。

（3）检查 C（Check）

其是指对计划实施过程进行各种检查，包括作业者的自检、互检和专职管理者专检。各类检查也都包含两大方面：一是检查是否严格执行了计划的行动方案、实际条件是否发生了变化、不执行计划的原因；二是检查计划执行的结果，即产出的质量是否达到标准的要求，对此进行确认和评价。

（4）处置 A（Action）

对于质量检查中所发现的质量问题或质量不合格产品，应及时进行原因分析，采取必要的措施，予以纠正，保持工程质量形成过程的受控状态。处置分纠偏和预防改进两个方面。前者是采取有效措施，解决当前的质量偏差、问题或事故；后者是将目前的质量状况信息反馈到管理部门，反思问题症结或计划时的不周，确定改进目标和措施，为今后类似质量问题的预防提供借鉴。

二、项目质量控制体系的建立和运行

建筑工程项目的实施，涉及业主方、设计方、施工方、监理方、供应方等多方质量责任主体的活动，各方主体各自承担不同的质量责任和义务。为了有效地进行系统、全面的质量控制，必须由项目实施的总负责单位，负责建筑工程项目质量控制体系的建立和运行，实施质量目标的控制。

1．项目质量控制体系的性质、特点和构成

（1）项目质量控制体系的性质

建筑工程项目质量控制体系既不是业主方也不是施工方的质量管理体系或质量保证体系，而是由整个建筑工程项目目标控制的一个工作系统，其性质如下：

1）项目质量控制体系是以项目为对象，由项目实施的总组织者负责建立的面向项目对象开展质量控制的工作体系。2）项目质量控制体系是项目管理组织的一个目标控制体系，它与项目投资控制、进度控制、职业健康安全与环境管理等目标控制体系，共同依托于同一项目管理的组织机构。3）项目质量控制体系根据项目管理的实际需要而建立，随着项目的完成和项目管理组织的解体而消失，因此，它是一个一次性的质量控制工作体系，不同于企业的质量管理体系。

（2）项目质量控制体系的特点

如上所述，建筑工程项目质量控制系统是面向项目对象而建立的质量控制工作体系，它与建筑企业或其他组织机构按照 GB/T 19000—2015 质量管理体系族标准建立的质量管理体系相比较，有以下不同：

1）建立的目的不同

项目质量控制体系只用于特定的项目质量控制，而不是用于建筑企业或组织的质量管理，其建立的目的不同。

2）服务的范围不同

项目质量控制体系涉及项目实施过程中的所有质量责任主体，而不只是针对某一个承包企业或组织机构，其服务的范围不同。

3）控制的目标不同

项目质量控制体系的控制目标是项目的质量目标，并非某一具体建筑企业或组织的质量管理目标，其控制的目标不同。

4）作用的时效不同

项目质量控制体系与项目管理组织系统相融合，是一次性的质量工作体系，并非永久性的质量管理体系，其作用的时效不同。

5）评价的方式不同

项目质量控制体系的有效性一般由项目管理的总组织者进行自我评价与诊断，不需进行第三方认证，其评价的方式不同。

（3）项目质量控制体系的构成

建筑工程项目质量控制体系，一般形成多层次、多单元的结构形态，这是由其实施任务的委托方式和合同结构所决定的。

1）多层次结构

多层次结构是对应于项目工程系统纵向垂直分解的单项、单位工程项目的质量控制体系。在大、中型工程项目，尤其是群体工程项目中，第一层次的质量控制体系应由建设单位的工程项目管理机构负责建立；在委托代建、项目管理或实行交钥匙式工程总承包的情况下，应由相应的代建方项目管理机构、受托项目管理机构或工程总承包企业项目管理机构负责建立。第二层次的质量控制体系，通常是指分别由项目的设计总负责单位、施工总承包单位等建立的相应管理范围内的质量控制体系。第三层次及其以下，是承担工程设计、施工安装、材料设备供应等各承包单位的现场质量自控体系，或称各自的施工质量保证体系。系统纵向层次机构的合理性是项目质量目标、控制责任和措施分解落实的重要保证。

2）多单元结构

多单元结构是指在项目质量控制总体系下，第二层次的质量控制体系及其以下的质量自控或保证体系可能有多个。这是项目质量目标、责任和措施分解的必然结果。

2. 项目质量控制体系的建立

项目质量控制体系的建立过程，实际上就是项目质量总目标的确定和分解过程，也是项目各参与方之间质量管理关系和控制责任的确立过程。为了保证质量控制体系的科学性和有效性，必须明确体系建立的原则、内容、程序和主体。

（1）建立的原则

实践经验表明，对于项目质量控制体系的建立，遵循以下原则对质量目标的规划、分解和有效实施控制是非常重要的。

1）分层次规划原则

项目质量控制体系的分层次规划，是指项目管理的总组织者（建设单位或代建制项目管理企业）和承担项目实施任务的各参与单位，分别进行不同层次和范围的建设工程项目质量控制体系规划。

2）目标分解原则

项目质量控制系统总目标的分解，是根据控制系统内工程项目的分解结构，将工程项目的建设标准和质量总体目标分解到各个责任主体，明示于合同条件，由各责任主体制订出相应的质量计划，确定其具体的控制方式和控制措施。

3）质量责任制原则

项目质量控制体系的建立，应按照《建筑法》和《建设工程质量管理条例》有关工程质量责任的规定，界定各方的质量责任范围和控制要求。

4）系统有效性原则

项目质量控制体系，应从实际出发，结合项目特点、合同结构和项目管理组织系统的构成情况，建立项目各参与方共同遵循的质量管理制度和控制措施，并形成有效的运行机制。

（2）建立的程序

项目质量控制体系的建立过程，一般可按以下环节依次展开工作：

1）确立系统质量控制网络

首先明确系统各层面的工程质量控制负责人、一般应包括承担项目实施任务的项目经理（或工程负责人）、总工程师、项目监理机构的总监理工程师、专业监理工程师等，以形成明确的项目质量控制责任者的关系网络架构。

2）制定质量控制制度

其包括质量控制例会制度、协调制度、报告审批制度、质量验收制度和质量信息管理制度等，形成建设工程项目质量控制体系的管理文件或手册，作为承担建设工程项目实施任务各方主体共同遵循的管理依据。

3）分析质量控制界面

项目质量控制体系的质量责任界面，包括静态界面和动态界面。一般来说静态界面根据法律法规、合同条件、组织内部职能分工来确定。动态界面主要是指项目实施过程中设计单位之间、施工单位之间、设计与施工单位之间的衔接配合关系及其责任划分，必须通过分析研究，确定管理原则与协调方式。

4）编制质量控制计划

项目管理总组织者负责主持编制建设工程项目总质量计划，并根据质量控制体系的要求，部署各质量责任主体编制与其承担任务范围相符合的质量计划，并按规定程序完成质量计划的审批，作为其实施自身工程质量控制的依据。

（3）建立质量控制体系的责任主体

根据建筑工程项目质量控制体系的性质、特点和结构，一般情况下，项目质量控制体系应由建设单位或工程项目总承包企业的工程项目管理机构负责建立；在分阶段依次对勘察、设计、施工、安装等任务进行分别招标发包的情况下，该体系通常应由建设单位或其委托的工程项目管理企业负责建立，并由各承包企业根据项目质量控制体系的要求，建立隶属于总的项目质量控制体系的设计项目、施工项目、采购供应项目等分质量保证体系（可称相应的质量控制子系统），以具体实施其质量责任范围内的质量管理和目标控制。

3. 项目质量控制体系的运行

项目质量控制体系的建立，为项目的质量控制提供了组织制度方面的保证。项目质量控制体系的运行，实质上就是系统功能的发挥过程，也是质量活动职能和效果的控制过程。质量控制体系要有效地运行，还有赖于系统内部的运行环境和运行机制的完善。

（1）运行环境

项目质量控制体系的运行环境，主要是指以下几方面为系统运行提供支持的管理关系、组织制度和资源配置的条件：

1）项目的合同结构

建设工程合同是联系建设工程项目各参与方的纽带，只有在项目合同结构合理，质量标准和责任条款明确，并严格进行履约管理的条件下，质量控制体系的运行才能成为各方的自觉行动。

2）质量管理的资源配置

质量管理的资源配置，包括专职的工程技术人员和质量管理人员的配置；实施技术管理和质量管理所必需的设备、设施、器具、软件等物质资源的配置。人员和资源的合理配置是质量控制体系得以运行的基础条件。

3）质量管理的组织制度

项目质量控制体系内部的各项管理制度和程序性文件的建立，为质量控制系统各个环节的运行提供必要的行动指南、行为准则和评价基准的依据，是系统有序运行的基本保证。

（2）运行机制

项目质量控制体系的运行机制，是由一系列质量管理制度安排所形成的内在动力。运行机制是质量控制体系的生命，机制缺陷是造成系统运行无序、失效和失控的重要原因。

因此，对系统内部的管理制度设计，必须予以高度的重视，防止重要管理制度的缺失、制度本身的缺陷、制度之间的矛盾等现象出现，这样才能为系统的运行注入动力机制、约束机制、反馈机制和持续改进机制。

1）动力机制

动力机制是项目质量控制体系运行的核心机制，其来源于公正、公开、公平的竞争机制和利益机制的制度设计或安排。这是因为项目的实施过程是由多主体参与的价值增值链，只有保持合理的供方及分供方等各方关系，才能形成合力。它是项目管理成功的重要保证。

2）约束机制

没有约束机制的控制体系是无法使工程质量处于受控状态的。约束机制取决于各质量责任主体内部的自我约束能力和外部的监控效力。约束能力表现为组织及个人的经营理念、质量意识、职业道德及技术能力的发挥；监控效力取决于项目实施主体外部对质量工作的推动和检查监督。两者相辅相成，构成了质量控制过程的制衡关系。

3）反馈机制

运行状态和结果的信息反馈，是对质量控制系统的能力和运行效果进行评价，并为及时作出处置提供决策依据。因此，必须有相关的制度安排，保证质量信息反馈的及时和准确；坚持质量管理者深入生产第一线，掌握第一手资料，才能形成有效的质量信息反馈机制。

4）持续改进机制

在项目实施的各个阶段，不同的层面、不同的范围和不同的质量责任主体之间，应用 PDCA 循环原理，即以计划、实施、检查和处置不断循环的方式展开质量控制，同时注重抓好控制点的设置，加强重点控制和例外控制，并不断寻求改进机会、研究改进措施，才能保证建设工程项目质量控制体系的不断完善和持续改进，不断提高质量控制能力和控制水平。

三、建筑施工企业质量管理体系的建立与认证

建筑施工企业质量管理体系是企业为实施质量管理而建立的管理体系，其通过第三方质量认证机构的认证，为该企业的工程承包经营和质量管理奠定基础。企业质量管理体系应按照我国《质量管理体系基础和术语》（GB/T 19000—2015）质量管理体系族标准进行建立和认证。该标准是我国按照等同原则，采用国际标准化组织颁布的 ISO 9000：2015 质量管理体系族标准制定的。其内容主要包括 ISO 9000：2015 质量管理体系族标准提出的质量管理七项原则，企业质量管理体系文件的构成，以及企业质量管理体系的建立与运行、认证与监督等相关知识。

1. 质量管理七项原则

质量管理七项原则是 ISO 9000：2000 质量管理体系族标准的编制基础，是世界各国质量管理成功经验的科学总结，其中，不少内容与我国全面质量管理的经验吻合。它的贯彻执行能促进企业管理水平的提高，提高顾客对其产品或服务的满意程度，帮助企业达到持续成功的目的。质量管理七项原则的具体内容如下：

（1）以顾客为关注焦点

满足顾客的需求相当重要，因为组织的持续成功主要取决于顾客。首先，要全面识别和了解组织现在和未来顾客的需求；其次，要为超越顾客期望作一切努力。同时，还要考虑组织利益相关方的需要和期望、

（2）领导作用

领导作用是通过设定愿景、展开方针，确立统一的组织宗旨和方向，指导员工，引导组织按正确的方向前进来实现的。领导的主要作用是率先发扬道德行为，维护好内部环境，鼓励员工在活动中承担义务以实现组织的目标。

（3）全员参与

能够全面担责并有胜任能力的员工在为提升组织的全面绩效方面作出了贡献，他们构成了组织管理的基础。组织的绩效最终是由员工决定的。员工是一种特殊的资源，因为他们不仅不会被损耗掉，而且具有提升胜任能力的潜力。组织应懂得员工的这种重要性和独特性。为了有效率地管理组织，使每个员工都担责，提高员工的知识和技能、激励员工、尊重员工是至关重要的。

（4）过程方法

把组织的活动作为过程加以管理，以加强其提供过程结果的能力。将相互作用的过程和相应资源作为系统加以管理，以提高实现目标的能力。为了建立一个好的质量管理体系，质量管理系统是相当重要的，这个体系有一个统一的目标，并且由一系列过程所组成。要考虑整个体系与各组成部分，以及各个组成部分之间的关系。要用焦点导向的方法，设计、实施和改进质量管理体系，以便实现全面优化。

组织通过规定输入、输出、活动、资源、测量指标和组成体系的过程控制点，识别影响过程输出的因素，对一系列活动和资源进行管理，就能有效地发挥质量管理体系的作用。

建立质量管理体系的工作内容一般包括：①确定顾客期望；②建立质量目标和方针；③确定实现目标的过程和职责；④确定必须提供的资源；⑤规定测量过程有效性的方法；⑥实施测量确定过程的有效性；⑦确定防止不合格现象并清除其产生原因的措施；⑧建立和应用改进质量管理体系的过程。

（5）改进

任何类型的改进都为组织提供了宝贵的机会。基于对持续提高组织能力的理解，组织提倡为更好而作改变。面临经营环境的变化，若组织要在为顾客提供价值上取得持续成功，就必须维护好企业文化和价值观。这些文化和价值观注重组织的成长，积极倡导基于学习能力、自主和敏捷性的改进和创新。

（6）基于证据的决策

根据证据对组织的活动进行管理。以证据为依据的管理是通过识别关键指标、测量和监视、分析测量和监视数据，以及根据结果分析进行决策来实现的。

（7）关系管理

在价值网络里开展合作，提升组织为顾客提供价值的能力。没有一个组织能靠单打独斗向顾客提供价值并使他们满意。

2. 企业质量管理体系文件的构成

组织的质量管理体系应包括标准所要求的形成文件的信息以及组织确定的确保质量管理体系有效运行所需的形成文件的信息。质量管理标准所要求的质量管理体系文件一般由下列内容构成，这些文件的详略程度无统一规定，以适合企业使用，使过程受控为准则：

（1）质量方针和质量目标

质量方针和质量目标一般都以简明的文字来表述，是企业质量管理的方向目标，其反映用户及社会对工程质量的要求及企业相应的质量水平和服务承诺，也是企业质量经营理念的反映。

（2）质量手册

质量手册是规定企业组织质量管理体系的文件，质量手册对企业质量体系进行了系统、完整的描述。其内容一般包括：企业的质量方针、质量目标；组织机构及质量职责；体系要素或基本控制程序；质量手册的评审、修改和控制的管理办法。

质量手册作为企业质量管理系统的纲领性文件应具备指令性、系统性、协调性、先进性、可行性和可检查性。

（3）程序性文件

各种生产、工作和管理的程序文件是质量手册的支持性文件，是企业各职能部门为落实质量手册的要求而规定的细则，企业为落实质量管理工作而建立的各项管理标准、规章制度都属于程序文件范畴。各企业程序文件的内容及详略可视企业情况而定。一般来说，以下六个方面的程序为通用性管理程序，各类企业都应在程序文件中制定：

1）文件控制程序。2）质量记录管理程序。3）内部审核程序。4）不合格品控制程序。5）纠正措施控制程序。6）预防措施控制程序。

除上述六个程序外，涉及产品质量形成过程各环节控制的程序文件，如生产过程、服务过程、管理过程、监督过程等管理程序文件，可视企业质量控制的需要来制定，不做统一规定。

为确保过程的有效运行和控制，在程序文件的指导下，还可按管理需要编制相关文件，如作业指导书、具体工程的质量计划等。

（4）质量记录

质量记录是产品质量水平和质量体系中各项质量活动及其结果的客观反映，其对质量体系程序文件所规定的运行过程及控制测量检查的内容如实加以记录，用以证明产品质量达到合同要求及质量保证的满足程度。如在控制体系中出现偏差，则质量记录不仅需反映偏差情况，而且应反映出针对不足之处所采取的纠正措施及纠正效果。

质量记录应完整地反映质量活动实施、验证和评审的情况，并记载关键活动的过程参数，具有可追溯性的特点。质量记录以规定的形式和程序进行，并包含实施、验证、审核等意见。

不同组织的质量管理体系文件的多少与详略程度各有不同，其取决于：①组织的规模、活动类型、过程、产品和服务；②过程及其相互作用的复杂程度；③人员的能力。

3．企业质量管理体系的建立和运行

（1）企业质量管理体系的建立

1）企业质量管理体系的建立，是在确定市场及顾客需求的前提下，按照七项质量管理原则制定企业的质量方针、质量目标、质量手册、程序文件及质量记录等体系文件，并将质量目标分解落实到相关层次、相关岗位的职能和职责中，形成企业质量管理体系的执行系统。2）企业质量管理体系的建立还包含组织企业不同层次的员工进行培训，使体系的工作内容和执行要求为员工所了解，为形成全员参与的企业质量管理体系的运行创造条件。3）企业质量管理体系的建立需识别并提供实现质量目标和持续改进所需的资源，包括人员、基础设施、环境、信息等。

（2）企业质量管理体系的运行

1）企业质量管理体系的运行是在生产及服务的全过程中，按质量管理体系文件所制定的程序、标准、工作要求及目标分解的岗位职责进行运作。2）在企业质量管理体系运行的过程中，按各类体系文件的要求，监视、测量和分析过程的有效性和效率，做好文件规定的质量记录，持续收集、记录并分析过程的数据和信息。3）按文件规定的办法进行质量管理评审和考核。对过程运行的评审考核工作，应针对发现的主要问题，采取必要的改进措施，使这些过程达到所策划的结果并实现对过程的持续改进。4）落实质量体系的内部审核程序，有组织、有计划地开展内部质量审核活动，其主要目的是：①评价质量管理程序的执行情况及适用性；②揭露过程中存在的问题，为质量改进提供依据；③检查质量体系运行的信息；④向外部审核单位提供体系有效的证据。

为确保系统内部审核的效果，企业领导应发挥决策领导作用，制定审核政策和计划，组织内审人员队伍，落实内审条件，并对审核发现的问题采取纠正措施和提供人、财、物等方面的支持。

4．企业质量管理体系的认证与监督

《建筑法》规定，国家对从事建筑活动的单位推行质量体系认证制度。

（1）企业质量管理体系认证的意义

质量认证制度是由公正的第三方认证机构对企业的产品及质量体系作出正确、可靠的评价，从而使社会对企业的产品建立信心。第三方质量认证制度自 20 世纪 80 年代以来已得到世界各国的普遍重视，它对供方、需方、社会和国家的利益具有以下重要意义：

1）提高供方企业的质量信誉。2）促进企业完善质量体系。3）增强企业的国际市场竞争能力。4）减少社会重复检验和检查费用。5）有利于保护消费者利益。6）有利于法规的实施。

（2）企业质量管理体系认证的程序

1）申请和受理

具有法人资格，并已按《质量管理体系基础和术语》（GB/T 19000—2015）质量管理体系族标准或其他国际公认的质量体系规范建立了文件化的质量管理体系，并在生产经营全过程贯彻执行的企业可提出申请。申请单位须按要求填写申请书。认证机构经审查符合要求后接受申请，如不符合要求则不接受申请，接受或不接受均发出书面通知书。

2）审核

认证机构派出审核组对申请方的质量管理体系进行检查和评定，包括文件审查、现场审核，并提出审核报告。

3）审批与注册发证

认证机构对审核组提出的审核报告进行全面审查，对符合标准者予以批准并注册，发给认证证书（内容包括证书号、注册企业名称地址、认证和质量管理体系覆盖产品的范围、评价依据及质量保证模式标准及说明、发证机构、签发人和签发日期）。

（3）获准认证后的维持与监督管理

企业质量管理体系获准认证的有效期为 3 年。获准认证后，企业应通过经常性的内部审核，维持质量管理体系的有效性，并接受认证机构对企业质量管理体系实施监督管理。

获准认证后的质量管理体系，其维持与监督管理内容如下：

1）企业通报

认证合格的企业质量管理体系在运行中出现较大变化时，需向认证机构通报。认证机构接到通报后，视情况采取必要的监督检查措施。

2）监督检查

认证机构对认证合格单位的质量管理体系的维持情况进行监督性现场检查，包括定期和不定期的监督检查。定期检查通常是每年一次，不定期检查视需要临时安排。

3）认证注销

注销是企业的自愿行为。在企业质量管理体系发生变化或证书有效期届满未提出重新申请等情况下，认证持证者提出注销的，认证机构应予以注销，收回该体系认证证书。

4）认证暂停

认证暂停是认证机构在获证企业质量管理体系发生不符合认证要求的情况下所采取的警告措施。认证暂停期间，企业不得使用质量管理体系认证证书作宣传。企业在规定期间采取纠正措施满足规定条件后，认证机构撤销认证暂停，否则将撤销认证注册，收回合格证书。

5）认证撤销

当获证企业的质量管理体系严重不符合规定，或在认证暂停的规定期限未予整改，或出现其他构成撤销体系认证资格情况时，认证机构应作出撤销认证的决定。企业若不服可提出申诉。撤销认证的企业一年后可重新提出认证申请。

6）复评

认证合格有效期满前，如企业愿继续延长，可向认证机构提出复评申请。

7）重新换证

在认证证书有效期内，出现体系认证标准变更、体系认证范围变更、体系认证证书持有者变更等情况时，可按规定重新换证。

建筑工程项目的全面质量管理，是指项目参与各方所进行的工程项目质量管理的总称，其中包括工程（产品）质量和工作质量的全面管理。在长期的生产实践和理论研究中形成的 PDCA 循环，是建立质量管理体系和进行质量管理的基本方法。

建筑工程项目的实施，涉及业主方、设计方、施工方、监理方、供应方等多方质量责任主体的活动，各方主体各自承担不同的质量责任和义务。为了有效地进行系统、全面的质量控制，必须由项目实施的总负责单位，负责建设工程项目质量控制体系的建立和运行，实施质量目标的控制。

建筑施工企业质量管理体系是企业为实施质量管理而建立的管理体系，通过第三方质量认证机构的认证，为该企业的工程承包经营和质量管理奠定基础。企业质量管理体系应按照我国《质量管理体系基础和术语》（GB/T 19000—2015）质量管理体系族标准进行建立和认证。其内容主要包括 ISO 9000：2015 质量管理体系族标准提出的质量管理七项原则，企业质量管理体系文件的构成，以及企业质量管理体系的建立与运行、认证与监督等相关知识。

第二节　建筑工程施工质量控制

本节主要介绍了建筑工程施工质量控制的依据与基本环节、施工质量计划的内容与编制方法、施工生产要素的质量控制、施工准备的质量控制、施工过程的质量控制、施工质量与设计质量的协调等内容。

通过本节的学习，学生能够了解建筑工程施工质量的基本要求、质量控制的基本环节、施工质量与设计质量的协调等知识，掌握施工质量计划的内容与编制方法，熟悉施工生产要素、施工准备和施工过租的质量控制。

建筑工程项目的施工质量控制有两个方面的含义：一是指项目施工单位的施工质量控制，包括施工总承包、分包单位，综合的和专北的施工质量控制；二是指广义的施工阶段项目质量控制，即除施工单位的施工质量控制外，还包括建设单位、设计单位、监理单位以及政府质量监督机构在施工阶段对项目施工质量所实施的监督管理和控制职能。

因此，项目管理者应全面理解施工质量控制的内涵，掌握项目施工阶段质量控制的目标、依据与基本环节，以及施工质量计划的编制和施工生产要素、施工准备工作和施工作业过程的质量控制方法。

一、施工质量控制的依据与基本环节

1．施工质量的基本要求

工程项目施工是实现项目设计意图，形成工程实体的阶段，是最终形成项目质量和实现项目使用价值的阶段。项目施工质量控制是整个工程项目质量控制的关键和重点。

施工质量要达到的最基本要求是：通过施工形成的项目工程实体质量经检查验收合格。项目施工质量验收合格应符合下列要求：

（1）符合《建筑工程施工质量验收统一标准》（GB 50300—2013）和相关专业验收规范的规定。（2）符合工程勘察、设计文件的要求。（3）符合施工承包合同

的约定。

上述要求（1）是国家法律、法规的要求。国家建设行政主管部门为了加强建筑工程质量管理，规范建筑工程施工质量的验收，保证工程质量，制定了相应的标准和规范。这些标准、规范是主要从技术的角度，为保证房屋建筑各专业工程的安全性、可靠性、耐久性而提出的一般性要求。

上述要求（2）是勘察、设计对施工提出的要求。工程勘察、设计单位针对本工程的水文地质条件，根据建设单位的要求，从技术和经济结合的角度，为满足工程的使用功能和安全性、经济性、与环境的协调性等要求，以图纸、文件的形式对施工提出要求，是针对每个工程项目的个性化要求。

上述要求（3）是施工承包合同约定的要求。施工承包合同的约定具体体现了建设单位的要求和施工单位的承诺，合同的约定全面体现了对施工形成的工程实体的适用性、安全性、耐久性、可靠性、经济性以及与环境的协调性等六个方面质量特性的要求。

为了达到上述要求，项目的建设单位、勘察单位、设计单位、施工单位、工程监理单位应切实履行法定的质量责任和义务，在整个施工阶段对影响项目质量的各项因素实行有效的控制，以保证项目实施过程的工作质量来保证项目工程实体的质量。

“合格”是对项目质量的最基本的要求，国家鼓励采用先进的科学技术和管理方法，提高建设工程质量。全国和地方（部门）的建设主管部门或行业协会所设立的“中国建筑工程鲁班奖（国家优质工程）”“长城杯奖”“白玉兰奖”以及以“某某杯”命名的各种优质工程奖等，都是为了鼓励项目参建单位创造更好的工程质量。

2. 施工质量控制的依据

（1）共同性依据

其是指和施工质量管理有关的、通用的、具有普遍指导意义和必须遵守的基本法规，主要包括国家和政府有关部门颁布的与工程质量管理有关的法律法规性文件，如《建筑法》《中华人民共和国招标投标法》和《建设工程质量管理条例》等。

（2）专业技术性依据

其是指针对不同的行业、不同质量控制对象所制定的专业技术规范文件，包括规范、规程、标准、规定等，如工程建设项目质量检验评定标准，有关建筑材料、半成品和构配件质量方面的专门技术法规性文件，有关材料验收、包装和标志等方面的技术标准和规定，施工工艺质量等方面的技术法规性文件，有关新工艺、新技术、新材料、新设备的质量规定和鉴定意见等。

（3）项目专用性依据

其是指本节的工程建设合同、勘察设计文件、设计交底及图纸会审记录、设计修改和技术变更通知，以及相关会议记录和工程联系单等。

3．施工质量控制的基本环节

施工质量控制应贯彻全面、全员、全过程质量管理的思想，运用动态控制原理，进行质量的事前控制、事中控制和事后控制。

（1）事前质量控制

即在正式施工前进行的事前主动质量控制，通过编制施工质量计划，明确质量目标，制定施工方案，设置质量管理点，落实质量责任，分析可能导致质量目标偏离的各种影响因素，针对这些影响因素制定有效的预防措施，防患于未然。

事前质量控制必须充分发挥组织的技术和管理面的整体优势，把长期形成的先进技术、管理方法和经验智慧，创造性地应用于工程项目。

事前质量控制要求针对质量控制对象的控制目标、活动条件、影响因素进行周密分析，找出薄弱环节，制定有效的控制措施和对策。

（2）事中质量控制

是指在施工质量形成过程中，对影响施工质量的各种因素进行全面的动态控制。事中质量控制也称为作业活动过程质量控制，包括质量活动主体的自我控制和他人监控的控制方式。自我控制是第一位的，即作业者在作业过程中对自己的质量活动行为的约束和技术能力的发挥，以完成符合预定质量目标的作业任务；他人监控是对作业者的质量活动过程和结果，由来自企业内部的管理者和企业外部有关方面进行监督检查，如工程监理机构、政府质量监督部门等的监控。

施工质量的自控和监控是相辅相成的系统过程。自控主体的质量意识和能力是关键，是施工质量的决定因素；各监控主体所进行的施工质量监控是对自控行为的推动和约束。

因此，自控主体必须正确处理自控和监控的关系，在致力于施工质量自控的同时，还必须接受来自业主、监理等方面对其质量行为和结果所进行的监督管理，包括质量检查、评价和验收。自控主体不能因为监控主体的存在和监控职能的实施而减轻或免除其质量责任。

事中质量控制的目标是确保工序质量合格，杜绝质量事故的发生；控制的关键是坚持质量标准；控制的重点是对工序质量、工作质量和质量控制点的控制。

（3）事后质量控制

事后质量控制也称为事后质量把关，是使不合格的工序或最终产品（包括单位工程或整个工程项目）不流入下道工序、不进入市场。事后质量控制包括对质量活动结果的评价、认定；对工序质量偏差的纠正；对不合格产品进行整改和处理。控制的重点是发现施工质量方面的缺陷，并通过分析提出施工质量改进的措施，保持质量处于受控状态。

以上三大环节不是互相孤立和截然分开的，它们共同构成有机的系统过程，实质上也就是质量管理PDCA循环的具体化，在每一次滚动循环中不断提高，从而达到质量管理和质量控制的持续改进。

二、施工质量计划的内容与编制方法

按照《质量管理体系基础和术语》（GB/T 19000—2015/ISO 9000：2015），质量计划是质量管理体系文件的组成内容。在合同环境下，质量计划是企业向顾客表明质量管理方针、目标及其具体实现的方法、手段和措施的文件，是体现企业对质量责任的承诺和实施的具体步骤。

1. 施工质量计划的形式和内容

在建筑施工企业的质量管理体系中，以施工项目为对象的质量计划称为施工质量计划。

（1）施工质量计划的形式

目前，我国除已经建立质量管理体系的施工企业直接采用施工质量计划的形式外，通常还采用在工程项目施工组织设计或施工项目管理实施规划中包含质量计划内容的形式，因此，现行的施工质量计划有三种形式：

1）工程项目施工质量计划。2）工程项目施工组织设计（含施工质量计划）。3）施工项目管理实施规划（含施工质量计划）。

施工组织设计或施工项目管理实施规划之所以能发挥施工质量计划的作用，是因为根据建筑生产的技术经济特点，每个工程项目都需要进行施工生产过程的组织与计划，包括施工质量、进度、成本、安全等目标的设定，实现目标的计划和控制措施的安排等。因此，施工质量计划所要求的内容，理所当然地被包含于施工组织设计或项目管理实施规划中，而且能够充分体现施工项目管理目标（质量、工期、成本、安全）的关联性、制约性和整体性，这也和全面质量管理的思想方法一致。

（2）施工质量计划的基本内容

在已经建立质量管理体系的情况下，质量计划的内容必须全面体现和落实企业质量管理体系文件的要求（也可引用质量体系文件中的相关条文），同时，结合本工程的特点，在质量计划中编写专项管理要求。施工质量计划的基本内容一般应包括：

1）工程特点及施工条件（合同条件、法规条件和现场条件等）分析。2）质量总目标及其分解目标。3）质量管理组织机构和职责，人员及资源配置计划。4）确定施工工艺与操作方法的技术方案和施工组织方案。5）施工材料、设备等物资的质量管理及控制措施。6）施工质量检验、检测、试验工作的计划安排及其实施方法与检测标准。7）施工质量控制点及其跟踪控制的方式与要求。8）质量记录的要求等。

2. 施工质量计划的编制与审批

建设工程项目施工任务的组织，无论业主方采用平行发包还是总分包方式，都将涉及多方参与主体的质量责任。也就是说，建筑产品的直接生产过程是在协同方式下进行的，因此，在工程项目质量控制系统中，要按照“谁实施，谁负责”的原则，明确施工质量控制的主体构成及其各自的控制范围。

（1）施工质量计划的编制主体

施工质量计划应由自控主体，即施工承包企业进行编制。在平行发包方式下，各承包单位应分别编制施工质量计划；在总分包模式下，施工总承包单位应编制总承包工程范围的施工质量计划，各分包单位编制相应分包范围的施工质量计划，作为施工总承包方质量计划的深化和组成部分。施工总承包方有责任对各分包方施工质量计划的编制进行指导和审核，并承担相应施工质量的连带责任。

（2）施工质量计划涵盖的范围

施工质量计划涵盖的范围，按整个工程项目质量控制的要求，应与建筑安装工程施工任务的实施范围一致，以此保证整个项目建筑安装工程的施工质量总体受控；对具体施工任务承包单位而言，施工质量计划涵盖的范围应能满足其履行工程承包合同质量责任的要求。项目的施工质量计划，应在施工程序、控制组织、控制措施、控制方式等方面，形成一个有机的质量计划系统，确保实现项目质量总目标和各分解目标的控制能力。

（3）施工质量计划的审批

施工单位的项目施工质量计划或施工组织设计文件编成后，应按照工程施工管理程序进行审批，包括施工企业内部的审批和项目监理机构的审查。

1）企业内部的审批

施工单位的项目施工质量计划或施工组织设计的编制与内部审批，应根据企业质量管理程序性文件规定的权限和流程进行。其通常是由项目经理部主持编制，报企业组织管理层批准。

施工质量计划或施工组织设计文件的内部审批过程，是施工企业自主技术决策和管理决策的过程，也是发挥企业职能部门与施工项目管理团队的智慧和经验的过程。

2）项目监理机构的审查

实施工程监理的施工项目，按照我国建设工程监理规范的规定，施工承包单位必须填写《施工组织设计（方案）报审表》并附施工组织设计（方案），报送项目监理机构审查。规范规定项目监理机构“在工程开工前，总监理工程师应组织专业监理工程师审查承包单位报送的施工组织设计（方案）报审表，提出意见，并经总监理工程师审核、签认后报建设单位”。

3）审批关系的处理原则

正确执行施工质量计划的审批程序，是正确理解工程质量目标和要求，保证施工部署、技术工艺方案和组织管理措施的合理性、先进性和经济性的重要环节，也是进行事前质量控制的重要方法。因此，在执行审批程序时，必须正确处理施工企业内部审批和监理机构审批的关系，其基本原则如下：①充分发挥质量自控主体和监控主体的共同作用，在坚持项目质量标准和质量控制能力的前提下，正确处理承包人利益和项目利益的关系，施工企业内部的审批首先应从履行工程承包合同的角度，审查实现合同质量目标的合理性和可行性，以项目质量计划向发包方提供可信任的依据；②施工质量计划在审批过程中，对监理机构审查所提出的建议、希望、要求等意见是否采纳以及采纳的程度，应由负责质量计划编制的施工单位自主决策，在满足合同和相关法规要求的情况下，确定质量计划的调整、修改和优化，并对相应执行结果承担责任；③按规定程序审查批准的施工质量计划，在实施过程中如因条件变化需要对某些重要决定进行修改，其修改内容仍应按照相应程序经过审批后执行。

3．施工质量控制点的设置与管理

施工质量控制点的设置是施工质量计划的重要组成内容。施工质量控制点是施工质量控制的重点对象。

（1）质量控制点的设置

质量控制点应选择那些技术要求高、施工难度大、对工程质量影响大或发生质量问题时危害大的对象进行设置。一般选择下列部位或环节作为质量控制点：

1）对工程质量形成过程产生直接影响的关键部位、工序、环节及隐蔽工程。2）施工过程中的薄弱环节，或者质量不稳定的工序、部位或对象。3）对下道工序有较大影响的上道工序。4）采用新技术、新工艺、新材料的部位或环节。5）施工质量无把握的、施工条件困难的或技术难度大的工序或环节。6）用户反馈指出的和过去有过返工的不良工序。

一般建筑工程质量控制点的设置可参考表 6–1。

表 6–1 质量控制点的设置

分项工程	质量控制点
工程测量定位	标准轴线桩、水平桩、龙门板、定位轴线、标高
地基、基础（含设备基础）	基坑（槽）尺寸、标高、土质、地基承载力，基础垫层标高，基础位置、尺寸、标高，预埋件、预留洞孔的位置、标高、规格、数量，基础杯口弹线
砌体	砌体轴线，皮数杆，砂浆配合比，预留洞孔、预埋件的位置、数量，砌块排列
模板	位置、标高、尺寸，预留洞孔的位置、尺寸，预埋件的位置，模板的承载力、刚度和稳定性，模板内部清理及润湿情况
钢筋混凝土	水泥品种、强度等级，砂石质量，混凝土配合比，外加剂比例，混凝土振捣，钢筋品种、规格、尺寸、搭接长度，钢筋焊接、机械连接，预留洞孔及预埋件的规格、位置、尺寸、数量，预制构件吊装或出厂（脱模）强度，吊装位置、标高、支承长度、焊缝长度
吊装	吊装设备的起重能力、吊具、索具、地锚
钢结构	翻样图、放大样
焊接	焊接条件、焊接工艺
装修	视具体情况而定

（2）质量控制点的重点控制对象

质量控制点的选择要准确，还要根据对重要质量特性进行重点控制的要求，选择质量控制点的重点部位、重点工序和重点的质量因素作为质量控制点的重点控制对象，进行重点预控和监控，从而有效地控制和保证施工质量。质量控制点的重点控制对象主要包括以下几个方面：

1）人的行为

某些操作或工序，应以人为重点控制对象，如高空、高温、水下、易燃易爆、重型构件吊装作业以及操作要求高的工序和技术难度大的工序等，都应从人的生理、心理、技术能力等方面进行控制。

2）材料的质量与性能

这是直接影响工程质量的重要因素，在某些工程中应作为控制的重点，如钢结构工程中使用的高强度螺栓、某些特殊焊接作业中使用的焊条，都应重点控制其材质与性能；又如水泥的质量是直接影响混凝土工程质量的关键因素，在施工中就应对进场的水泥质量进行重点控制，必须检查核对其出厂合格证，并按要求进行强度和安定性的复验等。

3）施工方法与关键操作

某些直接影响工程质量的关键操作应作为控制的重点，如预应力钢筋的张拉工艺操作过程及张拉力的控制，是可靠地建立预应力值和保证预应力构件质量的关键过程。同时，那些易对工程质量产生重大影响的施工方法，也应被列为控制的重点，如大模板施工中模板的稳定和组装问题、液压滑模施工时支撑杆稳定问题、升板法施工中提升量的控制问题等。

4）施工技术参数

如混凝土的外加剂掺量、水胶比，回填土的含水量，砌体的砂浆饱满度，防水混凝土的抗渗等级，建筑物沉降与基坑边坡稳定监测数据，大体积混凝土内外温差及混凝土冬期施工受冻临界强度等技术参数都是应重点控制的质量参数与指标。

5）技术间歇

有些工序之间必须留有必要的技术间歇时间，如砌筑与抹灰之间，应在墙体砌筑后留 6 ~ 10d 时间，让墙体充分沉陷、稳定、干燥，然后再抹灰，抹灰层干燥后，才能喷白、刷浆；混凝土浇筑与模板拆除之间，应保证混凝土有一定的硬化时间，达到规定拆模强度后方可拆除等。

6）施工顺序

某些工序之间必须严格控制先后的施工顺序，如对冷拉的钢筋应当先焊接后冷拉，否则会失去冷强；屋架的安装固定，应采取对角同时施焊的方法，否则会由于焊接应力导致校正好的屋架发生倾斜。

7）易发生或常见的质量通病

如混凝土工程的蜂窝、麻面、空洞，墙、地面、屋面工程渗水、漏水、空鼓、起砂、裂缝等，都与工序操作有关，均应事先研究对策，提出预防措施。

8）新技术、新材料及新工艺的应用

由于缺乏经验，施工时应将其作为重点进行控制。

9）产品质量不稳定和不合格率较高的工序应被列为重点，并应认真分析，严格控制。

10）特殊地基或特种结构

对于湿陷性黄土、膨胀土、红黏土等特殊土地基的处理，以及大跨度结构、高耸结构等技术难度较大的施工环节和重要部位，均应予以特别的重视。

（3）质量控制点的管理

设定了质量控制点，质量控制的目标及工作重点就更加明确。

1）要做好施工质量控制点的事前质量控制工作，包括明确质量控制的目标与控制参数、编制作业指导书和确定质量控制措施、确定质量检查检验方式及抽样的数量与方法、明确检查结果的判断标准及质量记录与信息反馈要求等。2）要向施工作业班组进行认真交底，使每一个控制点上的作业人员明白施工作业规程及质量检验评定标准，掌握施工操作要领；在施工过程中，相关技术管理和质量控制人员要在现场进行重点指导和检查验收。3）还要做好施工质量控制点的动态设置和动态跟踪管理。所谓动态设置，是指在工程开工前、设计交底和图纸会审时，可确定项目的一批质量控制点，随着工程的展开、施工条件的变化，随时或定期进行控制点的调整和更新。动态跟踪是应用动态控制原理，落实专人负责跟踪和记录控制点质量控制的状态和效果，并及时向项目管理组织的高层管理者反馈质量控制信息，保持施工质量控制点的受控状态。

对于危险性较大的分部分项工程或特殊施工过程，除按一般过程质量控制的规定执行外，还应由专业技术人员编制专项施工方案或作业指导书，经施工单位技术负责人、项目总监理工程师、建设单位项目负责人签字后执行。超过一定规模的危险性较大的分部分项工程，还要组织专家对专项方案进行论证。作业前施工员、技术员做好交底和记录，使操作人员在明确工艺标准、质量要求的基础上进行作业。为保证质量控制点的目标实现，应严格按照三级检查制度进行检查控制。在施工中发现质量控制点有异常时，应立即停止施工，召开分析会，查找原因，采取对策予以解决。

施工单位应积极主动地支持、配合监理工程师的工作，应根据现场工程监理机构的要求，将施工作业质量控制点，按照不同的性质和管理要求，细分为“见证点”和“待检点”以进行施工质量的监督和检查。凡属“见证点”的施工作业，如重要部位、特种作业、专门工艺等，施工方必须在该项作业开始前24h，书面通知现场监理机构到位旁站，见证施工作业过程；凡属“待检点”的施工作业，如隐蔽工程等，施工方必须在完成施工质量自检的基础上，提前通知项目监理机构进行检查验收，然后才能进行工程隐蔽或下道工序的施工。未经过项目监理机构检查验收合格，不得进行工程隐蔽或下道工序的施工。

三、施工生产要素的质量控制

施工生产要素是施工质量形成的物质基础，其质量的含义包括以下内容：作为劳动主体的施工人员，即直接参与施工的管理者、作业者的素质及其组织效果；作为劳动对象的建筑材料、半成品、工程用品、设备等的质量；作为劳动方法的施工工艺及技术措施的水平；作为劳动手段的施工机械、设备、工具、模具等的技术性能；以及施工环境——现场水文、地质、气象等自然环境，通风、照明、安全等作业环境以及协调配合的管理环境。

1．施工人员的质量控制

施工人员的质量包括参与工程施工的各类人员的施工技能、文化素养、生理体能、心理行为等方面的个体素质，以及经过合理组织和激励发挥个体潜能综合形成的群体素质。因此，企业应通过择优录用、加强思想教育及技能方面的培训，合理组织、严格考核，并辅以必要的激励机制，使企业员工的潜在能力得到充分的发挥和最好的组合，使施工人员在质量控制系统中发挥主体自控作用。

施工企业必须坚持执业资格注册制度和作业人员持证上岗制度；对所选派的施工项目领导者、组织者进行教育和培训，使其质量意识和组织管理能力能满足施工质量控制的要求；对所属施工队伍进行全员培训，加强质量意识的教育和技术训练，提高每个作业者的质量活动能力和自控能力；对分包单位进行严格的资质考核和施工人员的资格考核，其资质、资格必须符合相关法规的规定，与其分包的工程相适应。

2. 材料设备的质量控制

原材料、半成品及工程设备是工程实体的构成部分，其质量是项目工程实体质量的基础。加强原材料、半成品及工程设备的质量控制，不仅是提高工程质量的必要条件，也是实现工程项目投资目标和进度目标的前提。

对原材料、半成品及工程设备进行质量控制的主要内容为：控制材料设备的性能、标准、技术参数与设计文件的相符性；控制材料、设备各项技术性能指标、检验测试指标与标准规范要求的相符性；控制材料、设备进场验收程序的正确性及质量文件资料的完备性；控制优先采用节能低碳的新型建筑材料和设备，禁止使用国家明令禁用或淘汰的建筑材料和设备等。

施工单位应在施工过程中贯彻执行企业质量程序文件中关于材料和设备封样、采购、进场检验、抽样检测及质保资料提交等方面明确规定的一系列控制标准。

3. 工艺方案的质量控制

施工工艺的先进合理是直接影响工程质量、工程进度及工程造价的关键因素，施工工艺的合理可靠也直接影响到工程施工安全。因此，在工程项目质量控制系统中，制定和采用技术先进、经济合理、安全可靠的施工技术工艺方案，是工程质量控制的重要环节。对施工工艺方案的质量控制主要包括以下内容：

（1）深入正确地分析工程特征、技术关键及环境条件等资料，明确质量目标、验收标准、控制的重点和难点。（2）制定合理有效的、有针对性的施工技术方案和组织方案，前者包括施工工艺、施工方法，后者包括施工区段划分、施工流向及劳动组织等。（3）合理选用施工机械设备和设置施工临时设施，合理布置施工总平面图和各阶段施工平面图。（4）选用和设计保证质量和安全的模具、脚手架等施工设备。（5）编制工程所采用的新材料、新技术、新工艺的专项技术方案和质量管理方案。（6）针对工程具体情况，分析气象、地质等环境因素对施工的影响，制定应对措施。

4．施工机械的质量控制

施工机械是指施工过程中使用的各类机械设备，包括起重运输设备、人货两用电梯、加工机械、操作工具、测量仪器、计量器具以及专用工具和施工安全设施等。施工机械设备是所有施工方案和工法得以实施的重要物质基础，合理选择和正确使用施工机械设备是保证施工质量的重要措施。

（1）对施工所用的机械设备，应根据工程需要从设备选型、主要性能参数及使用操作要求等方面加以控制，使其符合安全、适用、经济、可靠和节能、环保等方面的要求。（2）对施工中使用的模具、脚手架等施工设备，除可按适用的标准定塑选用之外，一般需按设计及施工要求进行专项设计，将其设计方案及制作质量的控制及验收作为重点并进行控制。（3）按现行施工管理制度的要求，工程所用的施工机械、模板、脚手架，特别是危险性较大的现场安装的起重机械设备，不仅要对其设计安装方案进行审批，而且安装完毕交付使用前必须经专业管理部门的验收，合格后方可使用。同时，在使用过程中还需落实相应的管理制度，以确保其安全正常使用。

5．施工环境因素的控制

环境的因素主要包括施工现场自然环境因素、施工质量管理环境因素和施工作业环境因素。环境因素对工程质量的影响，具有复杂多变的特点和不确定性，以及明显的风险特性。要减少其对施工质量的不利影响，主要是采取预测预防的风险控制方法。

（1）对施工现场自然环境因素的控制

对地质、水文等方面的影响因素，应根据设计要求，分析工程岩土地质资料，预测不利因素，并会同设计等方面制定相应的措施，采取如基坑降水、排水、加固围护等技术控制方案。

对天气气象方面的影响因素，应在施工方案中制定专项紧急预寒，明确在不利条件下的施工措施，落实人员、器材等方面的准备，加强施工过程中的监控与预警。

（2）对施工质量管理环境因素的控制

施工质量管理环境因素主要是指施工单位质量保证体系、质量管理制度和各参建施工单位之间的协调等因素。要根据工程发承包的合同结构，理顺管理关系，建立统一的现场施工组织系统和质量管理的综合运行机制，确保质量保证体系处于良好的状态，创造良好的质量管理环境和氛围，使施工顺利进行，保证施工质量。

（3）对施工作业环境因素的控制

施工作业环境因素主要是指施工现场的给水排水条件，各种能源介质供应，施工照明、通风、安全防护设施，施工场地空间条件和通道，以及交通运输和道路条件等因素。

要认真实施经过审批的施工组织设计和施工方案，落实保证措施，严格执行相关管理制度和施工纪律，保证上述环境条件良好，使施工顺利进行以及使施工质量得到保证。

四、施工准备的质量控制

1. 施工技术准备工作的质量控制

施工技术准备是指在正式开展施工作业活动前进行的技术准备工作。这类工作内容繁多，主要在室内进行，例如，熟悉施工图纸，组织设计交底和图纸审查；进行工程项目检查验收的项目划分和编号；审核相关质量文件，细化施工技术方案和施工人员、机具的配置方案，编制施工作业技术指导书，绘制各种施工详图（如测量放线图，大样图及配筋、配板、配线图表等），进行必要的技术交底和技术培训。施工准备工作出错，必然影响施工进度和作业质量，甚至直接导致质量事故的发生。

技术准备工作的质量控制，包括对上述技术准备工作成果的复核审查，检查这些成果是否符合设计图纸和施工技术标准的要求；依据经过审批的质量计划审查、完善施工质量控制措施；针对质量控制点，明确质量控制的重点对象和控制方法；尽可能地提高上述工作成果对施工质量的保证程度等。

2. 现场施工准备工作的质量控制

（1）计量控制

这是施工质量控制的一项重要基础工作。施工过程中的计量，包括施工生产时的投料计量，施工测量，监测计量以及对项目、产品或过程的测试、检验、分析计量等。开工前要建立和完善施工现场计量管理的规章制度；明确计量控制责任者和配置必要的计量人员；严格按规定对计量器具进行维修和校验；统一计量单位，组织量值传递，保证量值统一，从而保证施工过程中计量的准确。

（2）测量控制

工程测量放线是建设工程产品由设计转化为实物的第一步。施工测量质量的好坏，直接影响工程的定位和标高是否正确，并且制约施工过程有关工序的质量。因此，施工单位在开工前应编制测量控制方案，经项目技术负责人批准后实施。要对建设单位提供的原始坐标点、基准线和水准点等测量控制点进行复核，并将复测结果上报监理工程师审核，批准后施工单位才能建立施工测量控制网，进行工程定位和标高基准的控制。

（3）施工平面图控制

建设单位应按照合同约定并充分考虑施工的实际需要，事先划定并提供施工用地和现场临时设施用地的范围，协调平衡和审查批准各施工单位的施工平面设计。施工单位要严格按照批准的施工平面布置图，科学合理地使用施工场地，正确安装设置施工机械设备和其他临时设施，维护现场施工道路畅通无阻和通信设施完好，合理控制材料的进场与堆放，保持良好的防洪排水能力，保证充分的给水和供电。建设（监理）单位应会同施工单位制定严格的施工场地管理制度、施工纪律和相应的奖惩措施，严禁乱占场地和擅自断水、断电、断路，及时制止和处理各种违纪行为，并做好施工现场的质量检查记录。

3. 工程质量检查验收的项目划分

一个建设工程项目从施工准备开始到竣工交付使用，要经过若干工序、工种的配合施工。施工质量的优劣，取决于各个施工工序、工种的管理水平和操作质量。因此，为了便于控制、检查、评定和监督每个工序和工种的工作质量，要把整个项目逐级划分为若干个子项目，并分级进行编号，在施工过程中据此来进行质量控制和检查验收。这是进行施工质量控制的一项重要准备工作，应在项目施工开始之前进行。项目划分越合理、明细，越有利于分清质量责任，便于施工人员进行质量自控和检查监督人员检查验收，也有利于质量记录等资料的填写、整理和归档。

根据《建筑工程施工质量验收统一标准》（GB 50300—2013）的规定，建筑工程质量验收应逐级划分为单位（子单位）工程、分部（子分部）工程、分项工程和检验批。

（1）单位工程的划分应按下列原则确定

1）具备独立施工条件并能形成独立使用功能的建筑物及构筑物为一个单位工程。2）建筑规模较大的单位工程，可将其能形成独立使用功能的部分划为一个子单位工程。

（2）分部工程的划分应按下列原则确定

1）分部工程的划分应按专业性质、建筑部位确定，例如，一般的建筑工程可划分为地基与基础、主体结构、建筑装饰装修、建筑屋面、建筑给水排水及采暖、建筑电气、智能建筑、通风与空调、电梯、建筑节能工程等分部工程。2）当分部工程较大或较复杂时，可按材料种类、施工特点、施工程序、专业系统及类别等划分为若干子分部工程。

（3）分项工程应按主要工种、材料、施工工艺、设备类别等进行划分。（4）分项工程可由一个或若干个检验批组成，检验批可根据施工及质量控制和专业验收需要按楼层、施工段、变形缝等进行划分。（5）室外工程可根据专业类别和工程规模划分单位（子单位）工程。一般室外单位工程可划分为室外建筑环境工程和室外安装工程。

五、施工过程的质量控制

施工过程的质量控制是在工程项目质量实际形成过程中的事中质量控制。

建筑工程项目施工是由一系列相互关联、相互制约的作业过程（工序）构成的，因此施工质量控制必须对全部作业过程，即各道工序的作业质量持续进行控制。从项目管理的立场考虑，工序作业质量的控制首先是质量生产者，即作业者的自控，在施工生产要素合格的条件下，作业者的能力及其发挥的状况是决定作业质量的关键。其次，来自作业者外部的各种作业质量检查、验收和对质量行为的监督，也是不可缺少的设防和把关的管理措施。

1. 工序施工质量控制

工序是人、材料、机械设备、施工方法和环境因素对工程质量综合起作用的过程，所以对施工过程的质量控制，必须以工序作业质量控制为基础和核心。工序的质量控制是施工阶段质量控制的重点。只有严格控制工序质量，才能确保施工项目的实体质量。《建筑工程施工质量验收统一标准》规定：各施工工序应按施工技术标准进行质量控制，每道施工工序完成后，经施工单位自检符合规定后，才能进行下道工序的施工。各专业工种之间的相关工序应进行交接检验，并应记录。对于监理单位提出检查要求的重要工序，应经监理工程师检查认可，才能进行下道工序施工。

工序施工质量控制主要包括工序施工条件质量控制和工序施工效果质量控制。

（1）工序施工条件质量控制

工序施工条件是指从事工序活动的各生产要素质量及生产环境条件。工序施工条件质量控制就是控制工序活动的各种投入要素质量和环境条件质量。控制的手段主要包括检查、测试、试验、跟踪监督等。控制的依据主要是：设计质量标准、材料质量标准、机械设备技术性能标准、施工工艺标准以及操作规程等。

（2）工序施工效果质量控制

工序施工效果主要反映工序产品的质量特征和特性指标。对工序施工效果的控制就是控制工序产品的质量特征和特性指标，使其达到设计质量标准以及施工质量验收标准的要求。工序施工效果质量控制属于事后质量控制，其控制的主要途径是：实测获取数据、统计分析所获取的数据、判断认定质量等级和纠正质量偏差。

按有关施工验收规范的规定，下列工序质量必须进行现场质量检测，合格后才能进行下道工序：

1）地基基础工程

①地基及复合地基承载力检测

对灰土地基、砂和砂石地基、土工合成材料地基、粉煤灰地基、强夯地基、注浆地基、预压地基，其竣工后的结果（地基强度或承载力）必须达到设计要求的标准。

检验数量，每单位工程不应少于 3 点，1 000m^2 以上工程，每 100m^2 至少应有 1 点，3 000m^2 以上工程，每 300m^2 至少应有 1 点。每一独立基础下至少应有 1 点，基槽每 20 延米应有 1 点。

对水泥土搅拌桩复合地基、高压喷射注浆桩复合地基、砂桩地基、振冲桩复合地基、土和灰土挤密桩复合地基、水泥粉煤灰碎石桩复合地基及夯实水泥土桩复合地基，其承载力检验，数量为总数的 0.5% ~ 1%，但不应小于 3 处。有单桩强度检验要求时，数量为总数的 0.5% ~ 1%，但不应少于 3 根。

②工程桩的承载力检测

对于地基基础设计等级为甲级或地质条件复杂、成桩质量可靠性低的灌注桩，应采用静荷载试验的方法进行检验，检验桩数不应少于总数的 1%，且不应少于 3 根，当总桩数少于 50 根时，不应少于 2 根。

设计等级为甲级、乙级的桩基或地质条件复杂、桩施工质量可靠性低、本地区采用的新桩型或新工艺的桩基应进行桩的承载力检测。检测数量在同一条件下不应少于 3 根，且不宜少于总桩数的 1%。

③桩身质量检验

对设计等级为甲级或地质条件复杂、成桩质量可靠性低的灌注桩，抽检数量不应少于总数的 30%，且不应少于 20 根；其他桩基工程的抽检数量不应少于总数的 20%，且不应少于 10 根；对混凝土预制桩及地下水位以上且终孔后经过核验的灌注桩，检验数量不应少于总桩数的 10%，且不得少于 10 根。每个柱子承台下不得少于 1 根。

2）主体结构工程

①混凝土、砂浆、砌体强度现场检测

检测同一强度等级同条件养护的试块强度，以此检测结果代表工程实体的结构强度。

混凝土：按统计方法评定混凝土强度的基本条件是，同一强度等级的同条件养护试件的留置数量不宜少于 10 组，按非统计方法评定混凝土强度时，留置数量不应少于 3 组。

砂浆抽检数量：每一检验批且不超过 250m^3 砌体的各种类型及强度等级的砌筑砂浆，每台搅拌机应至少抽检一次。

砌体：普通砖 15 万块、多孔砖 5 万块、灰砂砖及粉灰砖 10 万块各为一检验批，抽检数量为一组。

②钢筋保护层厚度检测

钢筋保护层厚度检测的结构部位，应由监理（建设）、施工等各方根据结构构件的重要性共同选定。

对梁类、板类构件，应各抽取构件数量的 2% 且不少于 5 个构件进行检验。

③混凝土预制构件结构性能检测

对成批生产的构件，应按同一工艺正常生产的不超过 1 000 件且不超过 3 个月的同类型产品为一批。在每批中应随机抽取一个构件作为试件进行检验。

3）建筑幕墙工程

①铝塑复合板的剥离强度检测。②石材的弯曲强度检测、室内用花岗石的放射性检测。③玻璃幕墙用结构胶的邵氏硬度、标准条件拉伸粘结强度、相容性试验，石材用结构胶的粘结强度及石材用密封胶的污染性检测。④建筑幕墙的气密性、水密性、风压变形性能、层间变位性能检测。⑤硅酮结构胶相容性检测。

4）钢结构及管道工程

①钢结构及钢管焊接质量无损检测：对有无损检验要求的焊缝，竣工图上应标明焊缝编号、无损检验方法、局部无损检验焊缝的位置、底片编号、热处理焊缝位置及编号、焊缝补焊位置及施焊焊工代号；焊缝施焊记录及检查、检验记录应符合相关标准的规定。②钢结构、钢管防腐及防火涂装检测。③钢结构节点、机械连接用紧固标准件及高强度螺栓力学性能检测。

2. 施工作业质量自控

（1）施工作业质量自控的意义

施工作业质量自控，从经营的层面上说，强调的是作为建筑产品生产者和经营者的施工企业，应全面履行企业的质量责任，并应向顾客提供质量合格的工程产品；从生产的过程来说，其强调的是施工作业者的岗位质量责任，并向后道工序提供合格的作业成果（中间产品）。因此，施工方是施工阶段质量的自控主体。施工方不能因为监控主体的存在和监控责任的实施而减轻或免除其质量责任。我国《建筑法》和《建设工程质量管理条例》规定：

建筑施工企业对工程的施工质量负责；建筑施工企业必须按照工程设计要求、施工技术标准和合同的约定，对建筑材料、建筑构配件和设备进行检验，不合格的不得使用。

施工方作为工程施工质量的自控主体，既要遵循本企业质量管理体系的要求，也要根据其在所承建的工程项目质量控制系统中的地位和责任，通过具体项目质量计划的编制与实施，有效地实现施工质量的自控目标。

（2）施工作业质量自控的程序

施工作业质量自控过程是由施工作业组织成员进行的，其基本的控制程序包括：作业技术交底，作业活动的实施和作业质量的自检自查、互检互查以及专职管理人员的质量检查等。

1）施工作业技术的交底

技术交底是施工组织设计和施工方案的具体化，施工作业技术交底的内容必须具有可行性和可操作性。

从项目的施工组织设计到分部分项工程的作业计划，在实施之前都必须逐级进行交底，其目的是使管理者的计划和决策意图为实施人员所理解。施工作业交底是最基层的技术和管理交底活动，施工总承包方和工程监理机构都要对施工作业交底进行监督。作业交底的内容包括作业范围，施工依据作业程序，技术标准和要领，质量目标以及其他与安全、进度、成本、环境等目标管理有关的要求和注意事项。

2）施工作业活动的实施

施工作业活动是由一系列工序所组成的。为了保证工序质量受控，首先要对作业条件进行再确认，即按照作业计划检查作业准备状态是否落实到位，其中包括对施工程序和作业工艺顺序的检查确认，在此基础上，严格按作业计划的程序、步骤和质量要求展开工序作业活动。

3）施工作业质量的检验

施工作业的质量检查，是贯穿整个施工过程的最基本的质量控制活动，包括施工单位内部的工序作业质量自检、互检、专检和交接检查，以及现场监理机构的旁站检查、平行检验等。施工作业质量检查是施工质量验收的基础，已完检验批及分部分项工程的施工质量，必须在施工单位完成质量自检并确认合格之后，才能报请现场监理机构进行检查验收。

前道工序作业质量经验收合格后，才可进入下道工序施工。未经验收合格的工序，不得进入下道工序施工。

（3）施工作业质量自控的要求

工序作业质量是直接形成工程质量的基础，为达到对工序作业质量控制的效果，在加强工序管理和质量目标控制方面应坚持以下要求：

1）预防为主

严格按照施工质量计划的要求，进行各分部分项施工作业的部署。同时，根据施工作业的内容、范围和特点，制订施工作业计划，明确作业质量目标和作业技术要领，认真进行作业技术交底，落实各项作业技术组织措施。

2）重点控制

在施工作业计划中，一方面要认真贯彻实施施工质量计划中的质量控制点的控制措施，另一方面要根据作业活动的实际需要，进一步建立工序作业控制点，深化工序作业的重点控制。

3）坚持标准

工序作业人员在工序作业过程中应严格进行质量自检，通过自检不断改善作业，并创造条件开展作业质量互检，通过互检加强技术与经验的交流。对已完工序作业产品，即检验批或分部分项工程，应严格坚持质量标准。对不合格的施工作业质量，不得进行验收签证，必须按照规定的程序进行处理。

《建筑工程施工质量验收统一标准》及配套使用的专业质量验收规范，是施工作业质量自控的合格标准。有条件的施工企业或项目经理部应结合自己的条件编制高于国家标准的企业内控标准或工程项目内控标准，或采用施工承包合同明确规定更高的标准，列入质量计划中，努力提升工程质量水平。

4）记录完整

施工图纸、质量计划、作业指导书、材料质保书、检验试验及检测报告、质量验收记录等，是形成可追溯的质量保证的依据，也是工程竣工验收所不可缺少的质量控制资料。

因此，对工序作业质量，应有计划、有步骤地按照施工管理规范的要求进行填写记载，做到及时、准确、完整、有效，并具有可追溯性。

（4）施工作业质量自控的制度

根据实践经验的总结，施工作业质量自控的有效制度有：

1）质量自检制度。2）质量例会制度。3）质量会诊制度。4）质量样板制度。5）质量挂牌制度。6）每月质量讲评制度等。

3. 施工作业质量的监控

（1）施工作业质量的监控主体

为了保证项目质量，建设单位、监理单位、设计单位及政府的工程质量监督部门，在施工阶段依据法律法规和工程施工承包合同，对施工单位的质量行为和项目实体质量实施监督控制。

设计单位应当就审查合格的施工图设计文件向施工单位作出详细说明，应当参与建设工程质量事故分析，并对因设计造成的质量事故，提出相应的技术处理方案。

建设单位在领取施工许可证或者开工报告前，应当按照国家有关规定办理工程质量监督手续。

作为监控主体之一的项目监理机构，在施工作业实施过程中，根据其监理规划与实施细则，采取现场旁站、巡视、平行检验等形式，对施工作业质量进行监督检查，如发现工程施工不符合工程设计要求、施工技术标准和合同约定，有权要求建筑施工企业改正。

监理机构应进行检查而没有检查或没有按规定进行检查的，给建设单位造成损失时应承担赔偿责任。

必须强调，施工质量的自控主体和监控主体，在施工全过程中相互依存、各尽其责，共同推动着施工质量控制过程的展开并最终实现工程项目的质量总目标。

（2）现场质量检查

现场质量检查是施工作业质量监控的主要手段。

1）现场质量检查的内容

①开工前的检查

主要检查是否具备开工条件，开工后是否能够保持连续正常施工，能否保证工程质量。

②工序交接检查

对于重要的工序或对工程质量有重大影响的工序，应严格执行“三检”制度（即自检、互检、专检），未经监理工程师（或建设单位技术负责人）检查认可，不得进行下道工序的施工。

③隐蔽工程的检查

施工中凡是隐蔽工程必须经检查认证后方可进行隐蔽掩盖。

④停工后复工的检查。因客观因素停工或处理质量事故等停工复工时，经检查认可后方能复工。

⑤分项、分部工程完工后的检查

应经检查认可，并签署验收记录后，才能进行下一工程项目的施工。

⑥成品保护的检查

检查成品有无保护措施以及保护措施是否有效可靠。

（3）现场质量检查的方法

1）目测法

目测法即凭借感官进行检查，也称观感质量检验，其手段可概括为“看、摸、敲、照”四个字。

①看

就是根据质量标准要求进行外观检查，例如，清水墙面是否洁净，喷涂的密实度和颜色是否良好、均匀，工人的操作是否正常，内墙抹灰的大面及口角是否平直，混凝土外观是否符合要求等。

②摸

就是通过触摸手感进行检查、鉴别，如油漆的光滑度，浆活是否牢固、不掉粉等。

③敲

就是运用敲击工具进行音感检查，例如，对地面工程、装饰工程中的水磨石、面砖、石材饰面等，均应进行敲击检查。

④照

就是通过人工光源或反射光照射，检查难以看到或光线较暗的部位，例如，管道井、电梯井等内部管线、设备安装质量，装饰吊顶内连接及设备安装质量等。

2）实测法

实测法就是通过实测数据与施工规范、质量标准的要求及允许偏差值进行对照，以此判断质量是否符合要求，其手段可概括为“靠、量、吊、套”四个字。

①靠

就是用直尺、塞尺检查墙面、地面、路面等的平整度。

②量

就是用测量工具和计量仪表等检查断面尺寸、轴线、标高、湿度、温度等的偏差，例如，大理石板拼缝尺寸、摊铺沥青拌和料的温度、混凝土坍落度的检测等。

③吊

就是利用托线板以及线坠吊线检查垂直度，例如，砌体垂直度检查、门窗的安装等。

④套

就是以方尺套方，辅以塞尺检查，例如，对阴阳角的方正、踢脚线的垂直度、预制构件的方正、门窗口及构件的对角线的检查等。

3）试验法

试验法是指通过必要的试验手段对质量进行判断的检查方法，主要包括以下内容：

①理化试验

工程中常用的理化试验包括物理力学性能方面的检验和化学成分及化学性能的测定等两个方面。物理力学性能的检验，包括各种力学指标的测定，如抗拉强度、抗压强度、抗弯强度、抗折强度、冲击韧性、硬度、承载力等，以及各种物理性能方面的测定，如密度，含水量，凝结时间，安定性及抗渗、耐磨、耐热性能等。化学成分及化学性质的测定，如钢筋中的磷、硫含量，混凝土中粗集料中的活性氧化硅成分，以及耐酸、耐碱、抗腐蚀性等。此外，根据规定有时还需进行现场试验，例如，对桩或地基的静载试验、下水管道的通水试验、压力管道的耐压试验、防水层的蓄水或淋水试验等。

②无损检测

利用专门的仪器仪表从表面探测结构物、材料、设备的内部组织结构或损伤情况。常用的无损检测方法有超声波探伤、X 射线探伤、γ 射线探伤等。

（4）技术核定与见证取样送检

1）技术核定

在建设工程项目施工过程中，因施工方对施工图纸的某些要求不甚明白，或图纸内部存在某些矛盾，或工程材料调整与代用，改变建筑节点构造、管线位置或走向等，需要通过设计单位明确或确认的，施工方必须以技术核定单的方式向监理工程师提出，报送设计单位核准确认。

2）见证取样送检

为了保证建设工程质量，我国规定对工程所使用的主要材料、半成品、构配件以及施工过程留置的试块、试件等应实行现场见证取样送检。见证人员由建设单位及工程监理机构中有相关专业知识的人员担任；送检的试验室应具备经国家或地方工程检验检测主管部门核准的相关资质；见证取样送检必须严格按执行规定的程序进行，包括取样见证并记录、为样本编号、填单、封箱、送试验室、核对、交接、试验检测、报告等。

检测机构应当建立档案管理制度。检测合同、委托单、原始记录、检测报告应当按年度统一编号，编号应当连续，不得随意抽撤、涂改。

4. 隐蔽工程验收与施工成品质量保护

（1）隐蔽工程验收

凡被后续施工所覆盖的施工内容，如地基基础工程、钢筋工程、预埋管线等均属隐蔽工程。加强隐蔽工程质量验收，是施工质量控制的重要环节。其程序要求施工方首先应完成自检并合格，然后填写专用的《隐蔽工程验收单》。验收单所列的验收内容应与已完的隐蔽工程实物一致，并事先通知监理机构及有关部门，按约定时间进行验收。验收合格的隐蔽工程由各方共同签署验收记录；验收不合格的隐蔽工程，应按验收整改意见进行整改后重新验收。严格填写隐蔽工程验收的程序和记录，对于预防工程质量隐患及提供可追溯质量记录具有重要作用。

（2）施工成品质量保护

建设工程项目已完施工的成品保护，其目的是避免已完施工成品受到来自后续施工以及其他方面的污染或损坏。已完施工的成品保护问题和相应措施，在工程施工组织设计与计划阶段就应该从施工顺序上进行考虑，防止施工顺序不当或交叉作业造成相互干扰、污染和损坏；成品形成后可采取防护、覆盖、封闭、包裹等相应措施进行保护。

六、施工质量与设计质量的协调

建设工程项目施工是按照工程设计图纸（施工图）进行的，施工质量离不开设计质量，优良的施工质量要靠优良的设计质量和周到的设计现场服务来保证。

1. 项目设计质量的控制

要保证施工质量，首先要控制设计质量。项目设计质量的控制，主要是从满足项目建设需求入手，包括国家相关法律法规、强制性标准和合同规定的明确需求以及潜在需求，以使用功能和安全可靠性为核心，进行下列设计质量的综合控制：

（1）项目功能性质量控制

功能性质量控制的目的，是保证建设工程项目使用功能的符合性，其内容包括项目内部的平面空间组织、生产工艺流程组织。如满足使用功能的建筑面积分配以及宽度、高度、净空、通风、保暖、日照等物理指标和节能、环保、低碳等方面的符合性要求。

（2）项目可靠性质量控制

其主要是指建设工程项目建成后，在规定的使用年限和正常的使用条件下，保证使用安全和建筑物、构筑物及其设备系统性能稳定、可靠。

（3）项目观感性质量控制

对于建筑工程项目，其主要是指建筑物的总体格调、外部形体及内部空间观感效果，整体环境的适宜性、协调性，文化内涵的韵味及其魅力等的体现；道路、桥梁等基础设施工程同样也有其独特的构型格调、观感效果及其环境适宜性的要求。

（4）项目经济性质量控制

建设工程项目设计经济性质量，是指不同设计方案的选择对建设投资的影响。设计经济性质量控制的目的，在于强调设计过程的多方案比较，通过价值工程、优化设计，不断提高建设工程项目的性价比。在满足项目投资目标要求的条件下，做到经济高效、无浪费。

（5）项目施工可行性质量控制

任何设计意图都要通过施工来实现，设计意图不能脱离现实的施工技术和装备水平，否则再好的设计意图也无法实现。设计一定要充分考虑施工的可行性，并尽量做到方便施工，使施工顺利进行，从而保证项目施工质量。

2. 施工与设计的协调

从项目施工质量控制的角度来说，项目建设单位、施工单位和监理单位，都要注重施工与设计的相互协调。这个协调工作主要包括以下几个方面：

（1）设计联络

项目建设单位、施工单位和监理单位应组织施工单位到设计单位进行设计联络，其任务主要是：

1）了解设计意图、设计内容和特殊技术要求，分析其中的施工重点和难点，以便有针对性地编制施工组织设计，及时做好施工准备；对于以现有的施工技术和装备水平实施有困难的设计，要及时提出意见，协商修改设计，或者探讨通过技术攻关提高技术装备水平来实施的可能性，同时向设计单位介绍和推荐先进的施工新技术、新工艺和工法，争取通过适当的设计，使这些新技术、新工艺和工法在施工中得到应用。2）了解设计进度，根据项目进度控制总目标、施工工艺顺序和施工进度安排，提出设计的时间和顺序要求，对设计和施工进度进行协调，使施工得以连续顺利地进行。3）从施工质量控制的角度，提出合理化建议，优化设计，为保证和提高施工质量创造更好的条件。

（2）设计交底和图纸会审

建设单位和监理单位应组织设计单位向所有的施工实施单位进行详细的设计交底，使实施单位充分理解设计意图，了解设计内容和技术要求，明确质量控制的重点和难点；同时认真地进行图纸会审，深入发现和解决各专业设计之间可能存在的矛盾，消除施工图的差错。

（3）设计现场服务和技术核定

建设单位和监理单位应要求设计单位派出得力的设计人员到施工现场进行设计服务，解决施工中发现和提出的与设计有关的问题，及时做好相关设计核定工作。

（4）设计变更

在施工期间无论是建设单位、设计单位或施工单位提出需要进行局部设计变更的内容，都必须按照规定的程序，先将变更意图或请求报送监理工程师审查，经设计单位审核认可并签发《设计变更通知书》后，再由监理工程师下达《变更指令》。

第三节　建筑工程项目质量验收

竣工验收阶段是工程项目建设全过程的终结阶段，当工程项目按设计文件及工程合同的规定内容全部施工完毕后，便可组织验收。通过竣工验收，移交工程项目产品，对项目成果进行总结、评价，交接工程档案资料，进行竣工结算，终止工程施工合同，结束工程项目实施活动及过程，完成工程项目管理的全部任务。

一、建筑工程施工过程的质量验收

工程项目质量验收，应将项目划分为单位（子单位）工程、分部（子分部）工程、分项工程和检验批进行验收。施工过程质量验收主要是指检验批和分项、分部工程的质量验收。

1．施工过程质量验收的内容

《建筑工程施工质量验收统一标准》与各个专业工程施工质量验收规范，明确规定了各分项工程的施工质量的基本要求，规定了分项工程检验批的抽查办法和抽查数量，规定了检验批主控项目、一般项目的检查内容和允许偏差，规定了对主控项目、一般项目的检验方法，规定了各分部工程验收的方法和需要的技术资料等，同时，对涉及人民生命财产安全、人身健康、环境保护和公共利益的内容以强制性条文作出规定，要求必须坚决、严格遵照执行。

建筑工程质量验收的基本规则：

（1）验收均应在施工单位自检合格的基础上进行。（2）参加工程施工质量验收的各方人员应具备相应的资格。（3）检验批的质量应按主控项目和一般项目验收。（4）对涉及结构安全、节能、环境保护和主要使用功能的试块、试件及材料，应在进场时或施工中按规定进行见证检验。

检验批和分项工程是质量验收的基本单元；分部工程是在所含全部分项工程验收的基础上进行验收的，在施工过程中随完工随验收，并留下完整的质量验收记录和资料；单位工程作为具有独立使用功能的完整的建筑产品，进行竣工质量验收。

施工过程的质量验收包括以下验收环节，通过验收后留下完整的质量验收记录和资料，为工程项目竣工质量验收提供依据：

（1）检验批质量验收

所谓检验批，是指“按同一生产条件或按规定的方式汇总起来供检验用的，由一定数量样本组成的检验体”。检验批可根据施工及质量控制和专业验收需要按楼层、施工段、变形缝等进行划分。检验批是工程验收的最小单位，是分项工程乃至整个建筑工程质量验收的基础。

检验批应由专业监理工程师组织施工单位项目专业质量检查员、专业工长等进行验收。

检验批质量验收合格应符合下列规定：

1）主控项目的质量经抽样检验均应合格。2）一般项目的质量经抽样检验合格。3）具有完整的施工操作依据、质量验收记录。

主控项目是指建筑工程中对安全、节能、环境保护和主要使用功能起决定性作用的检验项目。主控项目的验收必须从严要求，不允许有不符合要求的检验结果，主控项目的检查具有否决权。除主控项目以外的检验项目称为一般项目。

（2）分项工程质量验收

分项工程的质量验收应在检验批验收的基础上进行。一般情况下，两者具有相同或相近的性质,只是批量的大小不同而已。分项工程可由一个或若干个检验批组成。

分项工程应由专业监理工程师组织施工单位项目专业技术负责人等进行验收。

分项工程质量验收合格应符合下列规定:

1）分项工程所含的检验批均应符合合格质量的规定。2）分项工程所含的检验批的质量验收记录应完整。

（3）分部工程质量验收

分部工程的质量验收在其所含各分项工程验收的基础上进行。

分部工程应由总监理工程师组织施工单位项目负责人和项目技术负责人等进行验收。

勘察、设计单位项目负责人和施工单位技术、质量部门负责人应参加地基与基础分部工程的验收。设计单位项目负责人和施工单位技术、质量部门负责人应参加主体结构、节能分部工程的验收。

分部（子分部）工程质量验收合格应符合下列规定:

1）分部（子分部）工程所含分项工程的质量均应验收合格。2）质量控制资料应完整。3）有关安全、节能、环境保护和主要使用功能的抽样检测结果应符合相应规定。4）观感质量验收应符合要求。

必须注意的是，由于分部工程所含的各分项工程性质不同，因此，它并不是在所含分项验收基础上的简单相加，即所含分项验收合格且质量控制资料完整，只是分部工程质量验收的基本条件，还必须在此基础上对涉及安全和使用功能的地基基础、主体结构、有关安全及重要使用功能的安装分部工程进行见证取样试验或抽样检测，而且还需要对其观感质量进行验收，并综合给出质量评价，对于评价为“差”的检查点，应通过返修处理等进行补救。

2. 施工过程质量验收不合格的处理

施工过程的质量验收以检验批的施工质量为基本验收单元。检验批质量不合格可能是使用的材料不合格，或施工作业质量不合格，或质量控制资料不完整等原因所致，其处理方法有:

（1）在检验批验收时，发现存在严重缺陷的应推倒重做，有一般缺陷的，可通过返修或更换器具、设备消除缺陷后重新进行验收。（2）个别检验批发现某些项目或指标（如试块强度等）不满足要求难以确定是否验收时，应请有资质的法定检测单位检测鉴定，当鉴定结果能够达到设计要求时，应予以验收。（3）对检测鉴定达不到设计要求，但经原设计单位核算仍能满足结构安全和使用功能的检验批，可予以验收。（4）严重质量缺陷或超过检验批范围内的缺陷，经法定检测单位检测鉴定以后，认为不能满足最低限度的安全储备和使用功能的，必须进行加固处理，虽然改变外形尺寸，但能满足安全使用要求时，可按技术处理方案和协商文件进行验收，责任方应承担经济责任。（5）通过返修或加固处理后仍不能满足安全使用要求的分部工程严禁验收。

二、建筑工程竣工质量验收

项目竣工质量验收是施工质量控制的最后一个环节，是对施工过程质量控制成果的全面检验，是从终端把关方面进行质量控制。未经验收或验收不合格的工程，不得交付使用。

1. 竣工验收的概念

（1）项目竣工

工程项目竣工是指工程项目经过承建单位的准备和实施活动，已完成了项目承包合同规定的全部内容，并符合发包单位的意图，达到了使用的要求，它标志着工程项目建设任务的全面完成。

（2）竣工验收

竣工验收是工程项目建设环节的最后一道程序，是全面检验工程项目是否符合设计要求和工程质量检验标准的重要环节，也是检查工程承包合同执行情况、促进建设项目交付使用的必然途径。我国《建设工程项目管理规范》（GB/T 50326—2016）对施工项目竣工验收的解释为“施工项目竣工验收是承包人按照施工合同的约定，完成设计文件和施工图纸规定的工程内容，经发包人组织竣工验收及工程移交的过程”。

（3）竣工验收的主体与客体

工程项目竣工验收的主体有交工主体和验收主体两方面，交工主体是承包人，验收主体是发包人，两者均是竣工验收行为的实施者，是互相依附而存在的。工程项目竣工验收的客体应是设计文件规定、施工合同约定的特定工程对象，即工程项目本身。在竣工验收过程中，应严格规范竣工验收双方主体的行为。对工程项目实行竣工验收制度是确保我国基本建设项目顺利投入使用的法律要求。

2. 竣工质量验收的依据

（1）国家相关法律法规和建设主管部门颁布的管理条例和办法。（2）工程施工质量验收统一标准。（3）专业工程施工质量验收规范。（4）批准的设计文件、施工图纸及说明书。（5）工程施工承包合同。（6）其他相关文件。

3. 竣工验收的条件

竣工验收的工程项目必须具备规定的交付竣工验收条件：

（1）设计文件和合同约定的各项施工内容已经施工完毕

具体来说：

1）民用建筑工程完工后，承包人按照施工及验收规范和质量检验标准进行自检，不合格品已自行返修或整改，达到验收标准。水、电、暖、设备、智能化、电梯经过试验，符合使用要求。2）工业项目的各种管道设备、电气、空调、仪表、通信等专业施工内容已全部安装结束，已做完清洁、试压、吹扫、油漆、保温等，经过试运转，全部符合工业设备安装施工及验收规范和质量标准的要求。3）其他专业工程按照合同的规定和施工图规定的工程内容全部施工完毕，已达到相关专业技术标准，质量验收合格，达到了交工的条件。

（2）有完整并经核定的工程竣工资料，符合验收规定。

（3）有勘察、设计、施工、监理等单位签署确认的工程质量合格文件

工程施工完毕，勘察、设计、施工监理单位已按各自的质量责任和义务，签署了工程质量合格文件。

（4）有工程使用的主要建筑材料、构配件、设备进场的证明及试验报告

1）现场使用的主要建筑材料（水泥、钢材、砖、砂、沥青等）应有材质合格证，必须有符合国家标准、规范要求的抽样试验报告。2）混凝土预制构件、钢构件、木构件等应有生产单位的出厂合格证。3）混凝土、砂浆等施工试验报告，应按施工及验收规范和设计规定的要求取样。4）设备进场必须开箱检验，并有出厂质量合格证，检验完毕要如实做好各种进场设备的检查验收记录。

（5）有施工单位签署的工程质量保修书。

4．竣工质量验收的要求

（1）建筑工程施工质量应符合标准和相关专业验收规范的规定。（2）建筑工程施工应符合工程勘察、设计文件的要求。（3）参加工程施工质量验收的各方人员应具备规定的资格。（4）工程质量的验收均应在施工单位自行检查评定的基础上进行。（5）隐蔽工程在隐蔽前应由施工单位通知有关单位进行验收，并应形成验收文件。（6）涉及结构安全的试块、试件以及有关材料，应按规定进行见证取样检测。（7）检验批的质量应按主控项目和一般项目验收。（8）对涉及结构安全、节能、环境保护和使用功能的重要分部工程，应进行抽样检测。（9）承担见证取样检测及有关结构安全检测的单位应具有相应资质。（10）工程的观感质量应由验收人员进行现场检查，并应共同确认。

5．竣工质量验收的标准

（1）达到合同约定的工程质量标准

建设工程合同一经签订，即具有法律效力，对发承包双方都具有约束作用。合同约定的质量标准具有强制性，合同的约束作用规范了发承包双方的质量责任和义

务，承包人必须确保工程质量达到双方约定的质量标准，不合格不得交付验收和使用。

（2）符合单位工程质量竣工验收的合格标准

符合国家标准《建筑工程施工质量验收统一标准》对单位（子单位）工程质量验收合格的规定。单位工程是工程项目竣工质量验收的基本对象。单位（子单位）工程质量验收合格应符合下列规定：

1）所含分部工程的质量均应验收合格。2）质量控制资料应完整。3）所含分部工程中有关安全、节能、环境保护和主要使用功能的检验资料应完整。4）主要使用功能的抽查结果应符合相关专业验收规范的规定。5）观感质量应符合要求。

（3）单项工程达到使用条件或满足生产要求。

（4）建设项目能满足建成投入使用或生产的各项要求

组成建设项目的全部单项工程均已完成，符合交工验收的要求，建设项目能满足使用或生产要求，并应达到以下标准：

1）生产性工程和辅助公用设施，已按设计要求建成，能满足生产使用。2）主要工艺设备配套，设施经试运行合格，形成生产能力，能产出设计文件规定的产品。3）必要的设施已按设计要求建成。4）生产准备工作能适应投产的需要。5）其他环保设施、劳动安全卫生、消防系统已按设计要求配套建成。

6. 竣工质量验收的程序

建设工程项目竣工验收，可分为分包工程验收、竣工预验收和单位工程验收三个环节进行。整个验收过程涉及建设单位、勘察单位、设计单位、监理单位及施工总分包各方的工作，必须按照工程项目质量控制系统的职能分工，以建设单位为核心进行竣工验收的组织协调。

（1）分包工程验收

单位工程中的分包工程完工后，分包单位应对所承包的工程项目进行自检，并应按标准规定的程序进行验收。验收时，总包单位应派人参加。分包单位应将所分包工程的质量控制资料整理完整，并移交给总包单位。

（2）竣工预验收

单位工程完工后，施工单位应组织有关人员进行自检。总监理工程师应组织各专业监理工程师对工程质量进行竣工预验收。存在施工质量问题时，应由施工单位整改。整改完毕后，由施工单位向建设单位提交工程竣工报告，申请工程竣工验收。

（3）单位工程验收

建设单位收到工程竣工报告后，应由建设单位项目负责人组织监理、施工、设计、勘察等单位项目负责人进行单位工程验收。

7. 竣工验收的备案

我国实行建设工程竣工验收备案制度。新建、扩建和改建的各类房屋建筑工程和市政基础设施工程的竣工验收，均应按《建设工程质量管理条例》的规定进行备案。

（1）建设单位应当自建设工程竣工验收合格之日起15日内，将建设工程竣工验收报告和规划、公安消防、环保等部门出具的认可文件或准许使用文件，报建设行政主管部门或者其他相关部门备案。（2）备案部门在收到备案文件资料后的15日内，对文件资料进行审查，符合要求的工程，在验收备案表上加盖"竣工验收备案专用章"，并将一份退还建设单位存档。如审查中发现建设单位在竣工验收过程中，有违反国家有关建设工程质量管理规定行为的，责令停止使用，重新组织竣工验收。（3）建设单位有下列行为之一的，责令改正，处以工程合同价款2%以上4%以下的罚款，造成损失的依法承担赔偿责任：1）未组织竣工验收，擅自交付使用的。2）验收不合格，擅自交付使用的。3）对不合格的建设工程按照合格工程验收的。

三、建筑工程竣工资料

工程项目竣工资料是工程项目承包人按工程档案管理及竣工验收条件的有关规定，在工程施工过程中按时收集，认真整理，竣工验收后移交发包人汇总归档的技术与管理文件，是记录和反映工程项目实施全过程的工程技术与管理活动的档案。

在工程项目的使用过程中，竣工资料有着其他任何资料都无法替代的作用，它是建设单位在使用中对工程项目进行维修、加固、改建、扩建的重要依据，也是对工程项目的建设过程进行复查、对建设投资进行审计的重要依据。因此，从工程建设一开始，承包单位就应设专门的资料员按规定及时收集、整理和管理这些档案资料，不得丢失和损坏；在工程项目竣工以后，工程承包单位必须按规定向建设单位正式移交这些工程档案资料。

1. 竣工资料的内容

工程竣工资料必须真实记录和反映项目管理全过程的实际，它的内容必须齐全、完整。按照我国《建设工程项目管理规范》（GB/T 50326-2014）的规定，工程竣工资料的内容应包括工程施工技术资料、工程质量保证资料、工程检验评定资料、竣工图和规定的其他应交资料。

（1）工程施工技术资料

工程施工技术资料是建设工程施工全过程的真实记录，是在施工全过程的各环节客观产生的工程施工技术文件，其主要内容包括工程开工报告（包括复工报告），项目经理部及人员名单、聘任文件，施工组织设计（施工方案），图纸会审记录（纪要），技术交底记录，设计变更通知，技术核定单，地质勘察报告，工程定位测量资料及复核记录，基槽开挖测量资料，地基钎探记录和钎探平面布置图，验槽记录和地基处理记录，桩基施工记录，试桩记录和补桩记录，沉降观测记录，防水工程抗渗试验记录，混凝土浇灌令，商品混凝土供应记录，工程复核抄测记录，工程质量事故报告，工程质量事故处理记录，施工日志，建设工程施工合同及补充协议，工程竣工报告，工程竣工验收报告，工程质量保修书，工程预（结）算书，竣工项目一览表，施工项目总结。

（2）工程质量保证资料

工程质量保证资料是建设工程施工全过程中全面反映工程质量控制和保证的依据性证明资料，应包括原材料、构配件、器具及设备等的质量证明、合格证明、进场材料试验报告等。各专业工程质量保证资料的主要内容是：

1）土建工程主要质量保证资料

①钢材出厂合格证、试验报告；②焊接试（检）验报告、焊条（剂）合格证；③水泥出厂合格证或试验报告；④砖出厂合格证或试验报告；⑤防水材料合格证或试验报告；⑥构件合格证；⑦混凝土试块试验报告；⑧砂浆试块试验报告；⑨土壤试验、打（试）桩记录；⑩地基验槽记录；⑪结构吊装、结构验收记录；⑫隐蔽工程验收记录；⑬中间交接验收记录等。

2）建筑采暖卫生与煤气工程主要质量保证资料

①材料、设备出厂合格证；②管道、设备强度、焊口检查和严密性试验记录；③系统清洗记录；④排水管灌水、通水、通球试验记录；⑤卫生洁具盛水试验记录；⑥锅炉、烘炉、煮炉设备试运转记录等。

3）建筑电气安装主要质量保证资料

①主要电气设备、材料合格证；②电气设备试验、调整记录；③绝缘、接地电阻测试记录；④隐蔽工程验收记录等。

4）通风与空调工程主要质量保证资料

①材料、设备出厂合格证；②空调调试报告；③制冷系统检验、试验记录；④隐蔽工程验收记录等。

5）电梯安装工程主要质量保证资料

①电梯及附件、材料合格证；②绝缘、接地电阻测试记录；③空、满、超载运行记录；④调整试验报告等。

6）建筑智能化工程主要质量保证资料

①材料、设备出厂合格证、试验报告；②隐蔽工程验收记录；③系统功能与设备调试记录。

（3）工程检验评定资料

工程检验评定资料是建设工程施工全过程中按照国家现行工程质量检验标准，对工程项目进行单位工程、分部工程、分项工程的划分，再由分项工程、分部工程、单位工程逐级对工程质量作出综合评定的资料。工程检验评定资料的主要内容有：

1）施工现场质量管理检查记录；2）检验批质量验收记录；3）分项工程质量验收记录；4）分部（子分部）工程质量验收记录；5）单位（子单位）工程质量竣工验收记录；6）单位（子单位）工程质量控制资料核查记录；7）单位（子单位）工程安全和功能检验资料核查及主要功能抽查记录；8）单位（子单位）工程观感质量检查记录等。

（4）竣工图

竣工图是真实地反映建设工程竣工后实际成果的重要技术资料，是建设工程进行竣工验收的备案资料，也是建设工程进行维修、改建、扩建的主要依据。

工程竣工后，有关单位应及时编制竣工图，工程竣工图应逐张加盖“竣工图”章。“竣工图”章的内容应包括发包人、承包人、监理人等单位名称，图纸编号，编制人，审核人，负责人，编制时间等。具体情况如下：1）没有变更的施工图，可由承包人（包括总包和分包）在原施工图上加盖“竣工图”章标志，即作为竣工图。2）在施工中虽有一般性设计变更，但能将原施工图加以修改补充作为竣工图的，可不再重新绘制，由承包人负责在原施工图（必须是新蓝图）上注明修改的部分，并附设计变更通知和施工说明，加盖“竣工图”章标志后可作为竣工图。3）工程项目结构形式改变、工艺改变、平面布置改变、项目改变及其他重大改变，不宜在原施工图上修改、补充的，由责任单位重新绘制改变后的竣工图。承包人负责在新图上加盖“竣工图”章标志作为竣工图。变更责任单位如果是设计人，由设计人负责重新绘制；责任单位是承包人，由承包人重新绘制；责任单位若是发包人，则由发包人自行绘制或委托设计人绘制。

（5）规定的其他应交资料

1）施工合同约定的其他应交资料。2）地方行政法规、技术标准已有规定的应交资料等。

2. 竣工资料的收集整理

工程项目的承包人应按竣工验收条件的有关规定，建立健全资料管理制度，要设置专人负责，认真收集和整理工程竣工资料。

（1）竣工资料的收集整理要求

1）工程竣工资料必须真实反映工程项目建设全过程，资料的形成应符合其规律性和完整性，填写时应做到字迹清楚、数据准确、签字手续完备、齐全可靠。2）

工程竣工资料的收集和整理，应建立制度，根据专业分工的原则实行科学收集，定向移交，归口管理，要做到竣工资料不损坏、不变质和不丢失，组卷时符合规定。3）工程竣工资料应随施工进度进行及时收集和整理，发现问题及时处理、整改，不留尾巴。4）整理工程竣工资料的依据：一是国家有关法律、法规、规范对工程档案和竣工资料的规定；二是现行建设工程施工及验收规范和质量评定标准对资料内容的要求；三是国家和地方档案管理部门和工程竣工备案部门对工程竣工资料移交的规定。

（2）竣工资料的分类组卷

1）一般单位工程，文件资料不多时，可将文字资料与图纸资料组成若干盒，分六个案卷，即立项文件卷、设计文件卷、施工文件卷、竣工文件卷、声像材料卷、竣工图卷。2）综合性大型工程，文件资料比较多，则各部分可根据需要组成一卷或多卷。3）文件材料和图纸材料原则上不能混装在一个装具内，文件材料较少、需装在一个装具内时，必须用软卷皮装订，图纸不装订，然后装入硬档案盒内。4）卷内文件材料排列顺序要依据卷内的材料构成而定，一般顺序为封面、目录、文件材料部分、备考表、封底，组成的案卷力求美观、整齐。5）填写目录应与卷内材料内容相符。编写页号以独立卷为单位，单面书写的文字材料页号编在右下角，双面书写的文字材料页号，正面编写在右下角，背面编写在左下角，图纸一律编写在右下角，按卷内文件排列先后用阿拉伯数字从“1”开始依次标注。6）图纸折叠方式采用图面朝里、图签外露（右下角）的国标技术制图复制折叠方法。7）案卷采用中华人民共和国国家标准，装具一律用国标制定的硬壳卷夹或卷盒，外装尺寸为300mm（高）×220mm（宽），卷盒厚度尺寸分别为60mm、50mm，40mm、30mm、20mm五种。

3. 竣工资料的移交验收

交付竣工验收的工程项目必须有与竣工资料目录相符的分类组卷档案，工程项目的交工主体即承包人在建设工程竣工验收后，一方面要把完整的工程项目实体移交给发包人，另一方面要把全部应移交的竣工资料交给发包人。

（1）竣工资料的归档范围

竣工资料的归档范围应符合《建设工程文件归档整理规范》（GB/T 50328—2014）的规定。凡是列入归档范围的竣工资料，承包人都必须按规定将自己责任范围内的竣工资料按分类组卷的要求移交给发包人，发包人对竣工资料验收合格后，将全部竣工资料整理汇总，按规定向档案主管部门移交备案。

（2）竣工资料的交接要求

总包人必须对竣工资料的质量负全面责任，对各分包人做到“开工前有交底，施工中有检查，竣工时有预检”，确保竣工资料达到一次交验合格。总包人根据总分包合同的约定，负责对分包人的竣工资料进行中检和预检，有整改的待整改完成后再进行整理汇总，一并移交发包人。承包人根据建设工程施工合同的约定，在建设工程竣工验收后，按规定和约定的时间，将全部应移交的竣工资料交给发包人，并应符合城建档案管理的要求。

（3）竣工资料的移交验收

竣工资料的移交验收是工程项目交付竣工验收的重要内容。发包人接到竣工资料后，应根据竣工资料移交验收办法和国家及地方有关标准的规定，组织有关单位的项目负责人、技术负责人对资料的质量进行检查，验证手续是否完备、应移交的资料项目是否齐全，所有资料符合要求后，发、承包双方按编制的移交清单签字、盖章，按资料归档要求双方交接，竣工资料交接验收完成。

四、建筑工程竣工验收管理

工程项目进入竣工阶段，是一项复杂而细致的工作，发、承包双方和工程监理机构应加强配合协调，按竣工验收管理工作的基本要求循序进行，为建设工程项目竣工验收的顺利进行创造条件。

1. 竣工验收方式

在建设工程项目管理实践中，因承包的工程项目范围不同，交工验收的形式也会有所不同。如果一个建设项目分成若干个合同由不同的承包商负责实施，各承包商完成了合同规定的工程内容或者按合同的约定承包项目可分步移交的，均可申请交工验收。

一般来说，工程交付竣工验收可以按以下三种方式分别进行。

（1）单位工程（或专业工程）竣工验收

其又称中间验收，是指承包人以单位工程或某专业工程内容为对象，独立签订建设工程施工合同，达到竣工条件后，承包人可单独进行交工，发包人根据竣工验收的依据和标准，按施工合同约定的工程内容组织竣工验收。

（2）单项工程竣工验收

其又称交工验收，即在一个总体建设项目中，一个单项工程已按设计图纸规定的工程内容完成，能满足生产要求或具备使用条件，承包人向监理人提交工程竣工报告和工程竣工报验单，经签认后应向发包人发出交付竣工验收通知书，说明工程完工情况、竣工验收准备情况、设备无负荷单机试车情况，具体约定交付竣工验收的有关事宜。发包人按照约定的程序，依照国家颁布的有关技术标准和施工承包合同，组织有关单位和部门对工程进行竣工验收。验收合格的单项工程，在全部工程验收时，原则上不再办理验收手续。

（3）全部工程的竣工验收

其又称动用验收，指建设项目已按设计规定全部建成、达到竣工验收条件，由发包人组织设计、施工、监理等单位和档案部门进行全部工程的竣工验收。对一个建设项目的全部工程竣工验收而言，大量的竣工验收基础工作已在单位工程或单项工程竣工验收中进行了。对已经交付竣工验收的单位工程（中间交工）或单项工程并已办理了移交手续的，原则上不再重复办理验收手续，但应将单位工程或单项工程竣工验收报告作为全部工程竣工验收的附件加以说明。

2. 竣工验收准备工作

（1）建立竣工收尾班子

项目进入收尾阶段，大量复杂的工作已经完成，但还有部分剩余工作需要认真处理。一般来说，这些剩余工作大多是零碎的、分散的、工程量不多的工作，往往不被重视，但弄不好也会影响项目的进行；同时，临近项目结束，项目团队成员难免会有松懈的心理，这也会影响收尾工作的正常进行。项目经理是项目管理的总负责人，全面负责工程项目竣工验收前的各项收尾工作。加强项目竣工验收前的组织与管理是项目经理应尽的基本职责。

为此，项目经理要亲自挂帅建立竣工收尾班子，成员包括技术负责人、生产负责人、质量负责人、材料负责人、班组负责人等多方面的人员，要明确分工，责任到人，做到因事设岗、以岗定责、以责考核、限期完成工作任务。收尾项目完工要有验证手续，形成完善的收尾工作制度。

（2）制订、落实项目竣工收尾计划

项目经理要根据工作特点、项目进展情况及施工现场的具体条件，负责编制、落实有针对性的竣工收尾计划，并将之纳入统一的施工生产计划进行管理，以正式计划下达并作为项目管理层和作业层岗位业绩考核的依据之一。竣工收尾计划的内容要准确而全面，应包括收尾项目的施工情况和竣工资料整理，两部分内容缺一不可。竣工收尾计划要明确各项工作内容的起止时间、负责班组及人员。项目经理和技术负责人要把计划的内容层层落实，全面交底，一定要保证竣工收尾计划的完善和可行。施工项目竣工收尾计划可参照表 6–2 的格式编制。

表 6–2 施工项目竣工收尾计划

序号	竣工项目名称	工作内容	起止时间	作业队伍	负责人	竣工资料	整理人	验证人

（3）竣工收尾计划检查

项目经理和技术负责人应定期和不定期地对竣工收尾计划的执行情况进行严格的检查，对重要部位要作好详细的检查记录。检查中，各有关方面人员要积极协作配合，对列入竣工收尾计划的各项工作内容要逐项检查，认真核对，要以国家有关法律、行政法规和强制性标准为检查依据，发现偏差要及时纠正，发现问题要及时整改。竣工收尾项目按计划完成一项，则按标准验证一项，消除一项，直至全部完成计划内容。

（4）工程项目竣工自检

项目经理部在完成施工项目竣工收尾计划，并确认已经达到了竣工的条件后，即可向所在企业报告，由企业自行组织有关人员依据质量标准和设计图纸等进行自检，填写工程质量竣工验收记录、质量控制资料核查记录、工程质量观感记录表等资料，对检查结果进行评定，符合要求后向建设单位提交工程验收报告和完整的质量资料，请建设单位组织验收。

具体来说，如果工程项目是承包人一家独立承包，应由企业技术负责人组织项目经理部的项目经理、技术负责人、施工管理人员和企业的生产、质检等部门对工程质量进行检验评定，并做好质量检验记录；如果工程项目实行的是总分包管理模式，则首先由分包人按质量验收标准对工程进行自检，并将验收结论及资料交总包人，总包人据此对分包工程进行复检和验收，并进行验收情况汇总。无论采用总包还是分包方式，自检合格后，总包人都要向工程监理机构递交工程竣工报验单，监理机构据此按《建设工程监理规范》的规定对工程是否符合竣工验收条件进行审查，对符合竣工验收条件的予以签认。

（5）竣工验收预约

承包人全面完成工程竣工验收前的各项准备工作，经监理机构审查验收合格后，承包人向发包人递交预约竣工验收的书面通知，说明竣工验收前的各项工作已准备就绪，满足竣工验收条件。预约竣工验收的通知书应表达两个含义：一是承包人按施工合同的约定已全面完成建设工程施工内容，预验收合格；二是请发包人按合同的约定和有关规定，组织工程项目的正式竣工验收。交付竣工验收通知书的内容及格式如下。

交付竣工验收通知书

××××（发包单位名称）：

根据施工合同的约定，由我单位承建的××××工程，已于××××年××月××日竣工，经自检合格，监理单位审查签认，可以正式组织竣工验收。请贵单位接到通知后，尽快洽商，组织有关单位和人员于××××年××月××日前进行竣工验收。

附件：1. 工程竣工报验单；

2. 工程竣工报告。

××××（单位公章）

××××年××月××日

监理人收到承包人递交的工程竣工报验单及有关资料后，总监理工程师即可组织专业监理工程师对承包人报送的竣工资料进行审查，并对工程质量进行验收。验收合格后，总监理工程师应签署工程竣工报验单，提出工程质量评估报告。承包人依据工程监理机构签署认可的工程竣工报验单和质量评估结论，向发包人递交竣工验收的通知，具体约定工程交付验收的时间、会议地点和有关安排。

4. 竣工验收组织

发包人收到承包人递交的交付竣工验收通知书后，应及时组织勘察、设计、施工、监理等单位，按照竣工验收程序对工程进行验收核查。

（1）成立竣工验收委员会或验收小组

大型项目、重点工程、技术复杂的工程，应根据需要组成验收委员会；一般工程项目，组成验收小组即可。竣工验收工作由发包人组织，主要参加人员有发包方，勘察、设计、总承包及分包单位的负责人，发包单位的工地代表，建设主管部门、备案部门的代表等。

（2）竣工验收委员会或验收小组的职责

1）审查项目建设的各个环节，听取各单位的情况汇报。2）审阅工程竣工资料。3）实地考察建筑工程及设备安装工程情况。4）全面评价项目的勘察、设计、施工和设备质量以及监理情况，对工程质量进行综合评估。5）对遗留问题作出处理决定。6）形成工程竣工验收会议纪要。7）签署工程竣工验收报告。

（3）建设单位组织竣工验收

1）由建设单位组织，建设、勘察、设计、施工、监理单位分别汇报工程合同履约情况和工程建设各个环节执行法律、法规和工程建设强制性标准的情况。2）验收组人员审阅各种竣工资料。验收组人员应对照资料目录清单，逐项进行检查，看其内容是否齐全，是否符合要求。3）实地查验工程质量。参加验收各方应对竣工项目实体进行目测检查。4）对工程勘察、设计、施工、监理单位各管理环节和工程实物质量等方面作出全面评价，形成经验收组人员签署的工程竣工验收意见。5）参与工程竣工验收的建设、勘察、设计、施工、监理单位等各方不能形成一致意见时，应当协商提出解决的方法，待意见一致后，重新组织竣工验收；当不能协商解决时，由建设行政主管部门或者其委托的建设工程质量监督机构裁决。6）签署工程竣工验收报告。工程竣工验收合格后，建设单位应当及时提出签署工程竣工验收报告，由参加竣工验收的各单位代表签名，并加盖竣工验收各单位的公章。

5. 工程移交手续

工程通过竣工验收，承包人应在发包人对竣工验收报告签认后的规定期限内向发包人递交竣工结算和完整的结算资料，在此基础上，发、承包双方根据合同约定的有关条款进行工程竣工结算。承包人在收到工程竣工结算款后，应在规定期限内向发包人办理工程移交手续。具体内容如下：

（1）按竣工项目一览表在现场移交工程实体

向发包人移交钥匙时，工程项目室内、外应清扫干净，达到窗明、地净、灯亮、水通、排污畅通、动力系统可以使用。

（2）按竣工资料目录交接工程竣工资料

应在规定的时间内，按工程竣工资料清单目录进行逐项交接，办清交验签章手续。

（3）按工程质量保修制度签署工程质量保修书

原施工合同中未包括工程质量保修书附件的，在移交竣工工程时应按有关规定签署或补签工程质量保修书。

（4）承包人在规定时间内按要求撤出施工现场，解除施工现场全部管理责任。

（5）工程交接的其他事宜。

五、建筑工程项目产品回访与保修

工程项目竣工验收交接后，工程项目的承包人应按照法律的规定和施工合同的约定，认真履行工程项目产品的回访与保修义务，以确保工程项目产品使用人的合理利益。回访工作应纳入承包人的生产计划及日常工作计划中。在双方约定的质量保修期内，承包人应向使用人提供在工程质量保修书中承诺的保修服务，并按照谁造成的质量问题由谁承担经济责任的原则处理经济问题。

1. 工程项目产品回访与保修的概念

工程项目竣工验收后，虽然通过了交工前的各种检验，但由于建筑产品的复杂性，仍然可能存在着一些质量问题或者隐患，要在产品的使用过程中才能逐步暴露出来，例如，建筑物的不均匀沉降、地下及屋面防水工程的渗漏等问题，都需要在使用中检查和观察才可以确定。为了有效地维护建设工程使用者的合法权益，我国政府已经把工程交工后的保修确定为我国的一项基本法律制度。

建设工程质量保修是指建设工程项目在办理竣工验收手续后，在规定的保修期限内，由勘察、设计、施工、材料等原因所造成的质量缺陷，应当由施工承包单位负责维修、返工或更换，由责任单位负责赔偿损失。这里的质量缺陷，是指工程不符合国家或行业现行的有关技术标准、设计文件及合同对质量的要求等。

回访是一种产品售后服务的方式，工程项目回访广义地来讲是指工程项目的设计、施工、设备及材料供应等单位，在工程竣工验收交付使用后，自签署工程质量保修书起的一定期限内，主动去了解项目的使用情况和设计质量、施工质量、设备运行状态及用户对维修方面的要求，从而发现产品使用中的问题并及时处理，使建筑产品能够正常地发挥其使用功能，使建筑工程的质量保修工作真正落到实处。

2．工程项目产品回访与保修的意义

实行工程质量保修制度，加强工程项目产品的回访与保修工作，是明确与落实建设工程质量责任的重要措施，是维护用户及消费者合法权益的重要保障。工程项目产品回访与保修是双赢的过程，通过回访与保修，可以促进项目的承包人在项目的设计、施工过程中牢固树立为用户服务的观念，更有效地提高承包人的技术与管理水平；同时，承包人也尽到了为顾客服务的义务，履行了质量保修的承诺。

施工单位进行工程项目产品回访与保修有以下重要意义：

（1）有利于项目经理部重视项目管理，提高工程质量。只有加强施工项目的过程控制，增强项目管理层和作业层的责任心，严格按规范和标准进行施工，从防止和消除质量缺陷的目的出发，才能从源头上杜绝工程保修问题的发生。（2）有利于承包人及时听取用户意见，发现工程质量问题，及时采取相应的措施，保证建筑工程使用功能的正常发挥，同时也履行了回访与保修的承诺。（3）有利于加强施工单位同建设单位和用户的联系与沟通，增强了建设单位和用户对施工单位的信任感，提高了施工单位的社会信誉。

3．工程项目产品回访与保修的依据

实行工程项目产品回访与保修制度是由我国法律与法规明确规定的，此项工作的主要依据有：

（1）《中华人民共和国建筑法》第 62 条规定

“建筑工程实行质量保修制度。”具体的保修范围和最低保修期限由国务院规定。

（2）《中华人民共和国合同法》第 275 条规定

“建设工程施工合同的内容包括质量保修范围和质量保证期。”第 281 条规定：“因施工人的原因致使建设工程质量不符合约定的，发包人有权要求施工人在合理期限内无偿修理或者返工、改建。”

（3）《建设工程质量管理条例》第 39 条规定

“建设工程实行质量保修制度。建设工程承包单位在向建设单位提交工程竣工验收报告时，应当向建设单位出具质量保修书。质量保修书中应当明确建设工程的保修范围、保修期限和保修责任等。”

（4）《建设工程项目管理规范》第 18.1.1 条规定

“回访保修的责任应由承包人承担，承包人应建立施工项目交工后的回访与保修制度，听取用户意见，提高服务质量，改进服务方式。”第 18.1.2 条规定：“承包人应建立与发包人及用户的服务联系网络，及时取得信息，并按计划、实施、验证、报告的程序，搞好回访与保修工作。”

4. 工程项目产品的保修范围与保修期

（1）保修范围

一般来说，各种类型的建筑工程及建筑工程的各个部位都应该实行保修。我国《建筑法》中规定：建筑工程的保修范围应当包括地基基础工程、主体结构工程、屋面防水工程和其他土建工程，以及电气管线、上下水管线的安装工程，供热、供冷系统工程等项目。

（2）保修期

保修期的长短直接关系到承包人、发包人及使用人的经济责任的大小。《建设工程质量管理条例》规定：建筑工程保修期为自竣工验收合格之日起计算，在正常使用条件下的最低保修期限。

《建设工程质量管理条例》规定，在正常使用条件下建筑工程的最低保修期限为：

1）基础设施工程、房屋建筑的地基基础工程和主体结构工程，为设计文件规定的该工程的合理使用年限。2）屋面防水工程、有防水要求的卫生间、房间和外墙面的防渗漏，为 5 年。3）供热与供冷系统，为 2 个采暖期、供冷期。4）电器管线、给水排水管道、设备安装、装饰装修为 2 年，建筑节能工程为 5 年。5）其他项目的保修期限由发包方与承包方在工程质量保修书中具体约定。

5. 保修期责任与做法

（1）保修期的经济责任

由于建筑工程情况比较复杂，不像其他商品那样单一，有些问题往往是由多种原因造成的。进行工程质量保修，必须澄清经济责任，由产生质量问题的责任方承担工程的保修经济责任。一般有以下情况：

1）属于承包人的原因

由承包人未严格按照国家现行施工及验收规范、工程质量验收标准、设计文件要求和合同约定组织施工所造成的工程质量缺陷，所产生的工程质量保修，应当由承包人负责修理并承担经济责任。

2）属于设计人的原因

对于设计所造成的质量缺陷，应由设计人承担经济责任。当由承包人进行修理时，其费用数额可按合同约定，通过发包人向设计人索赔，不足部分由发包人补偿。

3）属于发包人的原因

由发包人供应的建筑材料、构配件或设备不合格造成的工程质量缺陷，或由发包人指定的由分包人造成的质量缺陷，均应由发包人自行承担经济责任。

4）属于使用人的原因

由于使用人未经许可自行改建所造成的质量缺陷，或由使用人使用不当所造成的损坏，均应由使用人自行承担经济责任。

5）其他原因

由地震、洪水、台风等不可抗力原因所造成的损坏或由非施工原因所造成的事故，不属于规定的保修范围，承包人不承担经济责任。负责维修的经济责任由国家根据具体政策规定。

对在保修期内和保修范围内发生的质量问题，应先由建设单位组织勘察、设计、施工等单位分析质量问题的原因，确定保修方案，由施工单位负责保修。但当问题严重和紧急时，不管是什么原因造成的，均先由施工单位履行保修义务，不得推诿和扯皮。对引起质量问题的原因则实事求是，科学分析，分清责任，按责任大小由责任方承担不同比例的经济赔偿。这里的损失，既包括由工程质量造成的直接损失，即用于返修的费用，也包括间接损失，如给使用人或第三人造成的财产或非财产损失等。

6）在保修期后的建筑物的合理使用寿命内

由建设工程使用功能的缺陷所造成的工程使用损害，由建设单位负责维修，并承担责任方的赔偿责任。不属于承包人保修范围的工程，发包人或使用人有意委托承包人修理、维护时，承包人应提供服务，并在双方签订的协议中明确服务的内容和质量要求，费用由发包人或使用人按协议约定的方式承担。

7）保修保险

有的项目经发包人和承包人协商，根据工程的合理使用年限，采用保修保险方式。该方式不需要扣保留金，保险费由发包人支付，承包人应按约定的保修承诺，履行其保修职责和义务。推行保修保险可以有效地转移和规避工程的风险，是符合国际惯例做法，对发承包双方都有利。

（2）保修做法

保修做法一般包括以下步骤：

1）发送保修书

在工程竣工验收的同时，施工单位应向建设单位发送《房屋建筑工程质量保修书》。工程质量保修书属于工程竣工资料的范围，它是承包人对工程质量保修的承诺。其内容主要包括保修范围和内容、保修时间、保修责任、保修费用等。

2）填写工程质量修理通知书

在保修期内，若工程项目出现质量问题影响使用，使用人应填写工程质量修理通知书告知承包人，注明质量问题及部位、联系维修方式，要求承包人派人前往检查修理。工程质量修理通知书的发出日期为约定起始日期，承包人应在 7 d 内派出人员执行保修任务。

6. 回访实务

（1）回访工作计划

工程交工验收后，承包人应该将回访工作纳入企业日常工作之中，及时编制回访工作计划，做到有计划、有组织、有步骤地对每项已交付使用的工程项目主动进行回访，收集反馈信息，及时处理保修问题。回访工作计划要具体实用，不能流于形式。回访工作计划应包括以下内容：

1）主管回访保修业务的部门；2）回访保修的执行单位；3）回访的对象（发包人或使用人）及其工程名称；4）回访时间安排和主要内容；5）回访工程的保修期限。

回访工作计划的一般格式见表 6–3。

表 6–3　回访工作计划

序号	建设单位	工程名称	保修期限	回访时间安排	参加回访部门	执行单位

（2）回访工作记录

每一次回访工作结束以后，回访保修的执行单位都应填写回访服务报告。回访服务报告主要内容包括参与回访人员、回访发现的质量问题、发包人或使用人的意见、对质量问题的处理意见等。在全部回访工作结束后，也应填写回访服务报告，全面总结回访工作的经验和教训。回访服务报告的内容应包括回访建设单位和工程项目的概况、使用单位或用户对交工工程的意见、对回访工作的分析和总结、质量改进的措施对策等。回访归口主管部门应依据回访记录对回访服务的实施效果进行检查验证。回访工作记录的一般格式见表 6–4。

表 6-4　回访工作记录

建设单位		使用单位	
工程名称		建筑面积	
施工单位		保修期限	
项目组织		回访日期	
回访工作情况：			
回访负责人		回访记录人	

（3）回访工作方式

回访工作方式一般有四种：

1）例行性回访

根据回访年度工作计划的安排，对已交付竣工验收并在保修期内的工程，统一组织例行性回访，收集用户对工程质量的意见。回访可用电话询问、召开座谈会及登门拜访等行之有效的方式，一般半年或一年进行一次。

2）季节性回访

主要是针对随季节变化容易产生质量问题的工程部位进行回访，所以这种回访具有季节性特点，如雨期回访基础工程、屋面工程和墙面工程的防水和渗漏情况，冬期回访采暖系统的使用情况，暑期回访通风空调工程等。了解有无施工质量缺陷或使用不当造成的损坏等问题，发现问题立即采取有效措施，及时加以解决。

3）技术性回访

主要了解在工程施工过程中所采用的新材料、新技术、新工艺、新设备等的技术性能和使用后的效果，以及设备安装后的技术状态，从用户那里获取使用后的第一手资料，发现问题及时补救和解决。这样便于总结经验和教训，为进一步完善和推广创造条件。

4）特殊性回访

主要是对一些特殊工程、重点工程或有影响的工程进行专访。由于工程的特殊性，可将服务工作往前延伸，包括交工前的访问和交工后的回访，可以定期或不定期进行，目的是听取发包人或使用人的合理化意见或建议，及时解决出现的质量问题，不断积累特殊工程施工及管理经验。

工程项目质量验收，应将项目划分为单位（子单位）工程、分部（子分部）工程、分项工程和检验批进行验收。施工过程质量验收主要是指检验批和分项、分部工程的质量验收。

项目竣工质量验收是施工质量控制的最后一个环节，是对施工过程质量控制成果的全面检验，是从终端把关方面进行质量控制。未经验收或验收不合格的工程，不得交付使用。

工程项目竣工资料是工程项目承包人按工程档案管理及竣工验收条件的有关规定，在工程施工过程中按时收集，认真整理，竣工验收后移交发包人汇总归档的技术与管理文件，是记录和反映工程项目实施全过程的工程技术与管理活动的档案。

工程项目进入竣工阶段，发、承包双方和工程监理机构应加强配合协调，按竣工验收管理工作的基本要求循序进行，为建设工程项目竣工验收的顺利进行创造条件。

工程项目竣工验收交接后，工程项目的承包人应按照法律的规定和施工合同的约定，认真履行工程项目产品的回访与保修义务，以确保工程项目产品使用人的合理利益。

第四节　建筑工程质量改进和质量事故的处理

由于影响建筑产品质量的因素繁多，在施工过程中稍有不慎，就极易引起系统性因素的质量变异，从而产生质量问题、质量事故，甚至发生严重的工程质量事故。因此，必须采取有效的措施，对常见的质量问题和事故事先加以预防，并对已经出现的质量事故及时进行分析和处理。

一、工程质量问题和质量事故的分类

1．工程质量不合格

（1）质量不合格和质量缺陷

根据《质量管理体系基础和术语》（GB/T 19000—2015）的规定，凡工程产品没有满足某个规定的要求，就称为质量不合格；而未满足某个与预期或规定用途有关的要求，称为质量缺陷。

（2）质量问题和质量事故

工程质量不合格，影响使用功能或工程结构安全，造成永久质量缺陷或存在重大质量隐患，甚至直接导致工程倒塌或人身伤亡，必须进行返修、加固或报废处理，按照由此造成直接经济损失的大小分为质量问题和质量事故。

2. 工程质量事故

根据住房和城乡建设部《关于做好房屋建筑和市政基础设施工程质量事故报告和调查处理工作的通知》，工程质量事故是指由于建设、勘察、设计、施工、监理等单位违反工程质量有关法律法规和工程建设标准，使工程产生结构安全、重要使用功能等方面的质量缺陷，造成人身伤亡或者重大经济损失的事故。

工程质量事故具有成因复杂、后果严重、种类繁多、往往与安全事故共生的特点，建筑工程质量事故的分类有多种方法，不同专业工程类别对工程质量事故的等级划分也不尽相同。

（1）按事故造成损失的程度分级

建质〔2010〕111 号文根据工程质量事故造成的人员伤亡或者直接经济损失，将工程质量事故分为 4 个等级：

1）特别重大事故

是指造成 30 人以上死亡，或者 100 人以上重伤，或者 1 亿元以上直接经济损失的事故；

2）重大事故

是指造成 10 人以上 30 人以下死亡，或者 50 人以上 100 人以下重伤，或者 5 000 万元以上 1 亿元以下直接经济损失的事故；

3）较大事故

是指造成 3 人以上 10 人以下死亡，或者 10 人以上 50 人以下重伤，或者 1 000 万元以上 5 000 万元以下直接经济损失的事故；

4）一般事故，是指造成 3 人以下死亡，或者 10 人以下重伤，或者 100 万元以上 1 000 万元以下直接经济损失的事故。

该等级划分所称的"以上"包括本数，所称的"以下"不包括本数。

（2）按事故责任分类

1）指导责任事故

指由于工程实施指导或领导失误而造成的质量事故。例如，由于工程负责人片面追求施工进度，放松或不按质量标准进行控制和检验，降低施工质量标准等。

2）操作责任事故

指在施工过程中，由于实施操作者不按规程和标准实施操作，而造成的质量事故。例如，浇筑混凝土时随意加水，或振捣疏漏造成混凝土质量事故等。

3）自然灾害事故

指由突发的严重自然灾害等不可抗力造成的质量事故。例如，地震、台风、暴雨、雷电、洪水等对工程造成破坏甚至使之倒塌。这类事故虽然不是人为责任直接造成，但灾害事故造成的损失程度也往往与人们是否在事前采取了有效的预防措施有关，相关责任人员也可能负有一定责任。

二、施工质量事故的预防

建立健全施工质量管理体系，加强施工质量控制，就是为了预防施工质量问题和质量事故，在保证工程质量合格的基础上，不断提高工程质量。所以，施工质量控制的所有措施和方法，都是预防施工质量事故的措施。具体来说，施工质量事故的预防，应运用风险管理的理论和方法，从寻找和分析可能导致施工质量事故发生的原因入手，抓住影响施工质量的各种因素和施工质量形成过程的各个环节，采取针对性的预防控制措施。

1. 施工质量事故发生的原因

（1）技术原因

技术原因指是由于项目勘察、设计、施工中技术上的失误引发质量事故。例如，地质勘察过于疏略，对水文地质情况判断错误，致使地基基础设计采用不正确的方案或结构设计方案不正确，计算失误，构造设计不符合规范要求；施工管理及实际操作人员的技术素质差，采用了不合适的施工方法或施工工艺等。这些技术上的失误是造成质量事故的常见原因。

（2）管理原因

管理原因指管理上的不完善或失误引发质量事故。例如，施工单位或监理单位的质量管理体系不完善，质量管理措施落实不力，施工管理混乱，不遵守相关规范，违章作业，检验制度不严密，质量控制不严格，检测仪器设备因管理不善而失准，以及材料质量检验不严等原因引起质量事故。

（3）社会、经济原因

社会、经济原因指引发的质量事故是社会上存在的不正之风及经济上的原因，滋长了建设中的违法、违规行为。例如，违反基本建设程序，无立项、无报建、无开工许可、无招投标、无资质、无监理、无验收的“七无”工程，边勘察、边设计、边施工的“三边”工程，屡见不鲜，几乎所有的重大施工质量事故都能从这个方面找到原因；某些施工企业盲目追求利润而不顾工程质量，在投标报价中随意压低标价，中标后则依靠违法的手段或修改方案追加工程款，甚至偷工减料等，这些因素都会导致发生重大工程质量事故。

（4）人为事故和自然灾害原因

人为事故和自然灾害原因指造成质量事故是由于人为的设备事故、安全事故，导致连带发生质量事故，以及严重的自然灾害等不可抗力造成质量事故。

2. 施工质量事故预防的具体措施

（1）严格按照基本建设程序办事

首先要做好项目可行性论证，不可未经深入的调查分析和严格论证就盲目拍板定案；要彻底搞清工程地质水文条件方可开工；杜绝无证设计、无图施工；禁止任意修改设计和不按图纸施工；工程竣工不进行试车运转、不经验收不得交付使用。

（2）认真做好工程地质勘察

地质勘察时要适当布置钻孔位置和设定钻孔深度。钻孔间距过大，不能全面反映地基实际情况；钻孔深度不够，难以查清地下软土层、滑坡、墓穴、孔洞等有害地质构造。地质勘察报告必须详细、准确，防止因根据不符合实际情况的地质资料而采用错误的基础方案，导致地基不均匀沉降、失稳，使上部结构及墙体开裂、破坏、倒塌。

（3）科学地加固处理好地基

对软弱土、冲填土、杂填土、湿陷性黄土、膨胀土、岩层出露、岩溶、土洞等不均匀地基，要进行科学的加固处理。要根据不同地基的工程特性，按照地基处理与上部结构相结合使其共同工作的原则，从地基处理与设计措施、结构措施、防水措施、施工措施等方面综合考虑治理。

（4）进行必要的设计审查复核

应请具有合格专业资质的审图机构对施工图进行审查复核，防止因设计考虑不周、结构构造不合理、设计计算错误、沉降缝及伸缩缝设置不当、悬挑结构未通过抗倾覆验算等原因，导致质量事故的发生。

（5）严格把好建筑材料及制品的质量关

要从采购订货、进场验收、质量复验、存储和使用等几个环节，严格控制建筑材料及制品的质量，防止不合格或变质、损坏的材料和制品用到工程上。

（6）对施工人员进行必要的技术培训

要通过技术培训使施工人员掌握基本的建筑结构和建筑材料知识，使其懂得遵守施工验收规范对保证工程质量的重要性，从而在施工中自觉遵守操作规程，不蛮干，不违章操作，不偷工减料。

（7）依法进行施工组织管理

施工管理人员要认真学习、严格遵守国家相关政策法规和施工技术标准，依法进行施工组织管理；施工人员首先要熟悉图纸，对工程的难点和关键工序、关键部位，应编制专项施工方案并严格执行；施工作业必须按照图纸和施工验收规范、操作规程进行；施工技术措施要正确，施工顺序不可搞错，脚手架和楼面不可超载堆放构件和材料；要严格按照制度进行质量检查和验收。

（8）做好应对不利施工条件和各种灾害的预案。要根据对当地气象资料的分析和预测，事先针对可能出现的风、雨、高温、严寒、雷电等不利施工条件，制定相应的施工技术措施。还要对不可预见的人为事故和严重自然灾害做好应急预案，并有相应的人力、物力储备。

（9）加强施工安全与环境管理

许多施工安全和环境事故都会连带发生质量事故，加强施工安全与环境管理，也是预防施工质量事故的重要措施。

三、施工质量问题和质量事故的处理

1. 施工质量事故处理的依据

（1）质量事故的实况资料，包括质量事故发生的时间、地点；质量事故状况的描述；质量事故发展变化的情况；有关质量事故的观测记录、事故现场状态的照片或录像；事故调查组调查研究所获得的第一手资料。（2）有关合同及合同文件，包括工程承包合同、设计委托合同、设备与器材购销合同、监理合同及分包合同等。（3）有关的技术文件和档案，主要是有关的设计文件（如施工图纸和技术说明）、与施工有关的技术文件、档案和资料（如施工方案、施工计划、施工记录、施工日志、有关建筑材料的质量证明资料、现场制备材料的质量证明资料、质量事故发生后对事故状况的观测记录、试验记录或试验报告等）。（4）相关的建设法规，主要有《建筑法》《建设工程质量管理条例》和《关于做好房屋建筑和市政基础设施工程质量事故报告和调查处理工作的通知》（建质〔2010〕111 号）等与工程质量及质量事故处理有关的法规，以及勘察、设计、施工、监理等单位资质管理和从业者资格管理方面的法规，建筑市场管理方面的法规，以及相关技术标准、规范、规程和管理办法等。

2. 施工质量事故报告和调查处理程序

施工质量事故报告和调查处理程序如图 6–2 所示。

（1）事故报告

工程质量事故发生后，事故现场有关人员应当立即向工程建设单位负责报告；工程建设单位负责人接到报告后，应于 1 h 内向事故发生地县级以上人民政府住房和城乡建设主管部门及有关部门报告；同时，应按照应急预案采取相应措施。情况紧急时，事故现场有关人员可直接向事故发生地县级以上人民政府住房和城乡建设主管部门报告。

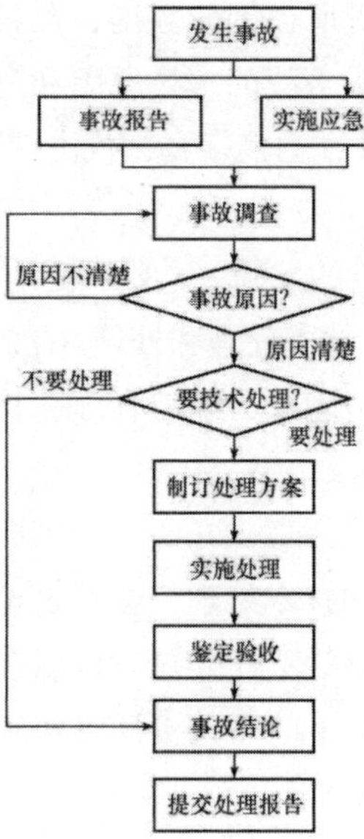

图 6–2　施工质量事故报告和调查处理程序

事故报告应包括下列内容：

1）事故发生的时间、地点、工程项目名称、工程各参建单位名称；2）事故发生的简要经过、伤亡人数和初步估计的直接经济损失；3）对事故原因的初步判断；4）事故发生后所采取的措施及事故控制情况；5）事故报告单位、联系人及联系方式；6）其他应当报告的情况。

（2）事故调查

事故调查要按规定区分事故的大小，分别由相应级别的人民政府直接或授权委托有关部门组织事故调查组进行调查。未造成人员伤亡的一般事故，县级人民政府也可以委托事故发生单位组织事故调查组进行调查。事故调查应力求及时、客观、全面，以便为事故的分析与处理提供正确的依据。要将调查结果整理撰写成事故调查报告，其主要内容应包括：

1）事故项目及各参建单位概况；2）事故发生经过和事故救援情况；3）事故所造成的人员伤亡和直接经济损失；4）事故项目有关质量检测报告和技术分析报告；5）事故发生的原因和事故性质；6）事故责任的认定和事故责任者的处理建议；7）事故防范和整改措施。

（3）事故原因分析

原因分析要建立在事故情况调查的基础上，避免情况不明就主观推断事故的原因。特别是对涉及勘察、设计、施工、材料和管理等方面的质量事故，事故的原因往往错综复杂，因此，必须对调查所得到的数据、资料进行仔细的分析，依据国家有关法律法规和工程建设标准分析事故的直接原因和间接原因，必要时组织对事故项目进行检测鉴定和专家技术论证，去伪存真，找出造成事故的主要原因。

（4）制订处理方案

事故的处理要建立在原因分析的基础上，要广泛地听取专家及有关方面的意见，经科学论证，决定事故是否要进行技术处理和处理。在制订事故处理的技术方案时，应做到安全可靠、技术可行、不留隐患、经济合理、具有可操作性、满足项目的安全和使用功能要求。

（5）事故处理

事故处理的内容包括：事故的技术处理，按经过论证的技术方案进行处理，解决事故造成的质量缺陷问题；事故的责任处罚，依据有关人民政府对事故调查报告的批复和有关法律法规的规定，对事故相关责任者实施行政处罚，负有事故责任的人员涉嫌犯罪的，依法追究其刑事责任。

（6）鉴定验收

质量事故的技术处理是否达到预期的目的，是否依然存在隐患，应当通过检查鉴定和验收作出确认。事故处理的质量检查鉴定，应严格按施工验收规范和相关质量标准的规定进行，必要时还应通过实际量测、试验和仪器检测等方法获取必要的数据，以便准确地对事故处理的结果作出鉴定，形成鉴定结论。

（7）提交处理报告

事故处理后，必须尽快提交完整的事故处理报告，其内容包括：事故调查的原始资料、测试的数据；事故原因分析和论证结果；事故处理的依据；事故处理的技术方案及措施；实施技术处理过程中有关的数据、记录、资料；检查验收记录；对事故相关责任者的处罚情况和事故处理的结论等。

3. 施工质量事故处理的基本要求

（1）质量事故的处理应达到安全可靠、不留隐患、满足生产和使用要求、施工方便、经济合理的目的；（2）消除造成事故的原因，注意综合治理，防止事故再次发生；（3）正确确定技术处理的范围和正确选择处理的时间和方法；（4）切实做好事故处理的检查验收工作，认真落实防范措施；（5）确保事故处理期间的安全。

4. 施工质量缺陷处理的基本方法

（1）返修处理

若项目某些部分的质量未达到规范、标准或设计规定的要求，存在一定的缺陷，但经过采取整修等措施后可以达到要求的质量标准，又不影响使用功能或外观的要求，则可采取返修处理的方法。例如，某些混凝土结构表面出现蜂窝、麻面，或者混凝土结构局部出现损伤，如结构受撞击、局部未振实、冻害、火灾、酸类腐蚀、碱－集料反应等，当这些缺陷或损伤仅仅在结构的表面或局部，不影响其使用和外观，可进行返修处理。再如对混凝土结构出现的裂缝，经分析研究如果其不影响结构的安全和使用功能，也可采取返修处理。当裂缝宽度不大于0.2mm时，可采用表面密封法；当裂缝宽度大于0.3mm时，采用嵌缝密闭法；当裂缝较深时，则应采取灌浆修补的方法。

（2）加固处理

这主要是针对危及结构承载力的质量缺陷的处理。通过加固处理，建筑结构恢复或提高承载力，重新满足结构安全性与可靠性的要求，结构能继续被使用或被改作其他用途。对混凝土结构常用的加固方法主要有增大截面加固法、外包角钢加固法、粘钢加固法、增设支点加固法、增设剪力墙加固法、预应力加固法等。

（3）返工处理

当工程质量缺陷经过返修、加固处理后仍不能满足规定的质量标准要求，或不具备补救可能性，则必须采取重新制作、重新施工的返工处理措施。例如，某防洪堤坝填筑压实后，其压实土的干密度未达到规定值，经核算将影响土体的稳定且不满足抗渗能力的要求，需挖除不合格土，重新填筑，重新施工；某公路桥梁工程预应力按规定张拉系数为1.3，而实际仅为0.8，属严重的质量缺陷，也无法修补，只能重新制作。再如某高层住宅施工中，有几层的混凝土结构误用了安定性不合格的水泥，无法采用其他补救办法，不得不爆破拆除重新浇筑。

（4）限制使用

当工程质量缺陷按修补方法处理后无法保证达到规定的使用要求和安全要求，而又无法返工处理时，不得已可作出诸如结构卸荷或减荷以及限制使用的决定。

（5）不做处理

某些工程质量问题虽然达不到规定的要求或标准，但其情况不严重，对结构安全或使用功能影响很小，经过分析、论证、法定检测单位鉴定和设计单位等认可后可不作专门处理。一般可不作专门处理的情况有以下几种：

1）不影响结构安全和使用功能的

例如，有的工业建筑物出现放线定位的偏差，且严重超过规范标准规定，若要纠正，会造成重大经济损失，但经过分析、论证，其偏差不影响生产工艺和正常使用，对外观也无明显影响，可不作处理。又如，某些部位的混凝土表面的裂缝，经检查分析，属于表面养护不够的干缩微裂，不影响安全和外观，也可不作处理。

2）后道工序可以弥补的质量缺陷

例如，混凝土结构表面的轻微麻面，可通过后续的抹灰、刮涂、喷涂等弥补，也可不作处理。再如，混凝土现浇楼面的平整度偏差达到 10mm，但由于后续垫层和面层的施工可以弥补，所以也可不作处理。

3）法定检测单位鉴定合格的

例如，某检验批混凝土试块强度值不满足规范要求，强度不足，但经法定检测单位对混凝土实体强度进行实际检测，其实际强度达到规范允许和设计要求值时，可不作处理。对经检测未达到要求值，但与要求值相差不多的，经分析论证，只要使用前经再次检测达到设计强度，也可不作处理，但应严格控制施工荷载。

4）出现的质量缺陷，经检测鉴定达不到设计要求，但经原设计单位核算，仍能满足结构安全和使用功能的

例如，某一结构构件截面尺寸不足，或材料强度不足，影响结构承载力，但按实际情况进行复核验算后仍能满足设计要求的承载力时，可不进行专门处理。

这种做法实际上是挖掘设计潜力或降低设计的安全系数，应谨慎处理。

（6）报废处理

出现质量事故的项目，通过分析或实践，采取上述处理方法后仍不能满足规定的质量要求或标准，则必须予以报废处理。

工程质量事故是指由于建设、勘察、设计、施工、监理等单位违反工程质量有关法律法规和工程建设标准，使工程产生结构安全、重要使用功能等方面的质量缺陷，造成人身伤亡或者重大经济损失的事故。

建立健全施工质量管理体系，加强施工质量控制，就是为了预防施工质量问题和质量事故，在保证工程质量合格的基础上，不断提高工程质量。所以，施工质量控制的所有措施和方法，都是预防施工质量事故的措施。

事故的处理要建立在原因分析的基础上，要广泛听取专家及有关方面的意见，经科学论证，决定事故是否要进行技术处理和怎样处理。在制定事故处理的技术方案时，应做到安全可靠、技术可行、不留隐患、经济合理、具有可操作性、满足项目的安全和使用功能要求。

第七章　建筑工程安全管理

第一节　建筑工程施工安全措施

一、建筑工程施工安全技术措施

1．施工安全控制

（1）安全控制的概念

安全控制是生产过程中涉及的计划、组织、监控、调节和改进等一系列致力于满足生产安全所进行的管理活动。

（2）安全控制的目标

安全控制的目标是减少和消除生产过程中的事故，保证人员健康安全和财产免受损失。具体应包括：

1）减少或消除人的不安全行为的目标；2）减少或消除设备、材料的不安全状态的目标；3）改善生产环境和保护自然环境的目标。

（3）施工安全控制的特点

建筑工程施工安全控制的特点主要有以下几个方面：

1）控制面广

由于建筑工程规模较大，生产工艺复杂、工序多，在建造过程中流动作业多，高处作业多，作业位置多变，遇到的不确定因素多，所以安全控制工作涉及范围大，控制面广。

2）控制的动态性

建筑工程项目的单件性，使得每项工程所处的条件不同，所面临的危险因素和防范措施也会有所改变，员工在转移工地后，熟悉一个新的工作环境需要一定的时间，有些工作制度和安全技术措施也会有所调整，员工同样有个熟悉的过程。

由于建筑工程项目施工的分散性，现场施工分散于施工现场的各个部位，尽管有各种规章制度和安全技术交底的环节，但是面对具体的生产环境，仍然需要自己的判断和处理，有经验的人员还必须适应不断变化的情况。

3）控制系统交叉性

建筑工程项目是开放系统，受自然环境和社会环境影响很大，同时也会对社会和环境造成影响，安全控制需要把工程系统、环境系统及社会系统结合起来。

4）控制的严谨性

由于建筑工程施工的危害因素复杂、风险程度高、伤亡事故多，所以预防控制措施必须严谨，如有疏漏，就可能发展到失控状态而酿成事故，造成损失和伤害。

（4）施工安全的控制程序。

1）确定每项具体建筑工程项目的安全目标

按“目标管理”方法在以项目经理为首的项目管理系统内进行分解，从而确定每个岗位的安全目标，实现全员安全控制。

2）编制建筑工程项目安全技术措施计划

工程施工安全技术措施计划是对生产过程中的不安全因素，用技术手段加以消除和控制的文件，是落实“预防为主”方针的具体体现，是进行工程项目安全控制的指导性文件。

3）安全技术措施计划的落实和实施

安全技术措施计划的落实和实施包括建立健全安全生产责任制，设置安全生产设施，采用安全技术和应急措施，进行安全教育和培训，安全检查，事故处理，沟通和交流信息，通过一系列安全措施的贯彻，使生产作业的安全状况处于受控状态。

4）安全技术措施计划的验证

安全技术措施计划的验证是通过施工过程中对安全技术措施计划实施情况的安全检查，纠正不符合安全技术措施计划的情况，保证安全技术措施的贯彻和实施。

5）持续改进根据安全技术措施计划的验证结果

对不适宜的安全技术措施计划进行修改、补充和完善。

2. 施工安全技术措施的一般要求

（1）施工安全技术措施必须在工程开工前制定

施工安全技术措施是施工组织设计的重要组成部分，应在工程开工前与施工组织设计一同编制。为保证各项安全设施的落实，在工程图纸会审时，就应特别注意考虑安全施工的问题，并在开工前制定好安全技术措施，使得用于该工程的各种安全设施有较充分的时间进行采购、制作和维护等准备工作。

（2）施工安全技术措施要有全面性

按照有关法律法规的要求，在编制工程施工组织设计时，应当根据工程特点制定相应的施工安全技术措施。对于大中型工程项目、结构复杂的重点工程，除必须在施工组织设计中编制施工安全技术措施外，还应编制专项工程施工安全技术措施，详细说明有关安全方面的防护要求和措施，确保单位工程或分部分项工程的施工安全。对爆破、拆除、起重吊装、水下、基坑支护和降水、土方开挖、脚手架、模板等危险性较大的作业，必须编制专项安全施工技术方案。

（3）施工安全技术措施要有针对性

施工安全技术措施是针对每项工程的特点制定的，编制安全技术措施的技术人员必须掌握工程概况、施工方法、施工环境、条件等一手资料，并熟悉安全法规、标准等，从而制定有针对性的安全技术措施。

（4）施工安全技术措施应力求全面、具体、可靠

施工安全技术措施应把可能出现的各种不安全因素考虑周全，制订的对策、措施、方案应力求全面、具体、可靠，这样才能真正做到预防事故的发生。但是，全面具体不等于罗列一般通常的操作工艺、施工方法以及日常安全工作制度、安全纪律等。这些制度性规定，安全技术措施中不需要再作抄录，但必须严格执行。

对大型群体工程或一些面积大、结构复杂的重点工程，除必须在施工组织总设计中编制施工安全技术总体措施外，还应编制单位工程或分部分项工程安全技术措施，详细地制定出有关安全方面的防护要求和措施，确保该单位工程或分部分项工程的安全施工。

（5）施工安全技术措施必须包括应急预案

由于施工安全技术措施是在相应的工程施工实施之前制定的，其所涉及的施工条件和危险情况大都是建立在可预测的基础上，而建筑工程施工过程是开放的过程，在施工期间的变化是经常发生的，还可能出现预测不到的突发事件或灾害（如地震、火灾、台风、洪水等）。所以，施工技术措施计划必须包括面对突发事件或紧急状态的各种应急设施、人员逃生和救援预案，以便在紧急情况下，能及时启动应急预案，减少损失，保护人员安全。

（6）施工安全技术措施要有可行性和可操作性

施工安全技术措施应能够在每个施工工序之中得到贯彻实施，既要考虑保证安全要求，又要考虑现场环境条件和施工技术条件能够做达到。

3. 施工安全技术措施的主要内容

（1）进入施工现场的安全规定；（2）地面及深槽作业的防护；（3）高处及立体交叉作业的防护；（4）施工用电安全；（5）施工机械设备的安全使用；（6）在采取“四新”技术时，有针对性的专门安全技术措施；（7）有针对自然灾害预防的安全措施；（8）预防有毒、有害、易燃、易爆等作业所造成的危害的安全技术措施；（9）现场消防措施。

安全技术措施中必须包含施工总平面图，在图中必须对危险的油库、易燃材料

库、变电设备、材料和构配件的堆放位置、塔式起重机、物料提升机（井架、龙门架）、施工用电梯、垂直运输设备的位置、搅拌台的位置等按照施工需求和安全规程的要求明确定位，并提出具体要求。

结构复杂、危险性大、特性较多的分部分项工程，应编制专项施工方案和安全措施。如基坑支护与降水工程、土方开挖工程、模板工程、起重吊装工程、脚手架工程、拆除工程、爆破工程等，必须编制单项的安全技术措施，并要有设计依据、有计算、有详图、有文字要求。

季节性施工安全技术措施，就是考虑暑期、雨期、冬期等不同季节的气候对施工生产带来的不安全因素可能造成的各种突发性事故，而从防护上、技术上、管理上采取的防护措施。一般工程可在施工组织设计或施工方案的安全技术措施中编制季节性施工安全措施；危险性大、高温期长的工程，应单独编制季节性的施工安全措施。

二、安全技术交底

1. 安全技术交底的内容

安全技术交底是一项技术性很强的工作，对于贯彻设计意图、严格实施技术方案、按图施工、循规操作、保证施工质量和施工安全至关重要。安全技术交底的主要内容如下：

（1）本施工项目的施工作业特点和危险点；（2）针对危险点的具体预防措施；（3）应注意的安全事项；（4）相应的安全操作规程和标准；（5）发生事故后应及时采取的避难和急救措施。

2. 安全技术交底的要求

（1）项目经理部必须实行逐级安全技术交底制度，纵向延伸到班组全体作业人员；（2）技术交底必须具体、明确，针对性强；（3）技术交底的内容应针对分部分项工程施工中给作业人员带来的潜在危险因素和存在的问题；（4）应优先采用新的安全技术措施；（5）对于涉及"四新"项目或技术含量高、技术难度大的单项技术设计，必须经过两个阶段的技术交底，即初步设计技术交底和实施性施工图技术设计交底；（6）应将工程概况、施工方法、施工程序、安全技术措施等向工长、班组长进行详细交底；（7）定期向由两个以上作业队和多工种进行交叉施工的作业队伍进行书面交底；（8）保存书面安全技术交底签字记录。

3. 安全技术交底的作用

（1）让一线作业人员了解和掌握该作业项目的安全技术操作规程和注意事项，能减小因违章操作而导致事故的可能性；（2）安全技术交底是安全管理人员在项目安全管理工作中的重要环节；（3）安全技术交底是安全管理内业的内容要求，同时，做好安全技术交底也是安全管理人员自我保护的手段。

三、安全生产检查监督

工程项目安全检查的目的是清除隐患、防止事故、改善劳动条件及提高员工的安全生产意识，是安全控制工作的一项重要内容。通过安全检查，可以发现工程中的危险因素，以便有计划地采取措施，保证安全生产。施工项目的安全检查应由项目经理组织，定期进行。

1. 安全生产检查监督的主要类型

（1）全面安全检查

全面安全检查应包括职业健康安全管理方针、管理组织机构及其安全管理的职责、安全设施、操作环境、防护用品、卫生条件、运输管理、危险品管理、火灾预防、安全教育和安全检查制度等内容。对全面安全检查的结果必须进行汇总分析，详细探讨所出现的问题及相应对策。

（2）经常性安全检查

工程项目和班组应开展经常性安全检查，及时排除事故隐患。工作人员必须在工作前，对所用的机械设备和工具进行仔细的检查，发现问题立即上报。下班前，还必须进行班后检查，做好设备的维修保养和清整场地等工作，保证交接安全。

（3）专业或专职安全管理人员的专业安全检查

由于操作人员在进行设备的检查时，往往是根据其自身的安全知识和经验进行主观判断，因而有很大的局限性，不能反映出客观情况，流于形式。而专业或专职安全管理人员则有较丰富的安全知识和经验，通过其认真检查，就能够得到较为理想的效果。专业或专职安全管理人员在进行安全检查时，必须不徇私情，按章检查，发现违章操作情况，要立即纠正，发现隐患及时指出并提出相应防护措施，并及时上报检查结果。

（4）季节性安全检查

要对防风防沙、防涝抗旱、防雷电、防暑防害等工作进行季节性的检查，根据各个季节自然灾害的发生规律，及时采取相应的防护措施。

（5）节假日检查

在节假日，坚持上班的人员较少，人们往往放松思想警惕，容易发生意外，而一旦发生意外事故，也难以进行有效的救援和控制。因此，节假日必须安排专业安全管理人员进行安全检查，对重点部位要进行巡视。同时，配备一定数量的安全保卫人员，搞好安全保卫工作，绝不能麻痹大意。

（6）要害部门重点安全检查

对于企业的要害部门和重要设备，必须进行重点检查。由于其重要性和特殊性，一旦发生意外，会造成大的伤害，给企业的经济效益和社会效益带来不良的影响。为了确保安全，对设备的运转和零件的状况应定时进行检查，发现损伤立刻更换，绝不能让设备“带病”作业；设备一过有效年限即使没有故障，也应该予以更新，不能因小失大。

2. 安全生产检查监督的主要内容

（1）查思想

检查企业领导和员工对安全生产方针的认识程度、对建立健全安全生产管理和安全生产规章制度的重视程度、对安全检查中发现的安全问题或安全隐患的处理态度等。

（2）查制度

为了实施安全生产管理制度，工程承包企业应结合本身的实际情况，建立健全一整套本企业的安全生产规章制度，并落实到具体的工程项目施工任务中。在安全检查时，应对企业的施工安全生产规章制度进行检查。施工安全生产规章制度一般应包括以下内容：

1）安全生产责任制度；2）安全生产许可证制度；3）安全生产教育培训制度；4）安全措施计划制度；5）特种作业人员持证上岗制度；6）专项施工方案专家论证制度；7）危及施工安全的工艺、设备、材料淘汰制度；8）施工起重机械使用登记制度；9）生产安全事故报告和调查处理制度；10）各种安全技术操作规程；11）危险作业管理审批制度；12）易燃、易爆、剧毒、放射性、腐蚀性等危险物品生产、储运、使用的安全管理制度；13）防护物品的发放和使用制度；14）安全用电制度；15）危险场所动火作业审批制度；16）防火、防爆、防雷、防静电制度；17）危险岗位巡回检查制度；18）安全标志管理制度。

（3）查管理

主要检查安全生产管理是否有效，安全生产管理和规章制度是否真正得到落实。

（4）查隐患

主要检查生产作业现场是否符合安全生产要求，检查人员应深入作业现场，检查工人的劳动条件、卫生设施、安全通道，零部件的存放，防护设施状况，电气设备、压力容器、化学用品的储存，粉尘及有毒有害作业部位点的达标情况，车间内的通风照明设施，个人劳动防护用品的使用是否符合规定等。要特别注意对一些要害部位和设备加强检查，如锅炉房，变电所，各种剧毒、易燃、易爆等场所。

（5）查整改

主要检查对过去提出的安全问题是否得到了解决发生过安全生产事故及具有安全隐患的部门是否采取了安全技术措施和安全管理措施，进行整改的效果如何。

（6）查事故处理

检查对伤亡事故是否及时报告，对责任人是否已经作出严肃处理。在安全检查中必须成立一个适应安全检查工作需要的检查组，配备适当的人力、物力。检查结束后应编写安全检查报告，说明已达标项目、未达标项目、存在问题、原因分析，给出纠正和预防措施的建议。

3. 安全检查的注意事项

（1）安全检查要深入基层、紧紧依靠职工，坚持领导与群众相结合的原则，组织好检查工作。（2）建立检查的组织领导机构，配备适当的检查力量，挑选具有较高技术业务水平的专业人员参加。（3）做好检查的各项准备工作，包括思想、业务知识、法规政策和物资、奖金准备。（4）明确检查的目的和要求。既要严格要求，又要防止一刀切，要从实际出发，分清主、次矛盾，力求实效。（5）把自查与互查有机结合起来。基层以自查为主，企业内相应部门间互相检查，取长补短，相互学习和借鉴。（6）坚持查改结合，检查不是目的，只是一种手段，整改才是最终目的。发现问题，要及时采取切实有效的防范措施。（7）建立检查档案。结合安全检查表的实施，逐步建立健全检查档案，收集基本的数据，掌握基本安全状况，为及时消除隐患提供数据，同时也为以后的职业健康安全检查奠定基础。（8）在制定安全检查表时，应根据用途和目的，具体确定安全检查表的种类。安全检查表的主要种类有设计用安全检查表、厂级安全检查表、车间安全检查表、班组及岗位安全检查表、专业安全检查表等。要在安全技术部门的指导下制定安全检查表，充分依靠职工来进行。初步制定出来的检查表，要经过群众的讨论，反复试行，再加以修订，最后由安全技术部门审定后方可正式实行。

4. 建筑工程安全隐患

建筑工程安全隐患包括三个部分的不安全因素：人的不安全因素、物的不安全状态和组织管理上的不安全因素。

（1）人的不安全因素

人的不安全因素有能够使系统发生故障或发生性能不良事件的个人不安全因素和违背安全要求的错误行为。

个人的不安全因素包括人员的心理、生理、能力中所具有不能适应工作、作业岗位要求的影响安全的因素。

1）心理上的不安全因素

有影响安全的性格、气质和情绪（如急躁、懒散、粗心等）。

2）生理上的不安全因素

大致有 5 个方面：

①视觉、听觉等感觉器官不能适应作业岗位要求的因素；②体能不能适应作业岗位要求的因素；③年龄不能适应作业岗位要求的因素；④有不适合作业岗位要求的疾病；⑤疲劳和酒醉或感觉朦胧。

3）能力上的不安全因素

包括知识技能、应变能力、资格等不能适应工作和作业岗位要求的影响因素。

人的不安全行为是指能造成事故的人为错误，是人为地使系统发生故障或发生性能不良事件，是违背设计和操作规程的错误行为。人的不安全行为的类型有：

①操作失误、忽视安全、忽视警告；②造成安全装置失效；③使用不安全设备；④手代替工具操作；⑤物体存放不当；⑥冒险进入危险场所；⑦攀坐不安全位置；⑧在起吊物下作业、停留；⑨在机器运转时进行检查、维修、保养；⑩有分散注意力的行为；⑪未正确使用个人防护用品、用具；⑫不安全装束；⑬对易燃易爆等危险物品处理错误。

（2）物的不安全状态

物的不安全状态是指能导致事故发生的物质条件，包括机械设备或环境所存在的不安全因素。

物的不安全状态的内容包括：

1）物本身存在的缺陷；2）防护保险方面的缺陷；3）物的放置方法的缺陷；4）作业环境场所的缺陷；5）外部的和自然界的不安全状态；6）作业方法导致的物的不安全状态；7）保护器具信号、标志和个体防护用品的缺陷。

物的不安全状态的类型包括：

1）防护等装置缺陷；2）设备、设施等缺陷；3）个人防护用品缺陷；4）生产场地环境的缺陷。

（3）组织管理上的不安全因素

组织管理上的缺陷，也是事故潜在的不安全因素，其作为间接的原因有以下几个方面：

1）技术上的缺陷；2）教育上的缺陷；3）生理上的缺陷；4）心理上的缺陷；5）管理工作上的缺陷；6）学校教育和社会、历史的原因造成的缺陷。

5. 建筑工程安全隐患的处理

在工程建筑过程中，安全事故隐患是难以避免的，但要尽可能预防和消除安全事故隐患的发生。首先，需要项目参与各方加强安全意识，做好事前控制，建立健全各项安全生产管理制度，落实安全生产责任制，注重安全生产教育培训，保证安全生产条件所需资金的投入，将安全隐患消除在萌芽之中；其次，要根据工程的特点确保各项安全施工措施的落实，加强对工程安全生产的检查监督，及时发现安全事故隐患；最后，要对发现的安全事故隐患及时进行处理，查找原因，防止事故隐患的进一步扩大。

（1）安全事故隐患治理原则。

1）冗余安全度治理原则

为确保安全，在治理事故隐患时应考虑设置多道防线，即使有一、两道防线无效，还有冗余的防线可以控制事故隐患。例如，道路上有一个坑，既要设防护栏及警示牌，又要设照明及夜间警示红灯。

2）单项隐患综合治理原则

人、机、料、法、环境任一个环节产生安全事故隐患，都要从五者安全匹配的角度考虑，调整匹配的方法，提高匹配的可靠性。一件单项隐患问题的整改需综合（多角度）治理。人的隐患，既要治人，也要治机具及生产环境等各环节。例如，某工地发生触电事故，一方面要进行人的安全用电操作教育，另一方面在现场也要设置漏电开关，对配电箱、用电线路进行防护改造，也要严禁非专业电工乱接、乱拉电线。

3）事故直接隐患与间接隐患并治原则

在对人、机、环境系统进行安全治理的同时，还需治理安全管理措施。

4）预防与减灾并重治理原则

治理安全事故隐患时，需尽可能减少发生事故的可能性，如果不能安全控制事故的发生，也要设法将事故等级减低。但是不论预防措施如何完善，都不能保证事故绝对不会发生，还必须对事故减灾做好充分准备，研究应急技术操作规范，如及时切断供料及能源的操作方法；及时降压、降温、降速以及停止运行的方法；及时排放毒物的方法；及时疏散及抢救的方法；及时请求救援的方法等。还应定期组织训练和演习，使该生产环境中每名干部及工人都真正掌握这些减灾技术。

5）重点治理原则

按对隐患的分析评价结果实行危险点分级治理，也可以用安全检查表打分，对隐患危险程度分级。

6）动态治理原则

动态治理就是对生产过程进行动态随机安全化治理，在生产过程中发现问题及时治理，这既可以及时消除隐患，又可以避免小的隐患发展成大的隐患。

（2）安全事故隐患的处理

在建筑工程中，安全事故隐患的发现可以来自各参与方，包括建筑单位、设计单位、监理单位、施工单位、供货商、工程监管部门等。各方对事故安全隐患处理的义务和责任，以及相关的处理程序在《建设工程安全生产管理条例》中已有明确的界定。这里仅从施工单位的角度谈其对事故安全隐患的处理方法。

1）当场指正，限期纠正，预防隐患发生

对于违章指挥和违章作业行为，检查人员应当场指出，并限期纠正，预防事故的发生。

2）做好记录，及时整改，消除安全隐患

对检查中发现的各类安全事故隐患，应做好记录，分析安全隐患产生的原因，制定消除隐患的纠正措施，报相关方审查批准后进行整改，及时消除隐患。对重大安全事故隐患排除前或者排除过程中无法保证安全的，责令从危险区域内撤出作业人员或者暂时停止施工，待隐患消除再行施工。

3）分析统计，查找原因，制定预防措施

对于反复发生的安全隐患，应通过分析其是属于多个部位存在的同类型隐患（即“通病”）还是属于重复出现的隐患（即“顽症”），查找产生“通病”和“顽症”的原因，修订和完善安全管理措施，制定预防措施，从源头上消除安全事故隐患的发生。

4）跟踪验证

检查单位应对受检单位的纠正和预防措施的实施过程和实施效果，进行跟踪验证，并保存验证记录。

四、基坑作业安全技术

1. 基坑作业安全技术基础知识

（1）一般要求

基坑开挖之前，要按照土质情况、基坑深度以及周边环境确定支护方案，其内容应包括放坡要求、支护结构设计、机械选择、开挖时间、开挖顺序、分层开挖深度、坡道位置、车辆进出道路、降水措施及监测要求等。

施工方案的制定必须针对施工工艺结合作业条件，对施工过程中可能造成的坍塌因素和作业条件的安全及防止周边建筑、道路等产生不均匀沉降，设计制定具体可行措施，并在施工中付诸实施。

高层建筑的箱形基础，实际上形成了建筑的地下室，随着上层建筑荷载的加大，常要求在地面以下设置三层或四层地下室，基坑的深度常超过 5 ~ 6m，且面积较大，这给基础工程施工带来很大困难和危险，因而必须认真制定安全措施以防止发生事故。

①工程场地狭窄、邻近建筑物多、大面积基坑的开挖，常使这些旧建筑物发生裂缝或不均匀沉降；②基坑的深度不同，主楼较深，裙房较浅，因而需仔细进行施工程序安排，有时先挖一部分浅坑，再加支撑或采用悬臂板桩；③合理采用降水措施，以减少板桩上的土压力；④当采用钢板桩时，要合理解决位移和弯曲；⑤除降低地下水位外，基坑内还需设置明沟和集水井排除因暴雨突然而来的明水；⑥大面积基坑应考虑配两路电源，当一路电源发生故障时，可以及时采取另一路电源，防止因停止降水而发生事故。

总之，由于基坑加深，土侧压力再加上地下水的出现，必须做专项支护设计以确保施工安全。

支护设计方案合理与否，不但直接影响施工的工期、造价，更主要的是，还直接决定施工过程安全与否，所以必须经上级审批。

（2）临边防护

当基坑施工深度达到 2m 时，对坑边作业已构成危险，按照高处作业和临边作业的规定，应搭设临边防护设施。

基坑周边搭抗的防护栏杆，其选材、搭设方式及牢固程度都应符合《建筑施工高处作业安全技术规范》（JGJ 80—2016）的规定。

（3）基坑支护

基坑支护的作用主要有以下几个方面：保护相邻已有建筑物和地下设施的安全；利用支护结构进行地下水控制，施工降水可能导致相邻建筑物产生过大的沉降而影响其正常使用功能，此时需采用局部回灌工艺；节约施工空间，在施工现场不允许放坡时，使用支护结构可将开挖空间限制在主体结构基础平面周边不大的范围内；减小基础底部隆起，由于开挖卸荷，基坑和其周围的土体会发生回弹变形和隆起，严重时可造成基底坑隆起失效，合理地设计和施工支护结构，可使这种变形大大减小；利用永久性结构作为支护结构的一部分，如作为主体结构地下室的外墙等。

基坑支护结构侧壁安全等级及重要性系数可以分为：

1）安全等级一级

破坏后果为支护结构破坏、土体失稳或过大变形对基坑周边环境及地下结构施工影响很严重，此时重要性系数 r。取 1.1。

2）安全等级二级

破坏后果为支护结构破坏、土体失稳或过大变形对基坑周边环境及地下结构施工影响一般，此时重要性系数 r。取 1.0。

3）安全等级三级

破坏后果为支护结构破坏、土体失稳或过大变形对基坑周边环境及地下结构施工影响不严重，此时重要性系数 r_0 取 0.9。

不同深度的基坑和作业条件，所采取的支护方式也不同。

1）原状土放坡

一般基坑深度小于 3m 时，可采用一次性放坡。当深度达到 4 ~ 5m 时，也可采用分级放坡。明挖放坡必须保证边坡的稳定，对浅基坑的类别进行稳定计算以确定安全系数。原状土放坡适用于较浅的基坑，对于深基坑，可采用打桩、土钉墙或地下连续墙方法来确保边坡的稳定。

2）排桩（护坡桩）

当周边无条件放坡时，可设计成挡土墙结构。可以采用预制桩或灌注桩，预制桩有钢筋混凝土和钢桩，当采用间隔排桩时，将桩与桩之间的土体固化形成桩墙挡土结构。

土体的固化方法可采用高压施喷或深层搅拌法。固化后的土体整体性好，同时可以阻止地下水渗入基坑形成隔渗结构。桩墙结构实际上是利用桩的入土深度形成悬臂结构，当基础较深时，可采用坑外拉锚或坑内支撑来保持护桩的稳定。

3）坑外拉锚与坑内支撑

①坑外拉锚

用锚具将锚杆固定在桩的悬臂部分，将锚杆的另一端伸向基坑边坡上层内锚固，以增加桩的稳定性。土锚杆由锚头、自由段和锚固段三部分组成，锚杆必须有足够长度，锚固段不能设置在土层的滑动面之内。锚杆应经设计并通过现场试验确定抗拔力。锚杆可以设计成一层或多层，采用坑外拉锚较采用坑内支撑法有较好的机械开挖环境。

②坑内支撑

为提高桩的稳定性，也可采用在坑内加设支撑的方法。坑内支撑可采用单层平面或多层支撑，支撑材料可采用型钢或钢筋混凝土，设计支撑的结构形式和节点做法，必须注意支撑安装及拆除顺序。尤其对多层支撑要加强管理，混凝土支撑必须在上道支撑强度达 80% 时才可挖下层。对钢支撑，严禁在负荷状态下焊接。

③地下连续墙

地下连续墙就是在深层地下浇筑一道钢筋混凝土墙，其既可挡土护壁又可起隔渗作用，也可以成为工程主体结构的一部分，还可以代替地下室墙外模板。地下连续墙简称为地连墙。地连墙施工是利用成槽机械，按照建筑平面挖出一条长槽，用膨润土泥浆护壁，在槽内放入钢筋笼，然后浇筑混凝土。施工时，可以分成若干段（5

~ 8m 一段），最后对各段进行接头连接，形成一道地下连续墙。

④逆做法施工

逆做法的施工工艺和一般正常施工相反，一般基础施工先挖至设计深度，然后自下向上施工到正负零标高，然后继续施工上部主体。逆做法是先施工地下一层（离地面最近的一层），在打完第一层楼板时，进行养护，在养护期间可以向上部施工主体，当第一层楼板达到强度时，可继续施工地下二层（同时向上方施工），此时的地下主体结构梁板体系就作为挡土结构的支撑体系，地下室的墙体又是基坑的护壁。这时梁板的施工只需在地面上挖出坑槽入模板钢筋，不设支撑，在梁的底部将伸出筋插入土中，作为柱子钢筋，梁板施工完毕后再挖土方施工柱子。第一层楼板以下部分由于楼板的封闭，只能采用人工挖土，可利用电梯间作垂直运输通道。逆做法不但节省工料，上下同时施工缩短工期，还因利用工程梁板结构作内支撑，从而避免装拆临时支撑所造成的土体变形。

（4）基坑开挖与支护监测

1）监测规定

①基坑开挖前，应作出系统的开挖监测方案，内容包括监测目的、监测项目、监测报警装置、监测方法及精度要求、监测点的布置、监测周期、工序管理和记录制度以及信息反馈系统等。系统的监测措施是安全的重要保证。②监测点的布置应满足监测的要求，基坑边缘以外 1 ~ 2 倍开挖深度范围内需要保护的结构与设施均应作为监测对象。具体范围应根据土质条件、周围保护物的重要性等确定。③位移观测基准点数量不应少于两点，且应设置在影响范围以外。④监测项目在基坑开挖前应测得初始值，且不应少于两次。⑤基坑监测项目的监测报警值，应根据监测对象的有关规范及支护机构设计要求确定。⑥各项监测的时间间隔可根据施工进程确定。当变形超过有关标准或监测结果变化速率较大时，应加密观测次数，当有事故征兆时，应连续监测。⑦基坑开挖监测过程中，应根据设计要求提交阶段性监测结果报告。工程结束时应提交完整的监测报告。报告包含以下内容：工程概况、监测项目和各测点的平面和立面布置图、所采用仪器的种类和监测方法、监测数据处理方法和监测结果过程曲线、监测结果评价。⑧应该采用可靠实用的监测仪器，在监测期间保护好监测点。

2）监测内容

①支护结构顶部水平位移监测。作为最关键部位的监测，一般每隔 5 ~ 8m 设一监测点，在重要部位加密布点。②支护结构倾斜监测。掌握支护结构在各个施工阶段的倾斜变化情况，及时提出支护结构深度、水平位移、时间的变化曲线及分析结果。③支护结构沉降监测。可按常规方法用水平仪对支护结构的关键部位进行监测。

④支护结构应力监测。用钢筋应力计对桩身钢筋和桩顶圈梁钢筋中较大应力断面处的应力进行监测，以防发生结构性破坏、⑤支撑结构受力监测。施工前进行锚杆抗拔试验，施工中用测力计监测锚杆的实际受力。对钢支撑，可用测压应力传感器或应变仪等监测受力变化。⑥对邻近构筑物、道路、地下管网设施的沉降及变化的监测。

3）监测结果分析

基坑支护工程监测的意义在于通过监测获得准确数据后，进行定量分析与评价，并及时进行险情预报，提出建议和措施，进一步加固处理，直到问题解决。

①对支护结构顶部水平位移分析，包括位移速率和累计位移计算。②对沉降和沉降速率进行计算分析，沉降要区分由支护结构水平位移引起的或由地下水位变化引起的。③对各项监测结果进行综合分析并相互验证和比较，判断原有设计和施工方案的合理性。④根据监测结果，全面分析基坑开挖对周围环境影响和支护的效果。⑤检测原设计计算方法的适宜性，预测后续工程开挖中可能出现的新问题。⑥经过分析评价、险情报警后，应及时提出处理措施，调整方案，排除险情，并跟踪监测加固处理后的效果。⑦监测点必须牢固，标志醒目，并要求现场各施工单位给予配合，确保监测点在监测阶段不被破坏。

（5）坑边荷载。

1）坑边堆置土方和材料包括沿挖土方边缘移动运输工具和机械不应离槽边过近，堆置土方距坑槽上部边缘不小于 1.2m，弃土堆置高度不超过 1.5m。2）大中型施工机具距坑、槽边距离，应根据设备重量、基坑支护情况、土质情况经计算确定。规范规定“基坑周边严禁超堆荷载”。土方开挖如有超载和不可避免的边坡堆载，包括挖土机平台位置等，应在施工方案中进行设计计算确认。3）周边有条件时，可采用坑外降水，以减少墙体后面的水压力。

（6）基坑降水

基坑施工常遇地下水，尤其深基施工处理不好不但影响基坑施工，还会给周边建筑造成沉降不均的危险。对地下水的控制方法一般有排水、井点降水、隔渗，下面仅介绍前两者。

1）排水

当基坑开挖深度较小时，碎石土、砂土及黏性土地基，可在基坑内或基坑外设置排水沟水井，用抽水设备将地下水排出。

施工方法是，当基坑开挖接近地下水位时，沿基坑底部四周挖排水沟，并设置集水井。采用基坑内明沟排水时，基坑分层开挖。当挖土面接近排水沟底附近时，加深排水沟和集水井。要求集水井井底低于排水沟底 0.5m 左右，排水沟底要低于挖土面 0.3 ~ 0.4m。

排水沟和集水井应设置在基础轮廓线以外，并留有适当的距离，防止地基土的结构遭到破坏。集水井的容量应保证停止抽水 10 ~ 15min 后井中的水不外溢。

当土中水的渗出量较大、施工现场较宽时，可在距坑边 3 ~ 6m 外挖大型排水沟，沟底要比基坑底面低 0.5 ~ 1.0m。

2）井点降水

井点降水是在基坑外面或基坑里面通过井（孔）将地下水降低到所要求的水位。井点降水常用的四种方法是电渗法降水、轻型井点降水、喷射井点降水和深井井点降水。

①电渗法降水

电渗法降水是将井点管本身作为阴极，将井点管沿基坑外侧布置，将金属管（直径为 5.0 ~ 75mm）或用直径约为 20mm 的钢筋作为阳极埋设在基坑内侧，与井点管并行交错排列，间距为 0.8 ~ 1.0m。阳极露出地面 0.2 ~ 0.4m，其入土深度大于井点管深度约 0.5m。阴、阳极分别用直径约为 10mm 的电线接成电路，然后分别与直流发电机的相应电极连接。通电后，地下水流向井点管，再从井点管抽水，地下水位下降。

②轻型井点降水

井点管由滤管和井管两部分组成，可用水冲法或钻孔法埋设。若要求降水深度大于 5.0m，可采用两级或多级降水。

井点的平面布置由基坑的平面形状、大小和所要求的降水深度及土的性质等因素确定。井点距坑边 0.5 ~ 1.0m，当降水深度不大于 5.0m 且基坑宽度小于 6.0m 时，可采用单排井点，当基坑宽度大于 6.0m 时，宜采用双排井点或环形布置井点。当基坑宽度大于抽水半径的两倍时，可在中间加设一排井点。井点管间距根据土质和所要求的降水深度而定，或通过现场试验确定，一般为 0.8 ~ 1.6m，最大为 3.0m。

③喷射井点降水

喷射井点降水是在井点管内，利用高压泵或空气压缩机和排水泵等组成一个抽水系统，将地下水抽出。

当基坑宽度小于 10m 时，井点可单排布置。当基坑宽度大于 10m 时，井点可双排布置，当基坑面积较大时，宜环形布置。井点间距一般为 2 ~ 3m，孔深比滤管底深 0.5m，井点管设于地下后，灌入粗砂，在距顶面 1.5m 的范围内用黏土封口。

④深井井点降水

深井井点降水是在基坑内或外成井，每井设泵抽水，将地下水抽出。

井点抽水量、降深、井数、井距等最好由现场试验确定，计算降深应大于工程要求的降深 0.5 ~ 1.0m，实际井点数应为计算量的 1.1 倍，并应有一定数量的观测孔，必要时还应进行地面应力、地面变形及孔隙压力的观测。

2. 土石方开挖安全技术

（1）基坑开挖时，两人操作间距应大于3.0m，不得对头挖土；挖土面积较大时，每人工作面不应小于6m²。挖土应由上而下，分层分段按顺序进行，严禁先挖坡脚或逆坡挖土，或采用底部掏空塌土方法挖土。（2）挖土方不得在危岩、孤石的下边或贴近未加固的危险建筑物的下面进行。（3）基坑开挖应严格按要求放坡，操作时应随时注意土壁的变动情况，如发现有裂纹或部分坍塌现象，应及时进行支撑或放坡，并注意支撑的稳固和土壁的变化。当采取不放坡开挖时，应设置临时支护，各种支护应根据土质及基坑深度经计算确定。（4）机械多台阶同时开挖，应验算边坡的稳定，挖土机离边坡应有一定的安全距离，以防塌方，造成翻机事故。（5）在有支撑的基坑槽中使用机械挖土时，应防止破坏支撑。在坑槽边使用机械挖土时，应计算支撑强度，必要时应加强支撑。（6）基坑槽和管沟回填土时，下方不得有人，对所使用的打夯机等要检查电气线路，以防止漏电、触电，停机时要关闭电闸。（7）拆除护壁支撑时，应按照回填顺序，从下而上逐步拆除，更换支撑时，必须先安装新的，再拆除旧的。（8）爆破施工前，应做好安全爆破的准备工作，画好安全距离，设置警戒哨。闪电鸣雷时，禁止装药、接线，施工操作时严格按安全操作规程办事。（9）炮眼深度超过4m时，需用两个雷管起爆，如深度超过10m，则不得用火花起爆，若爆破时发现拒爆，必须先查清原因后再进行处理。

3. 桩基础工程安全技术

（1）打（沉）桩。

1）打（沉）桩前，应对邻近施工范围内的原有建筑物、地下管线等进行检查，对有影响的工程，应采取有效的加固防护措施或隔振措施，施工时加强观测，以确保施工安全。2）打桩机行走道路必须平整、坚实，必要时铺设道碴，经压路机碾压密实。3）打（沉）桩前应先全面检查机械各个部件及润滑情况及钢丝绳是否完好，发现问题应及时解决；检查后要进行试运转，严禁带病工作。4）打（沉）桩机架安设应铺垫平稳、牢固。吊桩就位时，桩必须达到100%强度，起吊点必须符合设计要求。5）打桩时桩头垫料严禁用手拨正，不得在桩锤未打到桩顶就起锤或过早刹车，以免损坏桩机设备。6）在夜间施工时，必须有足够的照明设施。

（2）灌注桩。

1）施工前，应认真查清邻近建筑物的情况，采取有效的防振措施。2）灌注桩成孔机械操作时应保持垂直平稳，防止成孔时突然倾倒或冲（桩）锤突然下落，造成人员伤亡或设备损坏。3）冲击锤（落锤）操作时，距锤6m范围内不得有人员行走或进行其他作业，非工作人员不得进入施工区域内。4）灌注桩在已成孔尚未灌注混凝土前，应用盖板封严或设置护栏，以防掉土或人员坠入孔内，造成重大人身安全事故。5）进行高空作业时，应系好安全带，灌注混凝土时，装、拆导管人员必须戴安全帽。

（3）人工挖孔桩。

1）井口应有专人操作垂直运输设备，井内照明、通风、通信设备应齐全。2）要随时与井底人员联系，不得任意离开岗位。3）挖孔施工人员下人桩孔内需戴安全帽，连续工作不宜超过4h。4）挖出的弃土应及时运至堆土场堆放。

4．地基处理安全技术

（1）在灰土垫层、灰土桩等施工中，粉化石灰和石灰过筛时，必须戴口罩、风镜、手套、套袖等防护用品，并站在上风头；向坑槽、孔内夯填灰土前，应先检查电线绝缘是否良好，接地线、开关应符合要求，夯打时严禁夯击电线。（2）夯实地基时，起重机应支垫平稳，遇软弱地基，需用长枕木或路基板支垫。提升夯锤前应卡牢回转刹车，以防夯锤起吊后吊机转动失稳，发生倾翻事故。（3）夯实地基时，现场操作人员要戴安全帽；夯锤起吊后，吊臂和夯锤下15m内不得站人，非工作人员应远离夯击点30m以外，以防夯击时飞石伤人。（4）在用深层搅拌机进行入土切削和提升搅拌时，一旦发生卡钻或停钻现象，应切断电源，将搅拌机强制提起之后，才能启动电动机。（5）已成的孔尚未夯填填料之前，应加盖板，以免人员或物件掉入孔内。（6）当使用交流电源时应特别注意各用电设施的接地防护装置；施工现场附近有高压线通过时，必须根据机具的高度、线路的电压，详细测定其安全距离，防止高压放电而发生触电事故；夜班作业时，应有足够的照明以及备用安全电源。

5．地下建筑防水安全技术

（1）防水混凝土施工

现场施工负责人和施工员必须十分重视安全生产，牢固树立安全促进生产、生产必须安全的思想，切实做好预防工作。所有施工人员必须经安全培训，考核合格后方可上岗。

1）施工员在下达施工计划的同时，应下达具体的安全措施．每天出工前，施工员要针对当天的施工情况，布置施工安全工作，并讲明安全注意事项。2）落实安全施工责任制度、安全施工教育制度、安全施工交底制度、施工机具设备安全管理制度等，并落实到岗位，责任到人。3）防水混凝土施工期间应以漏电保护、防机械事故和保护为安全工作重点，切实做好防护措施。4）遵章守纪，杜绝违章指挥和违章作业，现场设立安全措施及有针对性的安全宣传牌、标语和安全警示标志。5）进入施工现场必须佩戴安全帽，作业人员衣着灵活紧身，禁止穿硬底鞋、高跟鞋作业，高空作业人员应系好安全带，禁止酒后操作、吸烟和打架斗殴。

（2）水泥砂浆防水层施工

1）现场施工负责人和施工员必须十分重视安全生产，牢固树立安全促进生产、生产必须安全的思想，切实做好预防工作。2）施工员在下达施工计划的同时，应下达具体的安全措施，每天出工前，施工员要针对当天的施工情况，布置施工安全工作，并讲明安全注意事项。3）落实安全施工责任制度，安全施工教育制度、安全施工交底制度、施工机具设备安全管理制度等。4）特殊工种必须持证上岗。5）遵章守纪，杜绝违章指挥和违章作业，现场设立安全措施及有针对性的安全宣传牌、标语和安全警示标志。6）进入施工现场必须佩戴安全帽，作业人员衣着灵活紧身，禁止穿硬底鞋、高跟鞋作业，高空作业人员应系好安全带，禁止酒后操作、吸烟和打架斗殴。

（3）卷材防水工程施工

1）由于卷材中某些组成材料和胶粘剂具有一定的毒性和易燃性，因此，在材料保管、运输、施工过程中，要注意防火和预防职业中毒、烫伤事故发生。2）在施工过程中做好基坑和地下结构的临边防护，防止出现坠落事故。3）高温天气施工，要有防暑降温措施。4）施工中的废弃物要及时清理，外运至指定地点，避免污染环境。

（4）涂料防水工程施工

1）配料在施工现场应有安全及防火措施，所有施工人员都必须严格遵守操作要求。2）着重强调临边安全，防止抛物和滑坡。3）在高温天气施工需做好防暑降温措施。4）涂料在储存、使用的全过程中应注意防火。5）在清扫及砂浆拌和过程中要避免灰尘飞扬。6）施工中生成的建筑垃圾要及时清理、清运。

（5）金属板防水层工程施工。

1）施工人员作业时，必须戴安全帽、系安全带并配备工具袋。2）现场焊接时，在焊接下方应设防火斗。3）在高温天气施工需做好防暑降温措施。4）施工中产生的建筑垃圾应及时清理干净。

五、脚手架工程施工安全技术

1. 一般规定

（1）凡是有高血压、心脏病、癫痫病，晕高或视力不够等不适合进行高处作业的人员，均不得从事架子作业。配备架子工的徒工，在培训以前必须经过医务部门体检合格，操作时必须有技工带领、指导，由低到高，逐步增加，不得任意单独上架子操作。要经常进行安全技术教育。凡从事架子工种的人员，必须定期（每年）进行体检。（2）脚手架支搭以前，必须制订施工方案和进行安全技术交底。对于高大异形的架子，还应报请上级部门批准，向所有参加作业的人员进行书面交底。（3）料具管理部门，必须保证供应合格的料具。架子工在使用料具时要进行检查，不合格的料具不得使用。安全网、安全带每半年必须由料具管理部门会同有关人员进行鉴定或做荷载试验。（4）操作小组接受任务后，必须根据任务特点和交底要求进行认真讨论，确定支搭方法，明确分工。在开始操作前，组长和安全干事应对施工环境及所需防护用具做一次检查，消除隐患后方可开始操作。（5）架子工在高处（距地高度 2m 以上）作业时，必须佩戴安全带。所用的钎子应拴 2m 长的钎子绳。安全带必须与已绑好的立、横杆挂牢，不得挂在铅丝扣或其他不牢固的地方，不得“走过挡”（即在一根顺水杆上不扶任何支点行走），也不得跳跃架子。在架子上操作应精力集中，禁止打闹和玩笑，休息时应下架子。严禁酒后作业。（6）遇有恶劣气候（如风力 5 级以上，高温、雨雪天气等）影响安全施工时，应停止高处作业。（7）在雷雨季节，所搭设的井字架等独立架子，高度超过 15m 时，必须安装避雷针，其接地电阻不得大于 100。（8）各种非标准的架子跨度过大、负载过重等特殊架子或其他异形架子，必须经过设计、计算、试验和鉴定合格，经上级技术领导批准后方可使用。（9）脚手架必须用双股 8# 铅丝或补钢筋与结构拉接牢固，拉接点之间的水平距离不大于 6m，垂直距离不大于 4m。（10）结构用的里、外承重脚手架，使用时荷载不得超过 2 700N/m^2。装修用的里、外脚手架使用荷载不超过 2 000N/m^2。（11）一切承重平台和悬挑承重平台要有设计、计算和使用要求并经上级主管技术领导批准方可投入使用。（12）在带电设备附近搭拆脚手架时，应停电进行，否则必须遵守下列规定：严禁跨越 35kV 及以上带电设备。水平距离应不小于 3m。10kV 及以下，水平和垂直距离不应小于 1.5m，并应有电气工作人员监护。

2. 材料规格

（1）杉槁

以扒皮杉槁和其他坚韧的圆木为标准。杨木、柳木、桦木、油松和其他腐朽、劈裂、枯节等木杆禁止使用。标准的立杆、顺水杆、抛撑、剪刀撑，杆长为 4 ~ 10m，其有效直径小头不得小于 8cm。在架子的高度不超过 5m，又能确保安全的基础上，允许利用硬杂木作立杆，其有效直径不小于 10cm。

（2）扣件

应有出厂合格证明，脆裂、变形、滑丝的禁止使用。

（3）绑扎材料

以青麻绳及 8# 铅丝为标准。青麻黑色受潮者不得使用。8# 铅丝应回火后使用。青麻绳及 8# 铅丝不准作为钢管脚手架的绑扎材料。

（4）脚手板

杉、松木质板长度为 2 ~ 6m，厚为 5cm，宽为 23 ~ 25cm。钢质板长度为 1.5 ~ 3.6m，厚为 2 ~ 3mm，肋高为 5cm，宽为 23 ~ 25cm，并应选用 HPB300 级钢板制作。

木质板两头应用铅丝打箍。锈蚀、腐朽、劈裂、有活动节子、偏棱和变形严重的脚手板禁止使用。

（5）排木

长度以 2 ~ 3m 为标准，其小头有效直径不得小于 9cm。

（6）安全网

宽度不得小于 3m，长度不大于 6m，网眼不得大于 10cm。必须用维纶、锦纶、尼龙等材料编织的符合国家标准的安全网。严禁使用损坏或腐朽的安全网。丙纶网、小眼网和金属网只准作立网使用。

3. 外脚手架

（1）结构承重用外架子

1）单排立杆离墙的距离，最宽不得超过 1.8m，最窄不得小于 1.5m，超过 1.8m 必须支搭双排架。采用钢筋排木的单排架，立杆与墙的距离，最宽不超过 1.2m，最窄不小于 1m。2）双排架外皮立杆离墙距离一般为 2-2.5m，里皮立杆离墙距离不小于 40cm，不大于 60cm。3）立杆间距最大不得超过 1.5m，顺水杆间距最大不得超过 1.2m，排木间距不超过 1m。4）剪刀撑宽度不得超过 7 根立杆，与地面的夹角为 45° ~ 60° 。5）抛撑的间距不得超过 7 根立杆，超过三步高度时，每隔三步应绑一道马梁，并加反抛撑。斜杆与地面的夹角为 45° 。6）脚手架 2m 以上，每步绑一道护身栏，并需绑 18cm 以上高度的挡脚板。架子顶端的高度，平屋顶必须超过女儿墙顶 1m。坡屋顶必须超过檐口 1.5m，并从最上层脚手板到顶端间，加绑两道护身栏并立挂安全网，安全网下口必须封绑牢固。结构吊装梁柱工程的脚手架，宽度不得小于 60cm，两侧必须绑两道护身栏，满铺脚手板。

（2）装修用外架子

1）立杆间距：杉槁，不得大于 2m；钢管，不得大于 1.5m。顺水杆间距应按使用情况绑扎，但杉槁不得大于 1.8m，钢管不得大于 1.5m。排木间距：杉槁，不得大于 1.5m；钢管，不得大于 1.2m。钢管立杆下脚应设金属板墩并绑扫地杆。2）剪刀撑间距不得大于 6 根立杆，与地面夹角为 60° 。3）抛撑间距不得超过 6 根立杆，与地面夹角为 45° ~ 60° ，与立杆之间必须绑 1 ~ 2 道马梁。钢管抛撑下脚应设金属板墩。如排木不允许顶墙，抛撑与立杆之间除绑马梁外，必须加绑反抛撑，马梁和反抛撑的节点应尽量选在和顺水杆的搭接部位同一高度上。4）脚手架离地面超过 2m，每步绑两道护身栏，均需绑 18cm 以上高度的挡脚板。最高一步的高度和护身栏的做法与结构架子相同。

4. 里脚手架

（1）结构用里脚手架

1）立杆间距最大不得超过1.5m，架子宽度不得小于1.3m，宽度超过1.7m时，必须加一排支柱。排木间距不得超过1m。2）顺水杆每步高度（1.2m）应低于每步砌筑墙高度20cm；2m以上，每步绑一道护身栏，墙外侧离地面高度超过3m时，应采取外防护措施。3）架子的尽端和墙角处应绑八字戗。剪刀撑和抛撑做法同结构外架子。4）里脚手架应搭设人行马道或斜梯。斜梯宽度不得小于1m，踏步高度不得大于40cm，并至少绑两道护身栏。斜梯与地面的夹角不大于60°。斜梯高度超过5m时，需设休息平台。

（2）装修用里脚手架

1）立杆间距、顺水杆间距、排木间距、钢管立杆下脚的做法与装修外架子相同。2）四面交圈架子，四角必须绑抱角戗杆，中间必须加剪刀撑。一面架子绑八字戗或剪刀撑和抛撑。3）距地面高度超过2m时，每步应绑两道护身栏和18cm以上高度的挡脚板，并应设有行人马道或斜梯。

（3）砌砖用金属平台架

1）金属平台架用直径为50mm的钢管作支柱，用直径在20mm以上的钢筋焊成桁架。使用前必须逐个检查焊缝的牢固、完整程度，合格后，方可拼装。2）安放金属平台架的地面，与架脚接触部分必须垫5cm厚的脚手板，防止荷重过分集中、架子下沉或损坏地面。楼层上安放金属平台架，下层楼板底必须在跨中加顶支柱。3）平台架上脚手板应铺严绑牢。平台架离墙空隙部分，应用脚手板铺齐。4）每个平台架的使用荷载不得超过20 000N（600块砖、两桶砂浆）。5）几个平台架合并使用时，必须联结绑扎牢固。

（4）升降式金属套管架

1）金属套管架使用前必须检查架子焊缝的牢固和插铁零件的齐全。套管、焊缝开裂或锈蚀损坏时不得使用。2）套管架应放平垫稳。在土地上安放套管架时，应垫木板。3）套管架的间距应根据各工种操作荷载的要求合理放置。一般以1.5m为宜，最大间距不得超过2m。4）需要升高一级时，必须将铁销插牢。插铁销钉直径不得小于10mm。如需升高到2m，应在两架之间绑上一道斜撑拉牢，防止架子摇动，并加抛撑。

5. 满堂红架子

（1）承重较大的满堂红架子，立杆纵、横间距均不得超过1.5m。顺水杆每步间隔不得超过1.4m。檩杆间距不超过75cm。脚手板应铺严、铺齐。立杆底部必须夯实或垫板。（2）装修用的满堂红架子，立杆纵、横间距均不得超过2m。靠墙的立杆应离开墙面50～60cm。顺水杆每步间隔不得超过1.7m。檩杆间距不得超过1m。铺脚手板时，架子高度超过3.6m时，板子空隙不得超过20cm；架子高度超过6m，必须满铺脚手板。花铺的脚手板，板子搭头必须绑牢。（3）满堂红架子的四角必须绑抱角戗。戗杆与地面的夹角应为 45° ~ 60° 。中间每 4 排立杆应设一个剪刀撑，一直到顶。每高两步，横向相隔 4 根立杆必须绑一道拉杆。（4）封顶架子立杆应绑双扣。立杆不得露出杆头。接杆在封顶处的一根应大头向上。运料应预留井口，井口四周应绑护身栏或加盖板，下方搭支防护层。上下架子应绑爬梯。（5）高度在 3.6m 以内的安装和装修、非承重的满堂红架子可由本工种用套管架自行支搭，铁凳间距不得大于 2.0m，铺板宽度不得小于 60cm。如高度超过 3.6m 或需使用杉槁等支搭承重架子，一律由架子工支搭。

6．吊篮架子安全技术

（1）材料规格。

1）组合吊篮所用的钢管，应用外径为 48mm、壁厚为 3 ~ 3.5mm 的钢管。组合扣件应用经劳动部门批准的单位所制作的合格产品，承重部位必须用玛钢扣件。2）吊篮上铺设的脚手板应用 2.5 ~ 5cm 厚的木板或轻质金属板，排木应用 5 ~ 10cm 的木方或外径为 48mm 的钢管。3）吊篮上所挂的立式安全网应用网眼小于 10cm 的尼龙网或金属网。4）挑梁应用不小于 14# 的工字钢或承载能力大于 14# 工字钢的其他材料，5）升降吊篮的手扳葫芦应用 3t 以上的专用配套的钢丝绳，倒链应用 2t 以上的。承重的钢丝绳直径应不小于 12.5mm，吊篮所用的安全绳应用直径不小于 12.5mm 的钢丝绳。

（2）使用吊篮的安全技术

1）吊篮适用于高层建筑外装修和外檐修理作业，吊篮的负荷量每平方米不准超过 1 200N（包括人体重）。吊篮上的人员和材料要对称分布，不得集中在一头，以保证吊篮两端负载平衡。2）在没有护头棚的吊篮上或在两个吊点的吊篮上，以及在建筑物拐角处、悬挑处操作时，必须有可靠的安全措施，而篮内人员均必须戴好安全带。3）严禁在吊篮的防护以外和护头棚上作业，任何人不准擅自拆改吊篮，因工作需要必须改动时，要将改动方案报技术、安全部门和施工负责人批准，由架子工拆改。架子拆改后经有关部门验收合格，方准使用。4）使用吊篮的人员，在工作中要随时注意工具材料，不准向吊篮外抛扔任何物件，应保持吊篮的整洁。

（3）组装和升降吊篮的安全技术

1）组装吊篮之前，架子工要对所有必用的料具进行检查，按标准选料。使用焊件组合吊篮时，应由技术部门和有关人员鉴定焊件合格后，方准使用。2）组装或拆除吊篮时，至少三人配合操作，严格按照支搭脚手架的工艺程序作业。任何人不得擅自改变吊篮组装方案。3）升降吊篮时，必须同时摇动所有的手扳葫芦或同时拉动倒链，各吊点应同步升降，保持吊篮平衡。吊篮升降时不要碰撞建筑物，特别是在阳台、窗口等部位，应有专人负责推动吊篮，防止吊篮挂碰建筑物。4）吊篮里皮距建筑物以 10cm 为宜，两吊篮之间间距不得大于 20cm。不准将两个或几个吊篮连在一起同时升降，两个吊篮的接头处应与窗口、阳台的施工面错开。5）以手扳葫芦为吊具的吊篮，钢丝绳插好后，必须将保险扳把拆掉，系牢保险绳。用安全卡子代替保险绳时，保险卡子的拉把不准与主绳捆绑在一起。要将吊篮与建筑物拉牢，在无处拉接时，要采取有效的固定措施。6）吊篮的位置和挑梁的设备都应根据建筑物的实际情况确定。拟订施工方案时，应注意挑梁挑出的长度和位置与吊篮的吊点保持垂直。安装挑梁时，应使挑梁挑出的长度和位置与吊篮的吊点保持垂直，并应使挑梁探出建筑物的一端稍高于另一端。挑梁在建筑物内外的两端应用杉槁、钢管连接牢固，成为整体，阳台部位的挑梁在挑出部分的顶端要加斜撑的抱桩，斜撑下脚要加垫板，并且将受力的阳台板以其以下的两层阳台板设立柱加固。7）承受挑梁拉力的预埋吊环，应用直径不小于 12mm 的圆钢，并与墙体主筋焊接牢固，如果几个吊点共用一个预藏吊环，要另外采取加固措施，并经上一级技术部门审批后方准使用。预埋环距支点的距离不得小于 3m，挑梁与吊环连接时应用直径大于 10mm 的钢丝绳或 03 号以上的花篮螺栓连接。8）承重钢丝绳与挑梁连接必须牢靠并应有预防钢丝绳受剪的保护措施，采用卡接方法时，不得少于 3 个卡子，绳头要做安全弯，凡是承重钢丝绳，严禁接头使用。9）吊篮用的吊索要从吊篮主横管底下穿过，吊钩下的吊索与吊篮内外主横管连接夹角要保持 45°，同时用卡子将吊钩与吊索卡死，而且必须设有防止脱钩的保险措施。10）安装吊篮的操作顺序是：先将挑梁固定绑牢，挂好吊篮承重绳，将在地面组装好的吊篮，穿上承重绳，装好安全卡子或保险绳，然后摇动各吊点的手扳葫芦或倒链，使吊篮平稳地升到使用高度，最后，将吊篮与建筑物拉结稳固后即可使用。安全保险绳每次放绳不得超过 1m，并卡牢所有卡子。

7. 高层脚手架的一般规定

（1）凡高度超过 15m 的脚手架均为高层脚手架。六层住宅楼施工用脚手架可视为一般脚手架。（2）支搭高层脚手架前，必须有设计、结构计算书和架子工程施工图。搭设方案要有文字说明。（3）高层脚手架在搭设过程中，除要严格遵守一般脚手架的规程规定外，必须以 15 ~ 18m 为一段，根据实际情况，采取挑、撑、吊等分段将荷载卸到建筑物上的技术措施。（4）高层架子的方案及技术安全措施应由本工程的施工组织设计，审批单位负责审批。方案一经审批不得擅自变更，必须变更时要重新制订方案，由原方案审批者审批后方可实施。（5）架子工程的施工负责人必须按架子方案的要求拟定书面操作要求，向班组进行安全技术交底。班组必须严格按操作要求和安全技术交底施工。（6）在架子基础、卸荷措施和架子分段完成后，应由制定架子方案的单位组织技术、安全、施工、使用等有关单位按项目进行验收，并填写验收单，合格后方可继续搭设或使用。（7）搭设过程中的高层架子如需使用，必须由施工负责人组织有关人员进行检查，符合要求后方可上人。（8）架子未经检查、验收，除架子工外，严禁其他人员攀登。验收后的架子，任何人不得擅自拆改。需作局部拆改时，需经施工负责人同意，由架子工操作。

8. 马道

（1）运料马道宽度不得小于 1.5m，坡度以 1：6（高：长）为宜。人行坡道宽度不得小于 1m，坡度不得大于 1：3.5。（2）立杆、横杆间距应与结构架子相适应，单独马道的立、横杆间距不得超过 1.5m。杉槁立杆埋入地下的深度不得小于 50cm，覆土应夯实。（3）排木间距不得超过 1m，马道宽度超过 2m 时，排木中间应加吊杆，并每隔一根立杆在吊杆下加绑托杆和八字戗。（4）脚手板应铺严、铺牢。对头搭时板端部分应用双排木，搭接板的板端应搭过排木 20cm，并用三角木填顺板头凸棱。斜坡马道的脚手板均应钉防滑木条，防滑木条厚度为 3cm，间距不得大于 30cm。（5）“之”字马道的转弯处应搭平台，平台面积应根据施工需要设置，但宽度不得小于 1.5m。平台应绑剪刀撑或八字戗。（6）马道及平台必须绑两道护身栏，并加绑 18cm 高度的挡脚板。

9. 安全网

（1）各类建筑施工中必须按规定支搭安全网，平支或立挂的安全网都要搭接严密，支设牢固，外观整齐，安全网内不得存留杂物。（2）安全网绳不得损坏或腐朽，支好的安全网在承受重为 1 000N、表面积为 2 800cm^2 的砂袋假人从 10m 高处的冲击后，网绳、系绳、边绳不断。支设安全网的杉槁小头有效直径不得小于 7cm，竹竿的小头直径应超过 8cm。支杆间距不得大于 4m。（3）凡 4m 以上的在施工程，必须随施工层支 3m 宽的安全网，首层必须固定一道 3 ~ 6m 宽的双层安全网。安全网的外口要高于里口 60 ~ 80cm。（4）高层建筑施工的安全网一律用组合钢管角架挑支，用钢丝绳绷挂，其外沿要尽量绷直，内口要与建筑物锁牢。（5）高层建筑施工除首层固定一道 6m 宽的双层安全网外，每隔 4 层还要固定一道 3m 宽的安全网。（6）在施工程的电梯井、采光井，螺旋式楼梯口，除必须设防护栏杆外，还应在井口内首层并每隔 4 层固定一道安全网或层层铺设脚手板。（7）烟囱、水塔等独立体建筑物施工时，要在外脚手架的外围固定一道 6m 宽的双层安全网，井内应设一道安全网，安全网要与建筑物或架子连接牢固。（8）首层安全网距地高度：水平 3m 宽时不得小于 3m，水平 6m 宽时不得小于 5m。安全网下方不得堆放物品。

10. 拆除架子

（1）架子的拆除程序，应由上而下按层按步地拆除，先拆护身栏、脚手板和排木，再依次拆剪刀撑的上部绑扣和接杆。拆除全部剪刀撑、抛撑以前，必须绑好临时斜支撑，防止架子倾倒，禁止采用推倒或拉倒的方法拆除。（2）拆杆和放杆时，必须由2～3人协同操作，拆顺水杆时应由站在中间的人将杆转向将大头顺下，握住小头尽量下递，等上方“隙高”人员拉到下方人员接住的通知后再放手，严禁向下抛物。（3）拆除架子时，作业区周围及进出口处，必须派有专人瞭望，严禁作业人员进入危险区域，拆除大片架子应加临时围栏。作业区内电线及其他设备有妨碍时，应事先与有关单位联系拆除、转移或加防护。（4）操作人员应佩戴安全带及安全帽，拆除的全部过程中，应指定一个责任心强、技术水平较高的工人担任指挥，并负责拆除、撤料和看护全部操作人员的安全作业。拆除过程中应注意架子缺扣、崩扣及拆得不合格的地方，避免踩在滑动的杆件上发生事故。（5）已拆下的脚手架材料应及时清理，运至指定地点码放。（6）拆至底部时，未埋设的架子应加临时加固措施。

六、高处作业施工安全技术

国家标准规定“凡在坠落高度基准面2m以上（含2m），有可能坠落的高处进行的作业称为高处作业”。高处作业包括临边、洞口、攀登、悬空、操作平台及交叉等项作业，也包括各类洞、坑、沟、槽等工程施工的其他高处作业。

1. 基本规定

（1）高处作业的安全技术措施及其所需料具，必须列入工程的施工组织设计。（2）单位工程施工负责人应对工程的高处作业安全技术负责并建立相应的责任制。施工前，应逐级进行安全技术教育及交底，落实所有安全技术措施和人身防护用品，未经落实时不得进行施工。（3）高处作业中的安全标志、工具、仪表、电气设施和各种设备，必须在施工前加以检查，确认其完好，方能投入使用。（4）攀登和悬空高处作业人员以及搭设高处作业安全设施的人员，必须经过专业技术培训及专业考试合格，持证上岗，并必须定期进行体格检查。（5）施工中对高处作业的安全技术设施，发现有缺陷和隐患时，必须及时解决；危及人身安全时，必须停止作业。（6）施工作业场所有有坠落可能的物件，应一律先行撤除或加以固定。高处作业中所用的物料，均应堆放平稳，不妨碍通行和装卸。工具应随手放入工具袋；作业中的走道、通道板和登高用具，应随时清扫干净；拆卸下的物件、余料和废料均应及时清理运走，不得任意乱置或向下丢弃。传递物件禁止抛掷。（7）雨天和雪天进行高处作业时，必须采取可靠的防滑、防寒和防冻措施。凡水、冰、霜、雪均应及时清除。对进行高处作业的高耸建筑物，应事先设置避雷设施、遇有六级以上强风、浓雾等恶劣天气时，不得进行露天攀登与悬空高处作业。暴风雪及台风暴雨后，应对高处作业安全设施逐一加以检查，发现有松动、变形、损坏或脱落等现象，应立即修理完善。（8）因作业必需，临时拆除或变动安全防护设施时，必须经施工负责人同意，并采取相应的可靠措施，作业后应立即恢复。（9）防护棚搭设与拆除时，应设警戒区，并应派专人监护。严禁上下同时拆除。（10）高处作业安全设施的主要受力杆件，力学计算按一般结构力学公式，强度及挠度计算按现行有关规范进行，但钢受弯构件的强度计算不考虑塑性影响，构造上应符合现行相应规范的要求。

2．临边作业安全防护

（1）对临边高处作业，必须设置防护措施，并符合下列规定

1）基坑周边，尚未安装栏杆或栏板的阳台、料台与挑平台周边，雨篷与挑檐边，无外脚手架的屋面与楼层周边及水箱与水塔周边等处，都必须设置防护栏杆。2）头层墙高度超过 3.2m 的二层楼面周边，以及无外脚手架的高度超过 3.2m 的楼层周边，必须在外围架设安全平网一道。3）分层施工的楼梯口和梯段边，必须安装临时护栏。顶层楼梯口应随工程结构进度安装正式防护栏杆。4）井架与施工用电梯和脚手架等与建筑物通道的两侧边，必须设防护栏杆。地面通道上部应装设安全防护棚。双笼井架通道中间，应予分隔封闭。5）各种垂直运输接料平台，除两侧设防护栏杆外，平台口还应设置安全门或活动防护栏杆。

（2）临边防护栏杆杆件的规格及连接应符合下列规定

1）毛竹横杆小头有效直径不应小于 72mm，栏杆柱小头直径不应小于 80mm，并须用不小于 16 号的镀锌钢丝绑扎，不应少于 3 圈，并无泻滑。2）原木横杆上杆梢径不应小于 70mm，下杆梢径不应小于 60mm，栏杆柱梢径不应小于 75mm，并须用相应长度的圆钉钉紧，或用不小于 12 号的镀锌钢丝绑扎，要求表面平顺和稳固无动摇。3）钢筋横杆上杆直径不应小于 16mm，下杆直径不应小于 14mm，栏杆柱直径不应小于 18mm，采用电焊或镀锌钢丝绑扎固定。4）钢管横杆及栏杆柱均采用 $\varphi48\times$（2.75 ~ 3.5）mm 的管材，以扣件或电焊固定。5）以其他钢材如角钢等作防护栏杆杆件时，应选用强度相当的规格，以电焊固定。

（3）搭设临边防护栏杆时，必须符合下列要求

1）防护栏杆应由上、下两道横杆及栏杆柱组成，上杆离地高度为 1.0 ~ 1.2m，下杆离地高度为 0.5 ~ 0.6m。坡度大于 1：22 的屋面，防护栏杆应高 1.5m，并加挂安全立网。除经设计计算外，横杆长度大于 2m 时，必须加设栏杆柱。2）栏杆柱的固定应符合下列要求：①当在基坑四周固定时，可采用钢管并打入地面 50 ~ 70cm 深。钢管离边口的距离不应小于 50cm。当基坑周边采用板桩时，钢管可打在板桩外侧。②当在混凝土楼面、屋面或墙面固定时，可用预埋件与钢管或钢筋焊牢。采用竹、木栏杆时，可在预埋件上焊接 30cm 长的 L 50×5 角钢，其上、下各钻一孔，然后用 1mm 螺栓与竹、木杆件拴牢。③当在砖或砌块等砌体上固定时，可预先砌入规格相适应的 80×6 弯转扁钢作预埋铁的混凝土块，然后用上项方法固定。3）栏杆柱的固

定及其与横杆的连接，其整体构造应使防护栏杆在上杆任何处，能经受任何方向的1 000N外力。当栏杆所处位置有发生人群拥挤、车辆冲击或物件碰撞等可能时，应加大横杆截面或加密柱距。4）防护栏杆必须自上而下用安全立网封闭，或在栏杆下边设置严密固定的高度不低于18cm的挡脚板或40cm的挡脚笆。挡脚板与挡脚笆上如有孔眼，不应大于25mm。板与芭下边距离底面的空隙不应大于10mm。卸料平台两侧的栏杆，必须自上而下加挂安全立网或满扎竹笆。5）当临边的外侧面临街道时，除防护栏杆外，敞口立面必须满挂安全网或采取其他可靠措施作全封闭处理。

（4）临边防护栏杆的力学计算及构造形式符合规范要求。

3．洞口作业安全防护

（1）进行洞口作业以及在因工程和工序需要而产生的，使人与物有坠落危险或危及人身安全的其他洞口进行高处作业时，必须按下列规定设置防护设施：

1）板与墙的洞口必须设置牢固的盖板、防护栏杆、安全网或其他防坠落的防护设施。2）电梯井口必须设防护栏杆或固定栅门；电梯井内应每隔两层并最多隔10m设一道安全网。3）钢管桩、钻孔桩等桩孔上口，杯形、条形基础上口，未填土的坑槽，以及人孔、天窗、地板门等处，均应按洞口防护设置稳固的盖件。4）施工现场通道附近的各类洞口与坑槽等处，除设置防护设施与安全标志外，夜间还应设红灯示警。

（2）洞口根据具体情况采取设防护栏杆、加盖件、张挂安全网与装栅门等措施时，必须符合下列要求：

1）楼板、屋面和平台等面上短边尺寸小于25cm但大于2.5cm的孔口，必须用坚实的盖板盖没。盖板应能防止挪动移位。2）楼板面等处边长为25 ~ 50cm的洞口、安装预制构件时的洞口以及缺件临时形成的洞口，可用竹、木等作盖板，盖住洞口。盖板须能保持四周搁置均衡，并有固定其位置的措施。3）边长为50 ~ 150cm的洞口，必须设置以扣件扣接钢管而成的网格，并在其上满铺竹笆或脚手板。也可采用贯穿于混凝土板内的钢筋构成防护网，钢筋网格间距不得大于20cm。4）边长在150cm以上的洞口，四周设防护栏杆，洞口下张设安全平网。5）垃圾井道和烟道应随楼层的砌筑或安装而消除洞口，或参照预留洞口作防护。管道井施工时，除按上述要求办理外，还应加设明显的标志。如有临时性拆移，需经施工负责人核准，工作完毕后必须恢复防护设施。6）位于车辆行驶道旁的洞口、深沟与管道坑、槽，所加盖板应能承受不小于当地额定卡车后轮有效承载力2倍的荷载。7）墙面等处的竖向洞口，凡落地的洞口应加装开关式、工具式或固定式的防护门，门栅网格的间距不应大于15cm，也可采用防护栏杆，下设挡脚板（笆）。8）下边沿至楼板或底面低于80cm的窗台等竖向洞口，如侧边落差大于2m，应加设1.2m高的临时护栏。9）对邻近的人与物有坠落危险性的其他竖向的孔、洞口，均应设盖板或加以防护，并有固定其位置的措施。

（3）洞口防护栏杆的杆件及其搭设应符合规范规定。防护栏杆的力学计算、防护设施的构造应符合规范规定。

4. 攀登作业安全防护

（1）在施工组织设计中应确定用于现场施工的登高和攀登设施。现场登高应借助建筑结构或脚手架上的登高设施，也可采用载人的垂直运输设备。进行攀登作业时可使用梯子或采用其他攀登设施。（2）柱、梁和行车梁等构件吊装所需的直爬梯及其他登高用拉攀件，应在构件施工图或说明内作出规定。（3）攀登的用具，在结构构造上必须牢固可靠。供人上下的踏板的使用荷载不应大于 1 100N。当梯面上有特殊作业，重量超过上述荷载时，应按实际情况加以验算。（4）移动式梯子均应按现行的国家标准验收其质量。（5）梯脚底部应坚实，不得垫高使用。梯子的上端应有固定措施。立梯工作角度以 75° ±5° 为宜，踏板上、下间距以 30cm 为宜，不得有缺挡。（6）梯子如需接长使用，必须有可靠的连接措施，且接头不得超过 1 处。连接后梯梁的强度不应低于单梯梯梁的强度。（7）折梯使用时上部夹角以 35° ~ 45° 为宜，铰链必须牢固，并应有可靠的拉撑措施。（8）固定式直爬梯应用金属材料制成。梯宽不应大于 50cm，支撑应采用不小于 L70×6 的角钢，埋设与焊接均必须牢固。梯子顶端的踏棍应与攀登的顶面齐平，并加设 1 ~ 1.5m 高的扶手。使用直爬梯进行攀登作业时，攀登高度以 5m 为宜。超过 2m 时，宜加设护笼，超过 8m 时，必须设置梯间平台。（9）作业人员应从规定的通道上下，不得在阳台之间等非规定通道进行攀登，也不得任意利用吊车臂架等施工设备进行攀登。上、下梯子时，必须面向梯子，且不得手持器物。（10）钢柱安装登高时，应使用钢挂梯或设置在钢柱上的爬梯。钢柱的接柱应使用梯子或操作台。操作台横杆高度，当无电焊防风要求时，不宜小于 1m，有电焊防风要求时，不宜小于 1.8m。（11）登高安装钢梁时，应视钢梁高度，在两端设置挂梯或搭设钢管脚手架。梁面上需行走时，其一侧的临时护栏横杆可采用钢索，当改用扶手绳时，绳的自然下垂度不应大于 1/20，并应控制在 10cm 以内。（12）钢屋架的安装，应遵守下列规定：1）在屋架上下弦登高操作时，S 角形屋架应在屋脊处，梯形屋架应在两端设置攀登时上下的梯架。材料可选用毛竹或原木，踏步间距不应大于 40cm，毛竹梢径不应小于 70mm。2）屋架吊装以前，应在上弦设置防护栏杆。3）屋架吊装以前，应预先在下弦挂设安全网；吊装完毕后，即将安全网铺设固定。

5. 悬空作业安全防护

（1）悬空作业处应有牢靠的立足处，并必须视具体情况配置防护栏网、栏杆或其他安全设施。（2）悬空作业所用的索具、脚手板、吊篮、吊笼、平台等设备，均需经过技术鉴定或检验方可使用。（3）构件吊装和管道安装时的悬空作业，必须遵守下列规定：1）钢结构的吊装，构件应尽可能在地面组装，并应搭设进行临时固定、电焊、高强度螺栓连接等工序的高空安全设施，随构件同时上吊就位。拆卸时的安全措施也应一并考虑和落实。高空吊装预应力钢筋混凝土屋架、桁架等大型构件前，也应搭设悬空作业中所需的安全设施。2）悬空安装大模板、吊装第一块预制构件、吊装单独的大中型预制构件时，必须站在操作平台上操作。吊装中的大模板和预制构件以及石棉水泥板等屋面板上，严禁站人和行走。3）安装管道时必须有已完结构或操作平台为立足点，严禁在安装中的管道上站立行走。（4）模板支撑和拆卸时的悬空作业，必须遵守下列规定：1）支模应按规定的作业程序进行，模板未固定前不得进行下一道工序。严禁在连接件和支撑件上攀登上下，并严禁在上、下同一垂直面上装、拆模板。结构复杂的模板，装、拆应严格按照施工组织设计的措施进行。2）支设高度在 3m 以上的柱模板，四周应设斜撑，并应设立操作平台。低于 3m 的可使用马凳操作。3）支设悬挑形式的模板时，应有稳固的立足点。支设临空构筑物模板时，应搭设支架或脚手架。模板上有预留洞时，应在安装后将洞盖设于混凝土板上，拆模后形成的临边或洞口，应按规范有关章节进行防护。拆模高处作业，应配置登高用具或搭设支架。（5）钢筋绑扎时的悬空作业，必须遵守下列规定：1）绑扎钢筋和安装钢筋骨架时，必须搭设脚手架和马道。2）绑扎圈梁、挑梁、挑檐、外墙和边柱等钢筋时，应搭设操作台架和张挂安全网。悬空大梁钢筋的绑扎，必须在满铺脚手板的支架或操作平台上操作。3）绑扎立柱和墙体钢筋时，不得站在钢筋骨架上或攀登骨架上下。3m 以内的柱钢筋，可在地面或楼面上绑扎，整体竖立。绑扎 3m 以上的柱钢筋，必须搭设操作平台。（6）混凝土浇筑时的悬空作业，必须遵守下列规定：1）浇筑离地 2m 以上框架、过梁、雨篷和小平台时，应设操作平台，不得直接站在模板或支撑件上操作。2）浇筑拱形结构，应自两边拱脚对称地相向进行。浇筑储仓，下口应先行封闭，并搭设脚手架以防人员坠落。3）特殊情况下如无可靠的安全设施，必须系好安全带并扣好保险钩，或架设安全网。（7）进行预应力张拉的悬空作业时，必须遵守下列规定：1）进行预应力张拉时，应搭设站立操作人员和设置张拉设备用的牢固可靠的脚手架或操作平台。雨天张拉时，还应架设防雨棚。2）预应力张拉区域应标示明显的安全标志，禁止非操作人员进入。张拉钢筋的两端必须设置挡板。挡板应距所张拉钢筋的端部 1.5–2m，且应高出最上一组张拉钢筋 0.5m，其宽度应距张拉钢筋两外侧各不小于 1m。3）孔道灌浆应按预应力张拉安全设施的有关规定进行。（8）悬空进行门窗作业时，必须遵守下列规定：1）安装门、窗，油漆及安装玻璃时，严禁操作人员站在樘子、阳台栏板上操作。门、窗临时固定，封填材料未达到强度，以及电焊时，严禁手拉门、窗进行攀登。2）在高处外墙安装门、窗，无外脚手架时，应张挂安全网。无安全网时，操作人员应系好安全带，其保险钩应挂在操作人员上方的可靠物件上。3）进行各项窗口作业时，操作人员的重心应位于室内，不得在窗台上站立，必要时应系好安全带进行操作。

6. 操作平台安全防护

（1）移动式操作平台必须符合下列规定

1）操作平台应由专业技术人员按现行的相应规范进行设计，计算书及图纸应编入施工组织设计。2）操作平台的面积不应超过 $10m^2$，高度不应超过 5m。还应进行稳定验算，并采取措施减少立柱的长细比。3）装设轮子的移动式操作平台，轮子与平台的接合处应牢固可靠，立柱底端离地面不得超过 80mm。4）操作平台可采用 ϕ（48 ~ 51）×3.5mm 钢管以扣件连接，也可采用门架式或承插式钢管脚手架部件，按产品使用要求进行组装。平台的次梁，间距不应大于 40cm；台面应满铺 3cm 厚的木板或竹笆。5）操作平台四周必须按临边作业要求设置防护栏杆，并应布置登高扶梯。

（2）悬挑式钢平台，必须符合下列规定

1）悬挑式钢平台应按现行的相应规范进行设计，其结构构造应能防止左右晃动，计算书及图纸应编入施工组织设计。2）悬挑式钢平台的搁置点与上部拉结点，必须位于建筑物上，不得设置在脚手架等施工设备上。3）斜拉杆或钢丝绳，构造上宜两边各设前后两道，两道中的每一道均应作单道受力计算。4）应设置 4 个经过验算的吊环。吊运平台时应使用卡环，不得使吊钩直接钩挂吊环。吊环应用甲类 3 号沸腾钢制作。5）钢平台安装时，钢丝绳应采用专用的挂钩挂牢，采取其他方式时，卡头的卡子不得少于 3 个。建筑物锐角利口围系钢丝绳处应加衬软垫物，钢平台外口应略高于内口。6）钢平台左、右两侧必须装置固定的防护栏杆。7）钢平台吊装，需待横梁支撑点电焊固定，接好钢丝绳，调整完毕，经过检查验收，方可松卸起重吊钩，上、下操作。8）钢平台使用时，应有专人进行检查，若发现钢丝绳有锈蚀损坏应及时调换，焊缝脱焊的应及时修复。

（3）操作平台上应显著地标明容许荷载值

操作平台上人员和物料的总重量，严禁超过设计的容许荷载。应配备专人加以监督。

（4）操作平台的力学计算与构造型式应符合规范要求。

7. 交叉作业安全防护

（1）支模、粉刷、砌墙等各工种进行上下立体交叉作业时，不得在同一垂直方向上操作。下层作业的位置，必须处于依上层高度确定的可能坠落范围半径之外。不符合以上条件时，应设置安全防护层。（2）钢模板、脚手架等拆除时，下方不得有其他操作人员。（3）钢模板部件拆除后，临时堆放处离楼层边沿不应小于 1m，堆放高度不得超过 1m。楼层边口、通道口、脚手架边缘等处，严禁堆放任何拆下的物件。（4）结构施工自二层起，凡人员进出的通道口（包括井架、施工用电梯的进出通道口），均应搭设安全防护棚。高度超过 24m 的层上的交叉作业，应设双层防护。（5）由于上方施工可能坠落物件或处于起重机把杆回转范围之内的通道，在其受影响的范围内，必须搭设顶部能防止穿透的双层防护廊。（6）交叉作业通道防护的构造形式应符合规范要求。

七、施工机械与临时用电安全技术

1. 施工机械安全技术

（1）施工机械安全管理

1）施工企业技术部门应在工程项目开工前编制包括主要施工机械设备安装防护技术的安全技术措施，并报工程项目监理单位审查批准。2）施工企业应认真贯彻执行经审查批准的安全技术措施。3）施工项目总承包单位应对分包单位、机械租赁方执行安全技术措施的情况进行监督。分包单位、机械租赁方应接受项目经理部的统一管理，严格履行各自在机械设备安全技术管理方面的职责。

（2）施工机械设备的安装与验收

1）施工单位应对进入施工现场的机械设备的安全装置和操作人员的资质进行审验，不合格的机械和人员不得进入施工现场。2）大型机械、塔式起重机等设备安装前，施工单位应根据设备租赁方提供的参数进行安装设计架设。经验收合格后的机械设备，可由资质等级合格的设备安装单位组织安装。3）设备安装单位完成安装工程后，报请当地行政主管部门验收，验收合格后方可办理移交手续。应严格执行先验收、后使用的规定。4）中、小型机械由分包单位组织安装后，施工企业机械管理部门组织验收，验收合格后方可使用。5）所有机械设备验收资料均由机械管理部门统一保存，并交安全管理部门一份备案。

（3）施工机械管理与定期检查

1）施工企业应根据机械使用规模，设置机械设备管理部门。机械管理人员应具备一定的专业管理能力，并熟悉掌握机械安全使用的有关规定与标准。2）机械操作人员应经过专门的技术培训，并按规定取得安全操作证后，方可上岗作业；学员或取得学习证的操作人员，必须在持操作证人员的监护下方准上岗。3）机械管理部门应根据有关安全规程、标准制定项目机械安全管理制度并组织实施。4）施工企业的机械管理部门应对现场机械设备组织定期检查，发现违章操作行为应立即纠正；对查出的隐患，要落实责任，限期整改。5）施工企业机械管理部门负责组织落实上级管理部门和政府执法检查时下达的隐患整改指令。

（4）塔式起重机的安全防护

1）塔式起重机的基本参数

塔式起重机的基本参数包括起重力矩、起重量、工作幅度、起升高度、轨距等。

2）工作机构和安装装置

①行走机构和行程限位装置

行走机构由 4 个行走台车组成。行走机构没有制动装置，以避免刹车引起的振动和倾斜，司机停车采取由高速挡转换到低速挡，再到零位后滑行的方法。行程限位装置一般安装在主动台车内侧，装一个可以拨动扳把的行程开关，另在轨道的尽端（在塔式起重机运行限定的位置）安装一固定的极限位置挡板，当塔式起重机向前运行到达限定位置时，极限挡板即拨动行程开关的扳把，切断行走控制电源，当开关再闭合时，塔式起重机只能向相反方向行走。

②起重机构超高限位，钢丝绳脱槽限位，超载保险装置

超载保险装置安装在司机室内，下边与浮动卷扬机连杆相连。当吊起重物时，钢丝绳的张力拉着卷扬架上升，托起连杆压缩限位器的弹簧。当达到预先调定的限位时，推动杠杆撞板使限位器动作，切断至控制线路，使卷扬机停车。司机应在起重臂变幅后，及时按吨位标志调整限定起重量值。

③转动机构

起重机旋转部分与固定部分的相对转动，是借助电动机驱动的单独机构来实现的。

④变幅机构与幅度限位装置

变幅机构有两个用途，一是改变起重高度，二是改变吊物的回转半径。

此装置装在塔帽轴的外端架子上，由一活动半圆形盘、抱杆及两个限位开关组成。抱杆与起重臂同时转动，电刷根据不同角度分别接通指示灯触点，将角度位置通过指示灯光信号传递到操作室指示盘上，根据指示灯信号，可知起重臂的仰角，由此可查出相应起重臂。当臂杆变化到两个极限位置（上、下限）时，则分别压下限位开关，切断主控制线路，变幅电动机停车。

3）塔式起重机安全技术

①起重机应由受过专业训练的专职司机操作。②作业中遇六级及以上大风或雷雨天时应立即停止作业，锁紧夹轨器，松开回转机构的制动器，起重臂能随风摆动；遇八级以上大风警报，应另拉缆风绳与地面或建筑物固定。③起重机必须有可靠接地，所有电气设备外壳都应与机体妥善连接。④起重机安装好后，应重新调试好各种安全保护装置和限位开关，⑤起重机行驶轨道不得有障碍或下沉，轨道末端 1m 处必须设有限位器撞杆和车挡。⑥起重机必须严格按额定起重量起吊，不得超载，不准

吊运人员斜拉重物、拔除地下埋物。⑦夜间作业应有足够的照明。⑧作业后，起重机应开到轨道中间停放，断开各路开关，切断总电源，打开高空指示灯。

（5）龙门架、“井”字架垂直升降机的安全防护

1）安全停靠装置

必须在吊篮到位时，有一种安全装置，使吊篮稳定停靠，使人员在进入吊篮内作业时有安全感。目前，各地区停靠装置形式不一，有自动型和手动型，即吊篮到位后，由弹簧控制或由人工搬动，使支承杠伸到架体的承托架上，其荷载全部由停靠装置承担，此时钢丝绳不受力，只起保险作用。

2）断绳保护装置

当钢丝绳突然断开时，此装置即弹出，两端将吊篮卡在架体上，使吊篮不坠落，保护吊篮内作业人员不受伤害。

3）吊篮安全门

安全门在吊篮运行中起防护作用，最好制成自动开启型，即当吊篮落地时，安全门自动开启，吊篮上升时，安全门自行关闭，这样可避免因操作人员忘记关闭，安全门失效。

4）楼层口停靠栏杆

升降机与各层进料口的结合处搭设了运料通道以运送材料，当吊篮上、下运行时，各通道口处于危险的边缘，卸料人员在此等候运料时应给予封闭，以防发生高处坠落事故。此护栏（或门）应呈封闭状，待吊篮运行到位停靠时，方可开启。

5）上料口防护棚

升降机地面进料口是运料人员经常出入和停留的地方，易发生落物伤人事故。为此要在距离地面一定高度处搭设护棚，其材料需能承受一定的冲击荷载。尤其当建筑物较高时，其尺寸不能小于坠落半径的规定。

6）超高限位装置

当因司机误操作或机械电气故障而引起吊篮失控时，为防止吊篮上升与天梁碰撞事故的发生应安装超高限位装置，需按提升高度进行调试。

7）下极限限位装置

它主要用于高架升降机，以防止吊笼下行时不停机，压迫缓冲装置造成事故。安装时将下限位调试到碰撞缓冲器之前，可自动切断电源以保证安全运行。

8）超载限位器

它是为防止装料过多以及司机难以估计各类散状重物的重量所造成的超载运行而设置的。当吊笼内荷载达到额定荷载的 90% 时发出信号，达到 100% 时切断起升电源。

9）通信装置

使用高架升降机或利用建筑物内通道运行升降机时，司机因视线障碍不能清楚地看到各楼层，故需增加通信装置。司机与各层运料人员靠通信装置及信号装置进行联系来确定吊篮的实际运行情况。

2. 施工临时用电安全技术

（1）一般规定

为了与正式工程中的电气工程有所区别，将施工过程中所使用的施工用电称为“临时用电”。《施工现场临时用电安全技术规范》（JGJ 46—2015）规定临时用电应遵守的主要原则为：

1）施工现场的用电设备在5台及5台以上或设备总容量在50 kW以上者，应编制临时用电施工组织设计，它是临时用电方面的基础型技术安全资料。它所包括的内容有：①现场勘探；②确定电源进线和变电所、配电室、总配电箱等的装设位置及线路走向；③负荷计算；④选择变压器容量、导线截面和电气设备的类型、规格；⑤绘制电气平面图、立面图和接线系统图；⑥制定安全用电技术措施和电气防火措施。2）在施工现场专用电源（电力变压器等）为中性点直接接地的电力线路中，必须采用TN-S接零保护系统。所谓TN-S系统，就是指电气设备金属外壳的保护零线要与工作零线分开，单独敷设。也就是说，在三相四线制的施工现场中，要使用五根线，第五根即保护零线。3）施工现场的配电线路包括室外线路和室内线路。其敷设方式：室外线路主要有绝缘导线架空敷设（架空线路）和绝缘电缆埋地敷设（埋地电缆线路）两种，也有电缆线路架空明敷设的；室内线路常有绝缘导线和电缆的明敷设和暗敷设两种。4）施工现场临时用电工程应采用放射型与树干型相结合的分级配电形式。第一级为配电室的配电屏（盘）或总配电箱，第二级为分配电箱，第三级为开关箱，开关箱以下就是用电设备，并且实行“一机一闸”制。5）施工现场的漏电保护系统至少应按两级设置，并应具备分级分段漏电保护功能。6）照明装置。在施工现场的电气设备中，照明装置与人的接触最为经常和普通。为了从技术上保证现场工作人员免受发生在照明装置上的触电伤害，照明装置必须采取以下措施：①照明开关箱（板）中的所有正常不带电的金属部件都必须作保护接零；所有灯具的金属外壳必须作保护接零。②照明开关箱（板）应装设漏电保护器。③照明线路的相线必须经过开关才能进入照明器，不得直接进入照明器。否则，只要照明线路不停电，即使照明器不亮，灯头也是带电的，这就增加了不安全因素。④螺口灯头的中心触头必须与相线连接，其螺口部分必须与工作零线连接。否则，在更换和擦拭照明器时，容易意外地触及螺口相线部分而发生触电。⑤灯具的安装高度既要符合施工现场实际，又要符合安装要求。按照《施工现场临时用电安全技术规范》（JGJ 46—2015）的要求，室外灯具距地不得低于 3m；室内灯具距地不得低于 2.4m。其中，室内灯具对地高度与国家标准有关，在正式工程中，室内照明灯具对地高度为 2.5m，其不会给安全带来不利影响。

（2）施工临时用电设施的检查与验收

1）架空线路的检查验收

①导线的型号和截面应符合设计图纸的要求；②导线接头应符合工艺标准的要求；③电杆的材质和规格应符合设计要求；④进户线高度、导线弧垂距地面高度符合规范规定。

2）电缆线路的检查验收

①电缆敷设方式应符合有关规范规定及设计图纸的要求；②电线穿过建筑物、道路、易损部位时应加导管保护；③架空电缆绑扎、最大弧垂距地面高度应符合规范规定；④电缆接头应符合规范规定。

3）室内配线的检查验收

①导线型号及规格、距地面高度符合设计图纸的要求；②室内敷设导线应用瓷瓶、瓷夹；③导线截面应满足规范、标准的规定。

4）设备安装的检查验收

①配电箱、开关箱的位置应符合规范规定和设计要求；②动力、照明系统应分开设置；③箱内开关、电气设备应固定，并在箱内接线；④保护零线与工作零线的端子应分开设置；⑤检查漏电保护器是否有效。

5）接地接零的检查验收

①保护接地、重复接地、防雷接地的装置应符合规范要求；②各种接地电阻的电阻值应符合设计要求；③机械设备的接地螺栓应紧固；④高大井架、防雷接地的引下线与接地装置的做法应符合规范规定。

6）电气设备防护的检查验收

①高低压线下方应无障碍；②架子与架空线路的距离、塔式起重机旋转部位或被吊物边缘与架空线路距离应符合规范规定。

7）照明装置的检查验收

①照明箱内应有漏电保护器，且工作有效；②零线截面及室内导线型号、截面应符合设计要求；③室内外灯具距地高度应符合规范规定；④螺口灯接线、开关断线应为相线；⑤开关灯具的位置应符合规范规定和设计要求。

八、施工现场防火安全管理

1．施工现场防火安全管理的一般规定

（1）施工现场防火工作，必须认真贯彻“以防为主，防消结合”的方针，立足于自防自救，坚持安全第一，实行“谁主管，谁负责”的原则，在防火业务上要接受当地行政主管部门和当地公安消防机构的监督和指导。（2）施工单位应对职工进行经常性的防火宣传教育，普及消防知识，增强消防观念，自觉遵守各项防火规章制度。（3）施工应根据工程的特点和要求，在制订施工方案或施工组织设计的时候制订消防防火方案，并按规定程序实行审批。（4）施工现场必须设置防火警示标志，施工现场办公室内应挂有防火责任人、防火领导小组成员名单、防火制度。（5）施工现场实行层级消防责任制，落实各级防火责任人，各负其责，项目经理是施工现场防火负责人，全面负责施工现场的防火工作，由公司发给任命书，施工现场必须成立防火领导小组，由防火负责人任组长，成员由项目相关职能部门人员组成，防火领导小组定期召开防火工作会议。（6）施工单位必须建立健全岗位防火责任制，明确各岗位的防火负责区和职责，使职工懂得本岗位的火灾危险性，懂得防火措施，懂得灭火方法，会报警，会使用灭火器材，会处理事故苗头。（7）按规定实施防火安全检查，对查出的火险隐患及时整改，本部门难以解决的要及时上报。（8）施工现场必须根据防火的需要，配置相应种类、数量的消防器材、设备和设施。

2. 施工现场防火安全管理的要求

严格执行临时动火“三级”审批制度，领取动火作业许可证后，方能动火作业。动火作业必须做到“八不”“四要”“一清理”。

（1）“三级”动火审批制度。

1）一级动火

即可能发生一般火灾事故的。

2）二级动火

即可能发生重大火灾事故的。

3）三级动火

即可能发生特大火灾事故的。

（2）动火前“八不”

1）防火、灭火措施不落实不动火；2）周围的易燃物未清除不动火；3）附近难以移动的易燃结构未采取安全防范措施不动火：4）盛装过油类等易燃液体的容器、管道，未经洗刷干净、排除残存的油质不动火；5）盛装过气体，受热膨胀并有爆炸危险的容器和管道未清除不动火；6）储存有易燃、易爆物品的车间、仓库和场所，未经排除易燃、易爆危险的不动火；7）在高处进行焊接或切割作业时，下面的可燃物品未清理或未采取安全防护措施的不动火；8）没有配备相应的灭火器材不动火。

（3）动火中“四要”

1）动火前要指定现场安全负责人；2）现场安全负责人和动火人员必须经常注

意动火情况，发现不安全苗头时要立即停止动火；3）发生火灾、爆炸事故时，要及时补救；4）动火人员要严格执行安全操作规程。

（4）动火后“一清理”

1）动火人员和现场安全责任人在动火后，应在彻底清理现场火种后才能离开现场。2）在高处进行焊、割作业时要有专人监焊，必须落实防止焊渣飞溅、切割物下跌的安全措施。3）动火作业前、后要告知防火检查员或值班人员。4）装修工程施工期间，在施工范围内不准吸烟，严禁油漆及木制作作业与动火作业同时进行。5）乙炔气瓶应直立放置，使用时不得靠近热源，应距明火点不小于 10m，与氧气瓶应保持不小于 5m 的距离，不得露天存放、暴晒。

3．电气防火技术

（1）施工现场的一切电气线路、设备必须由持有上岗操作证的电工安装、维修，并严格执行《建设工程施工现场供用电安全规范》（GB 50194—2014）和《施工现场临时用电安全技术规范》（JGJ 46—2015）的规定。（2）电线绝缘层老化、破损时要及时更换。（3）严禁在外脚手架上架设电线和使用碘钨灯，因施工需要在其他位置使用碘钨灯时，架设要牢固，碘钨灯距易燃物不小于 50cm，且不得直接照射易燃物。当间距不够时，应采取隔热措施，施工完毕要及时拆除。（4）临时建筑设施的电气安装要求：1）电线必须与铁制烟囱保持不小于 50cm 的距离。2）电气设备和电线不准超过安全负荷，接头处要牢固，保持绝缘性良好；室内外电线架设应有瓷管或瓷瓶与其他物体隔离，室内电线不得直接敷设在可燃物、金属物上，要套防火绝缘线管。③照明灯具下方一般不准堆放物品，其垂直下方与堆放物品的水平距离不得小于 50cm。④临时建筑设施内的照明必须做到“一灯一制一保险”，不准使用 60 W 以上的照明灯具；宿舍内照明应按每 10 ㎡有一盏功率不低于 40 W 的照明灯具的原则布设，并安装带保险的插座。⑤每栋临时建筑以及临时建筑内每个单元的用电必须设有电源总开关和漏电保护开关，做到人离电断。⑥凡是能够产生静电，引起爆炸或火灾的设备容器，必须设置消除静电的装置。

4．电焊、气割防火技术

（1）从事电焊、气割的操作人员，应经过专门培训，掌握焊割的安全技术、操作规程，考试合格，取得操作合格证后方可持证上岗。学徒工不能单独操作，应在师傅的监护下进行作业。（2）严格执行用火审批程序和制度，操作前应办理动火申请手续，经单位领导同意及消防或安全技术部门检查批准，领取动火许可证后方可进行作业。（3）用火审批人员要认真负责，严格把关。审批前要深入动火地点查看，确认无火险隐患后再行审批。批准动火应按照定时（时间）、定位（层、段、挡）、定人（操作人、看火人）、定措施（应采取的具体防火措施）的步骤进行，部位变动或仍需继续操作时，应事先更换动火证。动火证只限当日本人使用，并随身携带，以备消防保卫人员检查。（4）进行电焊、气割前，应由施工员或班组长向操作、看火人员进行消防安全技术措施交底，任何领导不能以任何借口让电、气焊工人进行冒险操作。（5）装过或有易燃、可燃液体、气体及化学危险物品的容器、管道和设备，在未彻底清洗干净前，不得进行焊割。（6）严禁在有可燃气体、粉尘或禁止用火的危险性场所焊割。在这些场所附近进行焊割时，应按有关规定，保持防火距离。（7）遇有5级以上大风天气时，应停止高空和露天焊割作业。（8）要合理安排工艺和编制施工进度，在有可燃材料保温的部位，不准进行焊割作业。必要时，应在工艺安排和施工方法上采取严格的防火措施。焊割不准在油漆、喷漆、脱漆、木工等易燃、易爆物品和可燃物上作业。（9）焊割结束或离开操作现场时，应切断电源、气源。赤热的焊嘴以及焊条头等，禁止放在易燃、易爆物品和可燃物上。（10）禁止使用不合格的焊割工具和设备，电焊的导线不能与装有气体的设备接触，也不能与气焊的软管或气体的导管放在一起。焊把线和气焊的软管不得从生产、使用、储存易燃、易爆物品的场所或部位穿过。（11）焊割现场应配备灭火器材，危险性较大的应有专人在现场监护。（12）电焊工的操作要求：1）电焊工在操作前，要严格检查所用工具（包括电焊机设备、线路敷设、电缆线的接点等），使用的工具均应符合标准，保持完好状态。2）电焊机应有单独开关，装在防火、防雨的闸箱内，电焊机应设防雨棚（罩）。开关的保险丝容量应为该机的1.5倍。保险丝不准用铜丝或铁丝代替。3）焊割部位应与氧气瓶、乙炔瓶、乙炔发生器及各种易燃、可燃材料隔离，两瓶之间的距离不得小于5m，与明火之间的距离不得小于10m。4）电焊机应设专用接地线，直接放在焊件上，接地线不准在建筑物、机械设备、各种管道、避雷引下线和金属架上借路使用，以防止接触火花造成起火事故。5）电焊机一、二次线应用线鼻子压接牢固，同时，应加装防护罩，防止松动、短路放弧、引燃可燃物。6）严格执行防火规定和操作规程，操作时采取相应的防火措施，与看火人员密切配合，防止火灾。

5. 易燃易爆物品防火技术

（1）现场不应设立易燃易爆物品仓，如工程确需存放易燃易爆物品，应按照防火有关规定要求，经公司保卫处或消防部门审批同意后，方能存放，存放量不得超过3d的使用总量。（2）易燃易爆物品仓必须设专人看管，严格收发、回仓登记手续。（3）易燃易爆物品严禁露天存放。严禁将化学性质或防护、灭火方法相抵触的化学易燃易爆物品在同一仓内存放。氧气和乙炔气要分别独立存放。（4）使用化学易燃易爆物品，应实行限额领料并填写领料记录。在使用化学易燃易爆物品场所，严禁动火作业；禁止在作业场所内分装、调料。（5）易燃易爆物品仓的照明必须使用防爆灯具、线路、开关、设备。（6）严禁携带手机、对讲机等进入易燃易爆物品仓。

6. 木工操作间防火技术

（1）木工操作间建筑应采用阻燃材料搭建。（2）冬季宜采用暖气（水暖）供暖，如用火炉取暖，应在四周采取挡火措施；不准燃烧劈柴、刨花代煤取暖。每个火炉都要有专人负责，下班时将余火熄灭。（3）电气设备的安装要符合要求。抛光、电锯等部位的电气设备应采用密封式或防爆式。刨花、锯末较多部位的电动机，应安装防尘罩。（4）木工操作间内严禁吸烟和用明火作业。（5）木工操作间只能存放当班的用料，成品及半成品应及时运走。木器工厂应做到活完场地清，刨花、锯末下班时要打扫干净，堆放在指定的地点。（6）严格遵守操作规程，旧木料经检查，起出铁钉等后，方可上锯。（7）配电盘、刀闸下方不能堆放成品、半成品及废料。（8）工作完毕后应拉闸断电，并经检查确定无火险后方可离开。

7. 临时设施防火技术

（1）临时建筑的围蔽和骨架必须使用不燃材料搭建（门、窗除外），厨房、茶水房、易燃易爆物品仓必须单独设置，用砖墙围蔽。施工现场材料仓宜搭建在门卫值班室旁。（2）临时建筑必须整齐划一、牢固且远离火灾危险性大的场所，每栋临时建筑占地面积不宜大于 200 ㎡，室内地面要平整，其四周应当修建排水明渠。（3）每栋临时建筑的居住人数不准超过 50 人，每 25 人要有一个可以直接出入的门口。临时建筑的高度不低于 3m，门窗要往外开。（4）临时建筑一般不宜搭建两层，如确因施工用地所限，需搭建两层的宿舍，其围蔽必须用砖砌，楼面应使用不燃材料铺设，二层若住人则应每 50 人有一座疏散楼梯，楼梯的宽度不小于 1.2m，坡度不大于 45°，栏杆扶手的高度不应低于 1m。（5）搭建两栋以上（含两栋）临时宿舍共用同一疏散通道时，其通道净宽应不小于 5m，临时建筑与厨房、变电房之间的防火距离应不小于 3m。（6）储存、使用易燃易爆物品的设施要独立搭建，并远离其他临时建筑。（7）临时建筑不要修建在高压架空电线下面，并距离高压架空电线的水平距离不小于 6m。搭建临时建筑必须先上报，经有关部门批准后建设。经批准搭建的临时建筑不得擅自更改位置、面积、结构和用途，如发生更改，必须重新报批。

8. 防火资料档案管理

施工现场必须建立健全施工现场防火资料档案，并有专人管理，其内容应有：

（1）工程建设项目和装修工程消防报批资料；（2）工程消防方案；（3）搭建临时建筑和外脚手架的消防报批许可证；（4）防火机构人员名单（包括义务消防队员、专兼职防火检查员名单）；（5）对职工、外来工、义务消防队员的培训、教育计划及有关资料记录；（6）每次防火会议记录和各级防火检查记录、隐患整改记录；（7）各项防火制度；（8）动火作业登记簿；（9）消防器材的种类、数量、保养记录、期限、维修记录。

9．特殊施工场地防火

（1）地下工程施工防火

1）施工现场的临时电源线不宜直接敷设在墙壁或土墙上，应用绝缘材料架空安装。配电箱应采取防火措施，潮湿地段或渗水部位照明应安装防潮灯具。2）施工现场应有不少于两个入口或坡道，长距离施工时应适当增加出入口的数量。施工区面积不超过 $50m^2$，施工人员不超过 20 人时，可设一个直通地上的安全出口。3）安全出入口、疏散走道和楼梯的宽度应按其通过人数每 100 人不小于 1m 的净宽计算。每个出入口的疏散人数不应超过 250 人。安全出入口、疏散走道、楼梯的最小净宽应不小于 1m。4）疏散通道、楼梯及坡道内，不应设置突出物或堆放施工材料和机具。5）疏散通道、安全出入口、疏散楼梯、操作区域等部位，应设置火灾事故照明灯。6）疏散通道及其交叉口，拐弯处、安全出口处应设置疏散指示标识灯。疏散指示标识灯的间距不宜过大，距地面高度应为 1 ~ 1.2m。7）火灾事故照明灯和疏散指示标识灯工作电源断电后，应能自动投合。8）地下工程施工区域应设置消防给水管道和消火栓，消防给水管道可以与施工用水管道合用。地下工程不能设置消防用水管道时，应配备足够数量的轻便消防器材。9）大面积油漆粉刷和喷漆应在地面施工，局部的粉刷可在地下工程内部进行，但一次粉刷的量不宜过多，同时在粉刷区域内禁止一切火源，加强通风。10）制订应急的疏散计划。

（2）古建筑工程施工防火

1）电源线、照明灯具不应直接敷设在古建筑的柱、梁上。照明灯具应安装在支架上或吊装，同时安装防护罩。2）古建筑工程的修缮若是在雨期施工，应考虑安装避雷设备，以对古建筑及架子进行保护。3）加强用火管理，对电，气焊实施动焊的审批管理制度。4）室内油漆画时，应逐项进行，每次安排油漆彩画量不宜过大，以不达到局部形成爆炸极限为前提。油漆彩画时禁止一切火源。夏季对剩下的油皮子及时处理，防止因高温造成自燃。施工中的油棉丝、手套、油皮子等不要乱扔，应集中进行处理。5）冬季进行油彩画时，不应使用炉火进行采暖，尽量使用暖气采暖。6）古建筑施工中，剩余的刨花、锯末、贴金纸等可燃材料，应随时进行清理，做到活完料清。7）易燃、可燃材料应选择在安全地点存放，不宜靠近树木等。8）施工现场应设置消防给水设施、水池或消防水桶。

10．施工现场防火检查及灭火

（1）施工现场防火检查

1）防火检查内容

①检查用火、用电和易燃易爆物品及其他重点部位生产、储存、运输过程中的

防火安全情况和临建结构、平面布置、水源、道路是否符合防火要求。②火险隐患整改情况。③检查义务和专职消防队组织及活动情况。④检查各级防火责任制、岗位责任制、八大工种责任书和各项防火安全制度的执行情况。⑤检查“三级”动火审批及动火证、操作证、消防设施、器材管理及其使用情况。⑥检查防火安全宣传教育、外包工管理等情况。⑦检查十项标准是否落实、基础管理是否健全、防火档案资料是否齐全、发生事故是否按“三不放过”原则进行处理。

2）火险隐患整改的要求

①领导重视。②边查边改。③对不能立即解决的火险隐患，检查人员逐件登记，定项、定人、定措施，限期整改，并建立立案、销案制度。④对重大火险隐患，经施工单位自身的努力仍得不到解决的，公安消防监督机关应该督促他们及时向上级主管机关报告，求得解决，同时采取可靠的临时性措施。⑤对遗留下来的建筑规划无消防通道、水源等方面的问题，一时确实无法解决的，公安消防监督机关应提请有关部门纳入建设规划，逐步加以解决。在没有解决前，要采取临时性的补救措施，以保证安全。

（2）施工现场灭火方法

1）窒息灭火方法

阻止空气流入燃烧区，或用不燃物质（气体）冲淡空气，使燃烧物质断绝氧气的助燃而使火熄灭。

2）冷却灭火法

将灭火剂直接喷洒在燃烧物质上，使可燃物质的温度降低到燃点以下，以终止燃烧。

3）隔离灭火法

将燃烧物质与附近的可燃物质隔离或疏散开，使燃烧因失去可燃物质而停止。

4）抑制灭火法

与前三种灭火方法不同，它是使灭火剂参与燃烧反应过程，使燃烧过程中产生的游离基消失，从而形成稳定分子或低活性的游离基，使燃烧反应停止。

（3）消防设施的布置

1）消防给水的设置原则

根据火灾资料的统计及公安部关于建筑工地防火基本措施的规定，下列工程内应设置临时消防给水：①高度超过 24m 的工程；②层数超过 10 层的工程；③重要的及施工面积较大（超过施工现场内临时消火栓保护范围）的工程。

2）消防给水管网的布置

①工程临时竖管不应少于两条，呈环状布置，每根竖管的直径应根据要求的水

柱股数，按最上层消火栓出水计算，但不小于 100mm。②高度小于 50m，每层面积不超过 500m^2 的普通塔式住宅及公共建筑，可设一条临时竖管。

3）临时消火栓的布置

①工程内临时消火栓应分设于各层明显且便于使用的地点，并保证消火栓的充实水柱能达到工程内的任何部位。栓口出水方向宜与墙壁呈 90° 角，离地面 1.2m。②消火栓口径应为 65mm，配备的水带每节长度不宜超过 20m，水枪喷嘴口径不小于 19mm。每个消火栓处宜设启动消防水泵的按钮。③临时消火栓的布置应保证充实水柱能到达工程内的任何部位。

4）施工现场灭火器的配备

①一般临时设施区，每 100m^2 配备两个 10L 灭火器，大型临时设施总面积超过 1 200m^2 的应备有专供消防用的太平桶、积水桶（池）、黄砂池等器材设施。②木工间、油漆间、机具间等每 25m^2 应配置一个合适的灭火器；油库、危险品仓库应配备足够数量、种类的灭火器。③仓库或堆料场内，应根据灭火对象的特性，分组布置酸碱、泡沫、清水、二氧化碳等灭火器。每组灭火器不少于 4 个，每组灭火器之间的距离不大于 30m。

5）施工现场灭火器的摆放

①灭火器应摆放在明显和便于取用的地点，且不得影响安全疏散。②灭火器应摆放稳固，其铭牌必须朝外。③手提式灭火器应使用挂钩悬挂，或摆放在托架上、灭火箱内，其顶部离地面高度应小于 1.5m，底部离地面高度宜大于 0.15m。④灭火器不应摆放在潮湿或强腐蚀性的地点，必须摆放时，应采取相应的保护措施。⑤摆放在室外的灭火器应采取相应的保护措施。⑥灭火器不得摆放在超出其使用温度范围以外的地点，灭火器的使用温度范围应符合规范规定。

安全控制是生产过程中涉及的计划、组织、监控、调节和改进等一系列致力于满足生产安全所进行的管理活动。施工安全技术措施是施工组织设计的重要组成部分，应在工程开工前与施工组织设计一同编制。

安全技术交底是一项技术性很强的工作，对于贯彻设计意图、严格实施技术方案、按图施工、循规操作、保证施工质量和施工安全至关重要。

工程项目安全检查的目的是清除隐患、防止事故、改善劳动条件及提高员工的安全生产意识，是安全控制工作的一项重要内容。通过安全检查可以发现工程中的危险因素，以便有计划地采取措施，保证安全生产。施工项目的安全检查应由项目经理组织，定期进行。

由于基坑加深、土侧压力再加上地下水的出现，必须做专项支护设计以确保施工安全。

支搭脚手架以前，必须制订施工方案和进行安全技术交底。对于高大异形的架子，还应报请上级部门批准，向所有参加作业的人员进行书面交底。

国家标准规定“凡在坠落高度基准面 2m 以上（含 2m），有可能坠落的高处进行的作业称为高处作业”。高处作业包括临边、洞口、攀登、悬空、操作平台及交叉等项作业，也包括各类洞、坑、沟、槽等工程施工的其他高处作业。

施工企业技术部门应在工程项目开工前编制包括主要施工机械设备安装防护技术的安全技术措施，并报工程项目监理单位审查批准。为了与正式工程中的电气工程有所区别，将施工过程中所使用的施工用电称为“临时用电”。

施工现场防火工作，必须认真贯彻“以防为主，防消结合”的方针，立足于自防自救，坚持安全第一，实行“谁主管，谁负责”的原则，在防火业务上要接受当地行政主管部门和当地公安消防机构的监督和指导。

第二节　建筑工程职业健康安全事故的分类和处理

施工安全是指施工过程处于避免人身伤害及其他不可接受的损害风险的状态。其中，不可接受的损害风险通常是指：超出了法律、法规和规章的要求，超出了企业施工安全的方针目标要求，超出了人们普遍接受（通常是隐含）的要求。工程建设项目的施工安全管理内容主要围绕五大常见伤害（即坍塌、触电、高处坠落、物体打击和机械伤害）展开实施。

一、建筑工程生产安全事故应急预案

应急预案是在发生特定的潜在事件和紧急情况时所采取措施的计划安排，是应急响应的行动指南。编制应急预案的目的是防止紧急情况发生时出现混乱，使人们能够按照合理的响应流程采取适当的救援措施，预防和减少可能随之引发的职业健康安全和环境影响。

应急预案的制定，首先必须与重大环境因素和重大危险源相结合，特别是与这些环境因素和危险源控制失效可能导致的后果相适应，还要考虑在实施应急救援过程中可能产生的新的伤害和损失。

1．应急预案体系的构成

应急预案应形成体系，针对各级各类可能发生的事故和所有危险源制定专项应急预案和制订现场应急处置方案，并明确事前、事发、事中、事后的各个过程中相

关部门和有关人员的职责。生产规模小、危险因素少的生产经营单位，其综合应急预案和专项应急预案可以合并编写。

（1）综合应急预案

综合应急预案是从总体上阐述事故的应急方针、政策，应急组织结构及相关应急职责，应急行动、措施和保障等基本要求和程序，是应对各类事故的综合性文件。

（2）专项应急预案

专项应急预案是针对具体的事故类别（如基坑开挖、脚手架拆除等事故）、危险源和应急保障而制订的计划或方案，是综合应急预案的组成部分，应按照综合应急预案的程序和要求组织制定，并作为综合应急预案的附件。专项应急预案应制定明确的救援程序和具体的应急救援措施。

（3）现场处置方案

现场处置方案是针对具体的装置、场所或设施、岗位所制定的应急处置措施。现场处置方案应具体、简单、针对性强。现场处置方案应根据风险评估及危险性控制措施逐一编制，做到事故相关人员应知应会、熟练掌握，并通过应急演练，做到迅速反应、正确处置。

2. 生产安全事故应急预案的编制要求

（1）符合有关法律、法规、规章和标准的规定；（2）结合本地区、本部门、本单位的安全生产实际情况；（3）结合本地区、本部门、本单位的危险性分析情况；（4）应急组织和人员的职责分工明确，并有具体的落实措施；（5）有明确、具体的事故预防措施和应急程序，并与其应急能力相适应；（6）有明确的应急保障措施，并能满足本地区、本部门、本单位的应急工作要求；（7）预案的基本要素齐全、完整，预案附件提供的信息准确；（8）预案内容与相关应急预案相互衔接。

3. 专项应急预案编制的主要内容

（1）事故类型和危害程度分析

在危险源评估的基础上，对其可能发生的事故类型和可能发生的季节及事故的严重程度进行确定。

（2）应急处置的基本原则

明确处置安全生产事故应当遵循的基本原则。

（3）组织机构及其职责

①应急组织体系

明确应急组织形式、构成单位或人员，并尽可能以结构图的形式表示。

②指挥机构及其职责

根据事故类型，明确应急救援指挥机构的总指挥、副总指挥以及各成员单位或人员的具体职责。应急救援指挥机构可以设置相应的应急救援工作小组，明确各小组的工作任务及主要负责人的职责。

（4）预防与预警

①危险源监控

明确本单位对危险源监测监控的方式、方法，以及采取的预防措施。

②预警行动

明确具体事故预警的条件、方式、方法和信息的发布程序。

（5）信息报告程序。主要包括

①确定报警系统及程序；②确定现场报警方式，如电话、警报器等；③确定 24 h 与相关部门的通信、联络方式；④明确相互认可的通告、报警形式和内容；⑤明确应急反应人员向外求援的方式。

（6）应急处置

①响应分级

针对事故的危害程度、影响范围和单位控制事态的能力，将事故分为不同的等级。按照分级负责的原则，明确应急响应级别。

②响应程序

根据事故的大小和发展态势，明确应急指挥、应急行动、资源调配、应急避险、扩大应急等响应程序。

③处置措施

针对本单位的事故类别和可能发生的事故的特点、危险性，制定应急处置措施（如煤矿瓦斯爆炸、冒顶片帮、火灾、透水等事故的应急处置措施，危险化学品火灾、爆炸、中毒等事故的应急处置措施）。

（7）应急物资与装备保障

明确应急处置所需的物资与装备数量，以及相关管理维护和使用方法等。

4. 现场处置方案的主要内容

（1）事故特征

主要包括：①危险性分析，可能发生的事故类型；②事故发生的区域、地点或装置的名称；③事故可能发生的季节和造成的危害程度；④事故前可能出现的征兆。

（2）应急组织与职责

主要包括：①基层单位应急自救组织形式及人员构成情况；②应急自救组织机构、人员的具体职责，应同单位或车间、班组人员工作职责紧密结合，明确相关岗位和人员的应急工作职责。

（3）应急处置

主要包括：①事故应急处置程序。根据可能发生的事故类别及现场情况，明确事故报警、各项应急措施启动、应急救护人员的引导、事故扩大及同企业应急预案衔接的程序。②现场应急处置措施。针对可能发生的火灾、爆炸、危险化学品泄漏、坍塌、水患、机动车辆伤害等，从操作措施、工艺流程、现场处置、事故控制、人员救护、消防、现场恢复等方面制定明确的应急处置措施。③报警电话及上级管理部门、相关应急救援单位的联络方式和联系人，事故报告的基本要求和内容。

（4）注意事项

主要包括：①佩戴个人防护器具方面的注意事项；②使用抢险救援器材方面的注意事项；③采取救援对策或措施方面的注意事项；④现场自救和互救的注意事项；⑤现场应急处置能力确认和人员安全防护等的注意事项；⑥应急救援结束后的注意事项；⑦其他需要特别警示的事项。

5. 生产安全事故应急预案的管理

建筑工程生产安全事故应急预案的管理包括应急预案的评审、备案、实施和奖惩。国家安全生产监督管理总局负责应急预案的综合协调管理工作。国务院其他负有安全生产监督管理职责的部门按照各自的职责负责本行业、本领域内应急预案的管理工作。县级以上地方各级人民政府安全生产监督管理部门负责本行政区域内应急预案的综合协调管理工作。县级以上地方各级人民政府其他负有安全生产监督管理职责的部门按照各自的职责负责辖区内本行业、本领域应急预案的管理工作。

（1）应急预案的评审

地方各级安全生产监督管理部门应当组织有关专家对本部门编制的应急预案进行审定，必要时可以召开听证会，听取社会有关方面的意见。涉及相关部门职能或者需要有关部门配合的，应当征得有关部门同意。

参加应急预案评审的人员应当包括应急预案涉及的政府部门工作人员和有关安全生产及应急管理方面的专家。

评审人员与所评审预案的生产经营单位有利害关系的，应当回避。

应急预案的评审或者论证应当注重应急预案的实用性、基本要素的完整性、预防措施的针对性、组织体系的科学性、响应程序的操作性、应急保障措施的可行性、应急预案的衔接性等内容。

（2）应急预案的备案

地方各级安全生产监督管理部门的应急预案，应当报同级人民政府和上一级安全生产监督管理部门备案。

其他负有安全生产监督管理职责的部门的应急预案，应当抄送同级安全生产监督管理部门。

中央管理的总公司（总厂、集团公司、上市公司）的综合应急预案和专项应急预案，报国务院国有资产监督管理部门、国务院安全生产监督管理部门和国务院有关主管部门备案；其所属单位的应急预案分别抄送所在地的省、自治区、直辖市或者设区的市人民政府安全生产监督管理部门和有关主管部门备案。

上述规定以外的其他生产经营单位中涉及实行安全生产许可的，其综合应急预案和专项应急预案，按照隶属关系报所在地县级以上地方人民政府安全生产监督管理部门和有关主管部门备案；未实行安全生产许可的，其综合应急预案和专项应急预案的备案，由省、自治区、直辖市人民政府安全生产监督管理部门确定。

（3）应急预案的实施

各级安全生产监督管理部门、生产经营单位应当采取多种形式开展应急预案的宣传教育，普及生产安全事故预防、避险、自救和互救知识，提高从业人员的安全意识和应急处置技能。

生产经营单位应当制订本单位的应急预案演练计划，根据本单位的事故预防重点，每年至少组织一次综合应急预案演练或者专项应急预案演练，每半年至少组织一次现场处置方案演练。

有下列情形之一的，应急预案应当及时修订：

①生产经营单位因兼并、重组、转制等导致隶属关系、经营方式、法定代表人发生变化的；②生产经营单位的生产工艺和技术发生变化的；③周围环境发生变化，形成新的重大危险源的；④应急组织指挥体系或者职责已经调整的；⑤依据的法律、法规、规章和标准发生变化的；⑥应急预案演练评估报告要求修订的；⑦应急预案管理部门要求修订的。

生产经营单位应当及时向有关部门或者单位报告应急预案的修订情况，并按照有关应急预案报备程序重新备案。

（4）奖惩

生产经营单位应急预案未按照有关规定备案的，由县级以上安全生产监督管理部门给予警告，并处 3 万元以下罚款。

生产经营单位未制定应急预案或者未按照应急预案采取预防措施，导致事故救援不力或者造成严重后果的，由县级以上安全生产监督管理部门依照有关法律、法规和规章的规定，责令停产、停业整顿，并依法给予行政处罚。

二、职业健康安全事故的分类和处理

1. 职业伤害事故的分类

职业健康安全事故分两大类型，即职业伤害事故与职业病。职业伤害事故是指因生产过程及工作原因或与其相关的其他原因造成的伤亡事故》

（1）按照事故发生的原因分类

按照我国《企业职工伤亡事故分类》(GB 6441)的规定，职业伤害事故分为20类，其中与建筑业有关的有以下12类：

1）物体打击

指落物、滚石、锤击、碎裂、崩块、砸伤等造成的人身伤害，不包括因爆炸而引起的物体打击。

2）车辆伤害

指车辆挤、压、撞和车辆倾覆等造成的人身伤害。

3）机械伤害

指机械设备或工具绞、碾、碰、割、戳等造成的人身伤害，不包括车辆、起重设备引起的伤害。

4）起重伤害

指从事各种起重作业时发生的机械伤害事故，不包括上、下驾驶室时发生的坠落伤害，起重设备引起的触电及检修时制动失灵造成的伤害。

5）触电

指电流经过人体所导致的生理伤害，包括雷击伤害。

6）灼烫

指火焰引起的烧伤、高温物体引起的烫伤、强酸或强碱引起的灼伤、放射线引起的皮肤损伤，不包括电烧伤及火灾事故引起的烧伤。

7）火灾

火灾所造成的人体烧伤、窒息、中毒等。

8）高处坠落

由危险势能差引起的伤害，包括从架子、屋架上坠落以及从平地坠入坑内等。

9）坍塌

指建筑物、堆置物倒塌以及土石塌方等引起的伤害事故。

10）火药爆炸

指在火药的生产、运输、储藏过程中发生的爆炸事故。

11）中毒和窒息

指煤气、油气、沥青、化学、一氧化碳中毒等。

12）其他伤害

包括扭伤、跌伤、冻伤、野兽咬伤等。

以上12类职业伤害事故中，在建筑工程领域中最常见的是高处坠落、物体打击、机械伤害、触电、坍塌、中毒、火灾7类。

（2）按事故的严重程度分类

我国《企业职工伤亡事故分类》（GB 6441）规定，按事故的严重程度，事故分为：

1）轻伤事故

是指造成职工肢体或某些器官功能性或器质性轻度损伤，能引起劳动能力轻度或暂时丧失的伤害事故，一般每个受伤人员休息1个工作日以上（含1个工作日），105个工作日以下。

2）重伤事故

一般指受伤人员肢体残缺或视觉、听觉等器官受到严重损伤，能引起人体长期存在功能障碍或劳动能力有重大损失的伤害，或者造成每个受伤人员损失105工作日以上（含105个工作日）的失能伤害的事故。

3）死亡事故

其中，重大伤亡事故指一次死亡1～2人的事故；特大伤亡事故指死亡3人以上（含3人）的事故。

（3）按事故造成的人员伤亡或者直接经济损失分类

依据实施的《生产安全事故报告和调查处理条例》，按生产安全事故（以下简称事故）造成的人员伤亡或者直接经济损失，事故分为：

1）特别重大事故

是指造成30人以上死亡，或者100人以上重伤（包括急性工业中毒，下同），或者1亿元以上直接经济损失的事故；

2）重大事故

是指造成10人以上30人以下死亡，或者50人以上100人以下重伤，或者5 000万元以上1亿元以下直接经济损失的事故；

3）较大事故

是指造成3人以上10人以下死亡，或者10人以上50人以下重伤，或者1 000万元以上5 000万元以下直接经济损失的事故；

4）一般事故

是指造成3人以下死亡，或者10人以下重伤，或者1 000万元以下直接经济损失的事故。

目前，在建筑工程领域中，判别事故等级采用较多的是《生产安全事故报告和调查处理条例》。

2. 建筑工程安全事故的处理

一旦事故发生，应通过应急预案的实施，尽可能防止事态的扩大和减少事故的损失。通过事故处理程序，查明原因，制定相应的纠正和预防措施，避免类似事故的再次发生。

（1）事故处理的原则（“四不放过”原则）

国家对发生事故后的“四不放过”处理原则，其具体内容如下：

1）事故原因未查清不放过

要求在调查处理伤亡事故时，首先把事故原因分析清楚，找出导致事故发生的真正原因，未找到真正原因绝不轻易放过。直到找到真正原因并搞清各因素之间的因果关系，才算达到事故原因分析的目的。

2）事故责任人未受到处理不放过

这是安全事故责任追究制度的具体体现，对事故责任者要严格按照安全事故责任追究的法律法规的规定进行严肃处理；不仅要追究事故直接责任人的责任，同时要追究有关负责人的领导责任。当然，处理事故责任者必须谨慎，避免事故责任追究的扩大化。

3）事故责任人和周围群众没有受到教育不放过

应使事故责任者和广大群众了解事故发生的原因及其所造成的危害，并深刻认识到搞好安全生产的重要性，从事故中吸取教训，提高安全意识，改进安全管理工作。

4）事故没有制定切实可行的整改措施不放过

必须针对事故发生的原因，提出防止相同或类似事故发生的切实可行的预防措施，并督促事故发生单位加以实施。只有这样，才算达到了事故调查和处理的最终目的。

（2）建筑工程安全事故处理措施

1）按规定向有关部门报告事故情况

事故发生后，事故现场有关人员应当立即向本单位负责人报告；单位负责人接到报告后，应当于1h内向事故发生地县级以上人民政府安全生产监督管理部门和负有安全生产监督管理职责的有关部门报告，并有组织地抢救伤员、排除险情；应当防止人为或自然因素的破坏，以便于事故原因的调查。

由于建设行政主管部门是建筑安全生产的监督管理部门，对建筑安全生产实行的是统一的监督管理，因此，各个行业的建筑施工中出现了安全事故，都应当向建设行政主管部门报告。对于专业工程的施工中出现生产安全事故的，由于有关的专业主管部门也承担着对建筑安全生产的监督管理职能，因此，专业工程出现安全事故，还需要向有关行业主管部门报告。

情况紧急时，事故现场的有关人员可以直接向事故发生地县级以上人民政府安全生产监督管理部门和负有安全生产监督管理职责的有关部门报告。

安全生产监督管理部门和负有安全生产监督管理职责的有关部门接到事故报告后，应当依照下列规定上报事故情况，并通知公安机关、劳动保障行政部门、工会和人民检察院：特别重大事故、重大事故逐级上报至国务院安全生产监督管理部门和负有安全生产监督管理职责的有关部门；较大事故逐级上报至省、自治区、直辖市人民政府安全生产监督管理部门和负有安全生产监督管理职责的有关部门；一般事故上报至设区的市级人民政府安全生产监督管理部门和负有安全生产监督管理职责的有关部门。

安全生产监督管理部门和负有安全生产监督管理职责的有关部门依照前款规定上报事故情况，应当同时报告本级人民政府。国务院安全生产监督管理部门和负有安全生产监督管理职责的有关部门以及省级人民政府接到发生特别重大事故、重大事故的报告后，应当立即报告国务院。必要时，安全生产监督管理部门和负有安全生产监督管理职责的有关部门可以越级上报事故情况。

安全生产监督管理部门和负有安全生产监督管理职责的有关部门逐级上报事故情况，每级上报的时间不得超过 2 h。事故报告后出现新情况的，应当及时补报。

2）组织调查组，开展事故调查

特别重大事故由国务院或者国务院授权的有关部门组织事故调查组进行调查。重大事故、较大事故、一般事故分别由事故发生地省级人民政府，设区的市级人民政府、县级人民政府负责调查。省级人民政府、设区的市级人民政府，县级人民政府可以直接组织事故调查组进行调查，也可以授权或者委托有关部门组织事故调查组进行调查。未造成人员伤亡的一般事故，县级人民政府也可以委托事故发生单位组织事故调查组进行调查。

事故调查组有权向有关单位和个人了解与事故有关的情况，并要求其提供相关文件、资料，有关单位和个人不得拒绝。事故发生单位的负责人和有关人员在事故调查期间不得擅离职守，并应当随时接受事故调查组的询问，如实提供有关情况。事故调查中发现涉嫌犯罪的，事故调查组应当及时将有关材料或者其复印件移交司法机关处理。

3）现场勘查

事故发生后，调查组应迅速到现场进行及时、全面、准确和客观的勘查，包括现场笔录、现场拍照和现场绘图。

4）分析事故原因

通过调查分析，查明事故经过，按受伤部位、受伤性质、起因物、致害物、伤害方法、不安全状态、不安全行为等，查清事故原因，包括人、物、生产管理和技术管理等方面的原因。通过直接和间接的分析，确定事故的直接责任者、间接责任者和主要责任者。

5）制定预防措施

根据事故原因分析，制定防止类似事故再次发生的预防措施。根据事故后果和事故责任者应负的责任提出处理意见。

6）提交事故调查报告

事故调查组应当自事故发生之日起 60d 内提交事故调查报告；

特殊情况下，经负责事故调查的人民政府批准，提交事故调查报告的期限可以适当延长，但延长的期限最长不超过 60d。事故调查报告应当包括下列内容：

①事故发生单位概况；②事故发生经过和事故救援情况；③事故造成的人员伤亡和直接经济损失；④事故发生的原因和事故性质；⑤事故责任的认定以及对事故责任者的处理建议；⑥事故防范和整改措施。

7）事故的审理和结案

重大事故、较大事故、一般事故，负责事故调查的人民政府应当自收到事故调查报告之日起 15d 内作出批复；特别重大事故，在 30d 内作出批复；特殊情况下，批复时间可以适当延长，但延长的时间最长不超过 30d。

有关机关应当按照人民政府的批复，依照法律、行政法规规定的权限和程序，对事故发生单位和有关人员进行行政处罚，对负有事故责任的国家工作人员进行处分。事故发生单位应当按照负责事故调查的人民政府的批复，对本单位负有事故责任的人员进行处理。

负有事故责任的人员涉嫌犯罪的，依法追究刑事责任。

事故处理的情况由负责事故调查的人民政府或者其授权的有关部门、机构向社会公布，依法应当保密的除外。事故调查处理的文件记录应长期、完整地保存。

3．安全事故统计规定

国家安全生产监督管理总局制定的《生产安全事故统计报表制度》有如下规定：

（1）报表的统计范围是在中华人民共和国领域内从事生产经营活动中发生的造成人身伤亡或者直接经济损失的事故。（2）统计内容主要包括事故发生单位的基本情况、事故造成的死亡人数、受伤人数、急性工业中毒人数、单位经济类型、事故类别、事故原因、直接经济损失等。（3）本统计报表由各级安全生产监督管理部门、煤矿安全监察机构负责组织实施，每月对本行政区内发生的生产安全事故进行全面统计。

其中，火灾、道路交通、水上交通、民航飞行、铁路交通、农业机械、渔业船舶等事故由其主管部门统计，每月抄送同级安全生产监督管理部门。（4）省级安全生产监督管理局和煤矿安全监察局，在每月5日前报送上月事故统计报表。国务院有关部门在每月5日前将上月事故统计报表抄送国家安全生产监督管理总局。（5）各部门、各单位都要严格遵守《中华人民共和国统计法》，按照本统计报表制度的规定，全面、如实填报生产安全事故统计报表。对于不报，瞒报，迟报或伪造、篡改数字的要依法追究其责任。

三、各工种安全技术操作规程

1. 电工安全操作规程

（1）所有绝缘、检查工具应妥善保管，严禁他用，并定期检查、校验。（2）现场施工用高、低电压设备及线路，应按照施工设计有关电气安全技术规程安装和架设。（3）禁止带负荷接电，并严禁带电操作。（4）有人触电，立即切断电源，进行急救；电气着火，立即将有关电源切断，并使用干粉灭火器或干砂灭火。（5）安装高压油开关、自动空气开关等有返回弹簧的开关设备时，应将开关置于断开位置。（6）用摇表测定绝缘电阻，应防止有人触及正被测的线路或设备。测定电容性或电感性设备、材料后，必须放电。雷电时禁止测定线路绝缘。（7）电流互感器禁止开路，电压互感器禁止短路或以升压方式运行。（8）电气材料或设备需放电时，应穿戴绝缘防护用品，用绝缘棒安全放电。（9）现场高压配电设备，不论带电与否，单人值班不准超越遮拦和从事修理工作。

2. 架子工安全操作规程

（1）架子工属国家规定的特种作业人员，必须经有关部门培训，考试合格，持证上岗。应每年进行一次体检。凡患高血压、心脏病、贫血病、癫痫病以及不适应高处作业的不得从事架子作业。（2）架工班组接受任务后，必须根据任务的特点向班组全体人员进行安全技术交底，明确分工。悬挂挑式脚手架、门式、碗口式和工具式插口脚手架或其他新型脚手架，以及高度在30m以上的落地式脚手架和其他非标准的架子，必须具有上级技术部门批准的设计图纸、计算书和安全技术交底书后才可搭设。同时，搭设前架工班组长要组织全体人员熟悉施工技术和作业要求，确定搭设方法。搭脚手架前，班组长应带领架工对施工环境及所需的工具、安全防护设施等进行检查，消除隐患后方可开始作业。（3）架工作业要正确使用个人劳动防护用品。必须戴安全帽，佩戴安全带，衣着要灵便，穿软底防滑鞋，不得穿塑料底鞋、皮鞋、拖鞋和硬底或带钉易滑的鞋。作业时要思想集中，团结协作，互相呼应，统一指挥。不准用抛扔方法上下传递工具、零件等。禁止打闹和开玩笑。休息时应下架子，在地面休息。严禁酒后上班。（4）架子要结合工程进度搭设，不宜一次搭得过高。未完成的脚手架，架工离开作业岗位时（如工间休息或下班时），不得留有未固定构件，必须采取措施消除不安全因素和确保架子稳定。脚手架搭设后必须经施工员会同安全员验收合格后才能使用。在使用过程中，要经常进行检查，对长期停用的脚手架恢复使用前必须进行检查，鉴定合格后才能使用。（5）落地式多立杆外脚手架上均布荷载每平方米不得超过 270kg，堆放标准砖只允许侧摆 3 层；集中荷载每平方米不得超过 150kg。承受手推运输车及负载过重的脚手架及其他类型脚手架，荷载按设计规定。（6）高层建筑施工工地井字架、脚手架等高出周围建筑时，需防雷击。若在相邻建筑物、构筑物防雷装置的保护范围以外，应安装防雷装置，可将井字架及钢管脚手架一侧高杆接长，使其高出顶端 2m 作为接闪器，并在该高杆下端设置接地线。防雷装置冲击接地电阻值不得大于 40。

3. 电、气焊工安全操作规程

（1）电焊机外壳必须接零接地良好，其电源的拆装应由电工进行。现场用的电焊机应设有可防雨、防潮、防晒的机棚，并备有消防器材。（2）电焊机要设单独的开关，开关应放在防雨的闸箱内，拉合时应戴手套侧向操作。（3）焊钳与把线必须绝缘良好，连接牢固，更换焊条时应戴手套，在潮湿地点工作，应站在绝缘胶板或木板上。（4）严禁在带压力的容器或管道上施焊，焊接带电的设备应切断电源。（5）更换场地移动焊线时，应切断电源，并不得用手持焊线爬梯登高。（6）消除焊渣时，应戴防护眼镜或面罩，防止铁渣飞溅伤人。（7）进行焊接预热工作时，应有石棉布或挡板等隔热措施。（8）焊线、地线禁止与钢丝绳接触，不得用钢丝绳或机电设备代替零线，所有地线接头应连接牢固。（9）多台焊机一起集中施焊时，焊接平台或焊件必须接零接地，并有隔光板。（10）钍钨机要放置在密闭铅盒内，磨削钍钨机时，必须戴手套、口罩，将粉尘及时排除。（11）二氧化碳气体预热器的外壳应绝缘，端电压不应大于 36V。（12）雷雨时，应停止露天焊接。（13）施焊场地周围应清除易燃易爆物品，或进行覆盖、隔离。（14）必须在易燃易爆气体或液体扩散区施焊时，应经有关部门检查许可后，方可施焊。（15）工作结束后，应切断焊机电源，并检查操作地点，确认无起火危险后，方可离开。（16）氧气瓶、氧气表及焊割工具上，严禁沾染油脂。（17）压力表及安全阀应定期校验。（18）施工现场禁止使用乙炔发生器。（19）点火时焊枪口不准对着人；正在燃烧的焊枪不得放在工件或地面上，带有乙炔和氧气时，不准放在金属容器内，以防气体溢出，发生燃烧事故。（20）高空焊接或切割时，必须挂好安全带，焊接作业范围内应采取防火措施，并有专人监护。

4．塔吊司机安全操作规程

（1）操作人员应经培训考试合格取得“特种作业人员操作证”后，凭操作证操作，严禁无证开机，严禁非驾驶人员进入驾驶室内。（2）开机前应认真检查钢丝绳、吊钩、吊具有无磨损裂纹和损坏现象，传动连接部位螺栓是否松动，各部分电气元件是否良好，线路连接是否安全、可靠，传动部分、润滑部位是否正常并进行空运转，待一切正常后方可使用。行走式塔式起重机作业前，轨道应平直、无沉陷，轨道螺栓无松动，排除轨道上的障碍物。（3）工作时应服从指挥，坚持岗位，集中精力，精心操作，严禁吊钩有重物时离开驾驶室，操作中应做到二慢一快，即起吊、下落慢，中间快。（4）下降吊钩或起吊物件时，如遇信号不明，发现下面有人或吊钩前面有障碍物时应立即发出信号，服从指挥人员的信号指挥。（5）操纵控制器时，应从停止点转动到第一挡，然后依次逐级增加速度，严禁越挡操作，提倡文明开机，开机时由慢到快，停机时由快到慢，机未停妥严禁变换行驶方向。（6）驾驶员必须服从指挥员的信号指挥，操作前应先鸣号，后开机。（7）吊运重物应高于前进方向所有障碍物 2m。（8）遇有下列情况严禁起吊：1）起重指挥信号不明或乱指挥；2）超负荷；3）工件紧固不牢；4）吊物上有人；5）安全装置不灵；6）工件埋在地下；7）斜拉工件；8）光线阴暗；9）小配件或短料过盛、过满；10）棱角物件没有采取包垫等护角措施。（9）操作时发现塔式起重机工作不正常、安全装置失灵应立即停止操作，切断电源，汇报主管部门组织检修，待正常后使用。高空修理时，必须系好安全带。（10）下班前将吊钩提升到离臂杆顶端 2 ~ 3m 处，松开回旋机构制动装置，使其顺风源自由摆动。（11）下班前各操作处于断开位置，切断电源，离开驾驶室前必须加锁。

5．砌筑工安全操作规程

（1）严格遵守现行标准、规范，认真执行安全操作规程和各项规章制度，严格按照安全技术交底的内容实施，搞好安全文明施工。（2）进入施工现场的人员必须戴好安全帽，系好下颏带；按照作业要求正确穿戴个人防护用品，着装要整齐；在没有可靠安全防护设施的高处（2m 以上）施工时，必须正确系好安全带；高处作业不得穿硬底和带钉易滑的鞋，不得向下投掷物料，严禁赤脚穿拖鞋、高跟鞋进入施工现场。（3）冬期施工遇有霜、雪时，必须将脚手架上、沟槽内等作业环境内的霜、雪清除后方可作业。（4）在深度超过 1.5m 的沟槽、基坑内作业时，必须检查槽帮有无裂缝、水浸或坍塌的危险隐患，确定无危险后方可作业。（5）砌筑高度超过 1.2m 时，应搭设脚手架作业。在一层以上或高度超过 4m 时，若采用里脚手架必须支搭安全网，采用外脚手架应设护身栏杆和挡脚板后方可砌筑。（6）脚手架上的堆料量不得超过规定荷载（均布荷载每平方米不得超过 3kN，集中荷载不超过

1.5kN）。脚手架上的堆砖高度不得超过 3 层侧砖，同一块脚手板上的操作人员不应超过两人。（7）不得在墙上行走，不准勉强在超过胸部以上的墙体上进行砌筑，以免将墙体碰撞倒塌或上料时失手掉下，造成安全事故。（8）砌筑作业面下方不得有人，如在同一作业面交叉作业，必须设置安全隔离层。（9）砌筑使用的工具应放在稳妥的地方。挂线的坠物必须绑扎牢固。（10）在屋面坡度大于 25° 时，作业必须使用移动板梯，板梯必须有牢固挂钩。檐口应搭设防护栏杆，并挂密目安全网。（11）在石棉瓦等不能承重的轻型屋面上作业时，必须设临时走道板，并应在屋架下弦搭设水平安全网，严禁在石棉瓦上作业和行走。（12）作业环境中的碎料、落地灰、杂物、工具集中清运，做到活儿完料净场地清。

6. 模板工安全操作规程

（1）模板支撑应不得使用腐朽、劈裂的材料。支撑要垂直，底端平整、坚实，并加以木垫。木垫要钉牢，并用横杆和剪刀撑拉牢。（2）支模应严格检查，发现严重变形、螺栓松动等应及时修复。（3）支模应按工序进行，模板没有固定前，不得进行下道工序，禁止利用拉杆、支撑攀登。（4）支设 4m 以上的立柱模板，四周必须顶牢，可搭设工作台，系安全带，不足 4m 的，可使用马凳操作。（5）支设独立梁模应设临时工作台，不得站在柱模上操作和在梁底模上行走。（6）拆除模板应经施工技术人员同意。操作时应按顺序分段进行，严禁硬砸或大面积整体剥落和拉倒。不得留下松动和悬挂的模板，拆下的模板应及时运送到指定地点集中堆放，防止钉子扎脚。（7）锯木机操作前应进行检查，锯片不得有裂口，螺栓应上紧。锯盘要有防护罩、防护挡板等安全装置，无人操作时要切断电源。（8）操作前要戴防护眼镜，站在锯片一侧。禁止站在与锯片同一直线上，手臂不得跨过锯片。（9）进料时必须紧贴垫靠，不得用力过猛，遇硬节应慢推。待料出锯片 15cm 时方可接料，不得用手硬拉。（10）短窄料应用棍推，接料使用挂钩。超过锯片半径的材料，禁止上锯。（11）暴风、台风前后，要检查工地模板、支撑。若发现变形、下沉等现象，应及时修理加固。有严重危险的，立即排除。（12）对现场道路应加强维护，斜道和脚手板应有防滑设施。

7. 钢筋工安全操作规程

（1）钢材、半成品等应按规格、品种分别堆放整齐，制作场地要平整，工作台要稳固，照明灯具必须加网罩。（2）拉直钢筋，卡头要卡牢，地锚要结实、牢固，拉筋 2m 区域内禁止行人。调经调试合格方可送料，送料前应将不直的料头切去。（3）展开圆盘钢筋要一头卡牢，防止回弹，切断时要先用脚踩紧。（4）人工断料时，工具必须牢固。切断小于 30cm 的短钢筋时，应用钳子夹牢，禁止用手把扶，并在外侧设置防护笼罩。（5）多人合运钢筋时，起、落、转、停动作要一致，工人上、下传送不得在同一垂直线上。钢筋在模板上堆放要分散、稳当，防止塌落。（6）在高空、深坑绑扎钢筋和安装骨架时，需搭设脚手架和马道。绑扎立柱、墙体钢筋时，不准站在钢筋骨架上和攀登骨架上、下。柱在4m以内，重量不大，可在地面或楼面上绑扎，整体柱在4m以上，应搭设工作台。柱梁骨架应用临时支撑拉牢，以防倒塌。（7）绑扎基础钢筋时，应按施工设计规定摆放钢筋支架或马凳架起上部钢筋，不得任意减少支架或马凳。（8）绑扎高层建筑的圈梁、挑檐、外墙、柱边钢筋，应搭设外挂架或安全网。绑扎时挂好安全带。（9）起吊钢筋骨架时，下方禁止站人，必须待架降落到离地面1m以内方准靠近，就位支撑好方可摘钩。（10）冷拉卷扬机前应设置防护挡板，没有挡板时，应就卷扬机与冷拉方向呈90°，并且应用封闭式导向滑轮。操作时要站在防护挡板后，冷拉场地不准站人和通行。（11）冷拉钢筋要上好夹具，离开后再发开车信号。（12）机械运转正常方准断料。断料时，手与刀口距离不得小于15cm，活动刀片前进时禁止送料。（13）切断钢筋刀口时不得超过机械负载能力，切低合金钢等特种钢筋时，要用高硬度刀片。（14）切长钢筋时应有专人扶住，操作时动作要一致，不得任意拖拉。切短钢筋时需用套管或钳子夹料，不得用手直接送料。（15）切断机旁应设放料台，机械运转中严禁用手直接清除刀口附近的断头和杂物。钢筋摆放范围内，非操作人员不得停留。（16）机械上不准堆放物件，以防机械振动落入机体。（17）钢筋装入压滚时，手与滚筒应保持一定距离。机器运转中不得调整滚筒。（18）钢筋调直到末端时，人员必须躲开，以防钢筋甩开伤人。（19）短于2m或直径大于9mm的钢筋调直，应低速加工。（20）钢筋要紧内贴挡板，注意放入插头的位置和回转方向，不得错开。（21）弯曲长钢筋时，应有专人扶住，并站在钢筋弯曲方向的外面，互相配合，不得拖拉。（22）调头弯曲时，应防止碰撞人和物。更换芯轴、加油和清理，需停机后进行。（23）焊机应设在干燥的地方，平衡牢固，要有可靠的接地装置，导线绝缘良好，并在开关箱内装有防漏电保护的空气开关。（24）焊接前应戴防护面罩或眼镜和手套，并站在橡胶板或木板上。工作棚要用防火材料搭设，棚内严禁堆放易燃易爆物品，并备有灭火器材。（25）对焊机接触器的接触点、电动机，要定期检查修理，冷却水管应保持畅通，不得漏水和超过规定温度。（26）钢筋严禁碰、触、钩、压电源电线。（27）作业后必须拉闸切断电源，锁好开关箱。

8. 混凝土工安全操作规程

（1）混凝土运输车向料斗倒料时，应有挡车措施，不得用力过猛和撒把。（2）用井架运输时，小车把不得伸出吊篮外；车轮前后要挡牢，稳起稳落。（3）浇灌混凝土使用的溜槽及串筒必须连接牢固，操作部位应有防护栏杆，不准直接在溜槽帮上操作。（4）浇灌框架、梁、栏混凝土时，应设操作台，不得直接站在模板上或支撑上操作。（5）浇圈梁、雨篷、阳台时，应设防护措施。（6）不得在混凝土养护池边上站立和行走，并注意各处的盖板和地沟孔洞，防止失足坠落。（7）使用振动棒、平板振动器时应穿绝缘胶鞋，湿手不得接触开关，电线不得有破皮、漏电现象，用电设备必须有漏电开关。

9. 抹灰工安全操作规程

（1）室内抹灰使用的木凳、金属支架应搭设平衡牢固，脚手板跨度不得大于2m。架上堆放材料不得过于集中，在同一跨度内不应超过两人。（2）不准在门窗、暖气片、洗脸池等器物上搭设脚手架。搭设脚手架不得有跷头板，粉刷阳台部位时，外侧必须挂设安全网。严禁踩踏脚手架的护身栏杆和在阳台栏板上进行操作。（3）进行机械喷灰喷涂作业时应戴防护用品，防止灰浆溅落眼内，压力表、安全阀应灵敏、可靠，输浆管各部接口应拧紧卡牢。管路摆放应顺直，避免折弯。（4）输送砂浆应严格按照规定压力进行，超压和管道堵塞时，应卸压检修。（5）贴面使用预制件、大理石、瓷砖等时，应堆放整齐、平稳，边用边运。安装时要稳拿稳放，待灌浆凝固稳定后，方可拆除临时支撑。（6）使用磨石机，应戴绝缘手套、穿胶靴，电源线不得破皮、漏电，金刚石砂块安装必须牢固，经试运转正常，方可操作。

10. 油漆工安全操作规程

（1）严禁从高处向下或从低处向上投掷物料、工具。（2）清理楼内物料时，应用溜槽或使用垃圾桶。（3）手持电动工具和零星物料应随手放在工具袋内。（4）安装或更换玻璃时要有防止玻璃坠落措施，严禁往下扔碎玻璃。（5）各种油漆、材料（汽油、漆料、稀料）应单独存放在专用库房内，不得与其他材料混放。库房应通风良好，易挥发的汽油、稀料应装入密闭容器中，严禁在库房内吸烟和使用任何明火。（6）油漆涂料的配制应遵守以下规定：1）调制油漆应在通风良好的房间内进行。调制有害油漆涂料时，应戴好防毒口罩、护目镜，穿好与之相适应的个人防护用品，工作完毕后应冲洗干净。2）工作完毕后，各种油漆涂料的溶剂桶（箱）要加盖封闭。3）操作人员应进行体检，患有眼病、皮肤病、气管炎、结核病的患者不宜从事此项作业。4）高处作业时必须支搭平台，平台下方不得站人。（7）使用“人”字梯时应遵守以下规定：1）在2m以上高度作业（超过2m按规定搭设脚手架）时所使用的“人”字梯应四脚落地，摆放平稳，梯脚应设防滑橡皮垫和拉链。2）“人”字梯上搭铺脚手架板时，脚手架板两端搭接长度不得小于20cm。脚手架板中间不得同时两人操作。梯子挪动时，作业人员必须下来，严禁站在梯子上作踩高跷式挪动，“人”字梯顶部铰轴不准站人、不准铺设脚手架板。3）“人”字梯应经常检查，若发现开裂、腐朽、榫头松动、缺档等则不得使用。（8）临边作业必须采取防坠落措施。在外墙、外窗、外楼梯等高处作业时，应系好安全带。安全带应高挂低用，挂在牢靠处。油漆窗户时，严禁站在或骑在窗栏上作业。（9）刷耐酸、耐腐蚀的过氧乙烯涂料时，应戴防毒口罩。打磨砂纸时必须戴口罩。（10）刷模板等小构件的油漆时，必须将构件支放稳固。1）在室内或容器内喷涂，必须保持良好的通风。喷涂时严禁对着喷嘴观看。2）空气压缩机压力表和安全阀必须灵敏、有效。高压气管的各种接头应牢固，修理料斗气管时应关闭气门，试喷时不准对人。3）喷涂人员作业时，若出现头痛、恶心、心闷和心悸等应停止作业，到户外通风换气。4）作业后应及时清理现场遗料，并将其运到指定位置存放。

应急预案是对特定的潜在事件和紧急情况所采取措施的计划安排，是应急响应的行动指南。编制应急预案的目的，是防止发生紧急情况时出现混乱，按照合理的响应流程采取适当的救援措施，预防和减少可能随之引发的职业健康安全和环境影响。

职业健康安全事故分两大类型，即职业伤害事故与职业病。职业伤害事故是指生产过程及工作原因或与其相关的其他原因所造成的伤亡事故。

按生产安全事故（以下简称“事故”）所造成的人员伤亡或者直接经济损失，事故分为特别重大事故、重大事故、较大事故和一般事故。

一旦事故发生，应通过应急预案的实施，尽可能防止事态的扩大和减少事故的损失。通过事故处理程序查明原因，制定相应的纠正和预防措施，避免类似事故再次发生。

现场施工用高、低电压设备及线路，应按照施工设计中的有关电气安全技术规程安装和架设。

架子工属国家规定的特种作业人员，必须经有关部门培训，考试合格，持证上岗。

电焊机外壳必须接零接地良好，其电源的拆装应由电工进行。现场用的电焊机应设有可防雨、防潮、防晒的机棚，并备有消防器材。

塔吊操作人员应经培训考试合格取得“特种作业人员操作证”后，凭操作证操作，严禁无证开机，严禁非驾驶人员进入驾驶室内。

砌筑高度超过 1.2m 时，应搭设脚手架作业。在一层以上或高度超过 4m 时，采用里脚手架必须支搭安全网，采用外脚手架应设护身栏杆和挡脚板后方可砌筑。

模板支撑应不得使用腐朽、劈裂的材料。支撑要垂直，底端应平整、坚实，并加以木垫。木垫要钉牢，并用横杆和剪刀撑拉牢。

绑扎高层建筑的圈梁、挑檐、外墙、柱边钢筋，应搭设外挂架或安全网。绑扎时应挂好安全带。

不得在混凝土养护池边上站立和行走，并注意各处的盖板和地沟孔洞，防止失足坠落。

室内抹灰使用的木凳、金属支架应搭设平衡牢固，脚手板的跨度不得大于 2m。架上堆放材料不得过于集中，在同一跨度内不应超过两人。

各种油漆、材料（汽油、漆料、稀料）应单独存放在专用库房内，不得与其他材料混放。库房应通风良好，易挥发的汽油、稀料应装入密闭容器中，严禁在库房内吸烟和使用任何明火。

参考文献

［1］杨永敏，吴树东，周士杰著．公路隧道工程施工安全技术与风险控制［M］．北京：中国铁道出版社．2016.

［2］赵井旺，周奎，于泾泓著．公路桥涵工程施工安全技术与风险控制［M］．北京：中国铁道出版社．2016.

［3］中国二十冶集团有限公司主编．中冶斯里兰卡机场高速公路工程（CKE）施工技术［M］．上海：同济大学出版社．2016.

［4］朱红兴，段军，白晓波著．高速公路施工标准化管理手册［M］．成都：西南交通大学出版社．2016.

［5］黄显彬，王朝令，肖维民主编．公路勘测设计［M］．武汉：武汉理工大学出版社．2016.

［6］杨学锋，索俊锋主编；王占武，姚丽丽副主编．普通高等学校“十二五”规划教材公路工程测量［M］．北京：国防工业出版社．2016.

［7］段军，李宏杰著．高原坝区高速公路施工实用新技术［M］．成都：西南交通大学出版社．2016.

［8］倪宝书，寇凤岐，王春正编著．公路路基路面施工安全技术与风险控制［M］．北京：中国铁道出版社．2016.

［9］任伟新主编；汪莲，王佐才副主编．桥梁工程［M］．武汉：武汉大学出版社．2016.

［10］中国土木工程学会编．土木工程应用技术 3［M］．北京：中国城市出版社．2016.

［11］吴琼著．高速公路高墩高塔施工技术实践与创新［M］．重庆：重庆大学出版社．2016.

［12］蒋建平主编．桩基工程［M］．上海：上海交通大学出版社．2016.

［13］陈赟著．高速公路建设卓越管理模式研究以安徽省为例［M］．武汉：武汉理工大学出版社．2016.

［14］黄晓明，李昶，马涛编．路基路面工程第 3 版［M］．南京：东南大学出

版社 .2016.

[15] 杜文举主编 . 工程测量测绘类 [M] . 成都：西南交通大学出版社 .2016.

[16] 王新泉主编 . 工程地质学 [M] . 长春：吉林大学出版社 .2016.

[17] 张成良，刘磊，王超著 . 高等岩石力学及工程应用 [M] . 长沙：中南大学出版社 .2016.

[18] 邱冬炜编著 . 变形监测技术与工程应用 [M] . 武汉：武汉大学出版社 . 2016.

[19] 翁春林，叶加冕主编 . 工程爆破 [M] . 北京：冶金工业出版社 .2016.

[20] 王海彦，骆宪龙，付迎春主编 . 隧道工程 [M] . 成都：西南交通大学出版社 .2016.

[21] 贺晓文 . 建筑工程施工组织 [M] . 北京：北京理工大学出版社 .2016.

[22] 鲁雷，高始慧，刘国华 . 建筑工程施工技术 [M] . 武汉：武汉大学出版社 .2016.

[23] 常建立，曹智主编 . 建筑工程施工技术上 [M] . 北京：北京理工大学出版社 .2016.

[24] 牛志鹏 . 建筑工程施工综合实训第 2 版 [M] . 重庆：重庆大学出版社 . 2016.

[25] 北京土木建筑学会编 . 建筑工程施工安全资料表格填写范例 [M] . 北京：冶金工业出版社 .2016.

[26] 四川华西集团有限公司，四川省第三建筑工程公司主编 . 四川省建筑工程施工标准化安全防护设施图集 [M] . 成都：西南交通大学出版社 .2016.

[27] 王亚芳主编 . 建筑装饰工程施工 [M] . 北京：北京理工大学出版社 . 2016.

[28] 汪静然主编 . 建筑主体工程施工 [M] . 成都：西南交通大学出版社 . 2016.

[29] 张豫 . 建筑与装饰工程施工工艺第 2 版 [M] . 北京：北京理工大学出版社 .2016.

[30] 许佳华主编 . 建筑消防工程施工实用手册 [M] . 武汉：华中科技大学出版社 .2016.

[31] 孙永跟 . 高速公路房屋建筑中暖通工程施工技术 [J]. 全文版（工程技术）. 2016,（6）：135.

[32] 何洋 . 对高速公路服务区建筑工程中防水防渗的施工技术的研究 [J] . 建筑・建材・装饰 .2018，（18）：93，126.

[33] 李友林 . 公路工程施工建筑废料循环利用的探索与实践 [J] . 江西公路科技 .2015，（1）：57–59.

[34] 胡华 .《建筑工程技术与设计》最早版面水泥混凝土公路施工的质量控制之我见 [J] . 建筑工程技术与设计 .2017，（24）：1941.

[35] 李盛看 . 公路与桥梁混凝土的施工温度与裂缝防治探析湖南省建筑工程集团总公司 [J] . 中国科技博览 .2015，（3）：172.

[36] 王倩，吴振全 . 建筑材料检测技术在公路桥梁工程施工中的重要性分析 [J] . 科技致富向导 .2014,（33）：147.

[37] 沈小宏 . 浅谈在公路建筑控制区内不开槽施工管道工程的项目管理 [J] . 建筑知识（学术刊）.2014,（3）：302，306.

[38] 王涝谦 . 公路工程建筑施工企业生存与发展 [J] . 山西交通科技 .2006，（4）：74–75.

[39] 张照坤 . 浅谈高速公路服务设施建筑工程施工合同管理 [J] . 公路交通科技（应用技术版）.2011,（A1）：143–145.

[40] 秦卫华 . 公路改建工程水稳基层的施工探究 [J] . 山西建筑 .2016, 42（20）：136–137.